CHOIX DE TEXTES

# L'INOND
# AUTRES N

## ÉMILE ZOLA

ÉTUDE DES ŒUVRES PAR
### CHANTAL SAINT-JARRE

## COLLECTION
### PARCOURS D'UNE ŒUVRE

SOUS LA DIRECTION DE MICHEL LAURIN

Beauchemin
CHENELIÈRE ÉDUCATION

**L'Inondation et autres nouvelles**
Choix de textes

Édition présentée, annotée et commentée par Chantal Saint-Jarre,
  enseignante au cégep de Saint-Laurent

Collection « Parcours d'une œuvre »

Sous la direction de Michel Laurin

© 2008 Groupe Beauchemin, Éditeur Ltée

*Édition :* Johanne O'Grady et Sophie Gagnon
*Coordination :* Johanne O'Grady
*Révision linguistique :* Paul Lafrance
*Correction d'épreuves :* Christine Langevin
*Conception graphique :* Josée Bégin
*Infographie :* Transcontinental Transmédia

Tableau de la couverture :
*Le Semeur au coucher
du soleil* (1888). Collection
privée. Photo © Held Collection/
The Bridgeman Art Library.
Œuvre de **Vincent Van Gogh**,
peintre néerlandais (1853-1990).

**Catalogage avant publication
de Bibliothèque et Archives nationales du Québec
et Bibliothèque et Archives Canada**

Zola, Émile, 1840-1902

  L'inondation et autres nouvelles

  (Collection Parcours d'une œuvre)
  « Choix de textes ».

  Comprend des réf. bibliogr.

  Pour les étudiants du niveau collégial.

  ISBN 978-2-7616-5379-4

  1. Zola, Émile, 1840-1902. Inondation.  2. Zola, Émile,
1840-1902 – Critique et interprétation.  I. Saint-Jarre,
Chantal.  II. Titre.  III. Collection.

PQ2505.I5 2008          843'.8          C2008-940492-0

# Beauchemin

CHENELIÈRE ÉDUCATION

5800, rue Saint-Denis, bureau 900
Montréal (Québec) H2S 3L5 Canada
Téléphone : 514 273-1066
Télécopieur : 450 461-3834 ou 1 888 460-3834
info@cheneliere.ca

Tous droits réservés.

Toute reproduction, en tout ou en partie, sous quelque forme et par
quelque procédé que ce soit, est interdite sans l'autorisation écrite
préalable de l'Éditeur.

**ISBN 978-2-7616-5379-4**

Dépôt légal : 2e trimestre 2008
Bibliothèque et Archives nationales du Québec
Bibliothèque et Archives Canada

Imprimé au Canada

2  3  4  5  6  IMG  16  15  14  13  12

Nous reconnaissons l'aide financière du gouvernement du Canada par
l'entremise du Fonds du livre du Canada (FLC) pour nos activités d'édition.

Gouvernement du Québec – Programme de crédit d'impôt pour
l'édition de livres – Gestion SODEC.

À la mémoire de mes arrière-grands-parents
des deux lignées,
contemporains d'Émile Zola.

À ma chère mère
pour ses 87 ans
en sa tranquille joie de vivre.

Pour toi, Marc-André,
filleul adoré,
ce petit classique
telle une
« lettre à la jeunesse ».

## REMERCIEMENTS

Pour sa grande compétence éditoriale, sa confiance, sa complicité et son support indéfectible, mes plus vifs remerciements vont à Johanne O'Grady.

Je remercie également Grant Forrest, bibliothécaire au cégep de Saint-Laurent, pour son amitié et son appui concret, enthousiaste, à mes recherches sur Zola et le XIXᵉ siècle français.

# TABLE DES MATIÈRES

DE PETITES LUMIÈRES DANS L'INFINI .................... 5

*L'INONDATION* .......................................... 7
*LES COQUILLAGES DE M. CHABRE* ........................ 35
*LA MORT D'OLIVIER BÉCAILLE* .......................... 71
*NANTAS* ............................................. 101

PRÉSENTATION DE L'ŒUVRE                               133

Zola et son époque ................................... 135
  Le réalisme naturaliste de la deuxième moitié du
    XIXᵉ siècle ...................................... 135
  La Deuxième République (1848-1851) ................. 136
  Le Second Empire (1852-1870) ...................... 136
  L'essor de la machine, la révolution industrielle ... 139
  La Troisième République (1870 et au-delà) .......... 141
  L'âge de la science ............................... 143
  La peinture au XIXᵉ siècle : naturalisme, réalisme,
    l'affaire Manet .................................. 147
  La révolution impressionniste ..................... 153
  Paul Cézanne ou la sphère, le cône, le cylindre ... 155
  Le siècle de la photographie ...................... 157
  La théorie des écrans (1864) et la campagne naturaliste
    (1875-1880) ...................................... 158
Zola et son œuvre .................................... 163
  La vie de Zola, sa formation intellectuelle et morale .... 163
  L'affaire Dreyfus ................................. 171
  Zola conteur ...................................... 177
  Index chronologique des œuvres .................... 182
L'œuvre expliquée .................................... 184
  La nouvelle littéraire et les nouvelles de Zola
    des années 1875 à 1880 .......................... 184
  L'écriture, le style de Zola ...................... 185
  Les nouvelles ..................................... 190
Jugements critiques de l'œuvre ....................... 208

## PLONGÉE DANS L'ŒUVRE    211

Questions sur les nouvelles ........................... 212

*L'Inondation* ........................................ 212

   Extrait 1 ......................................... 214

   Extrait 2 ......................................... 216

*Les Coquillages de M. Chabre* ....................... 218

   Extrait 3 ......................................... 223

   Extrait 4 ......................................... 224

*La Mort d'Olivier Bécaille* ......................... 225

   Extrait 5 ......................................... 229

   Extrait 6 ......................................... 232

*Nantas* ............................................. 234

   Extrait 7 ......................................... 239

## ANNEXES    240

« J'accuse ! » ....................................... 241

Extraits ............................................. 258

Tableau chronologique ............................... 270

Glossaire de l'œuvre ................................. 280

Médiagraphie ........................................ 282

Sources iconographiques ............................. 285

ÉMILE ZOLA EN 1895.
GASPARD-FÉLIX TOURNACHON, DIT NADAR (1820-1910).

# INTRODUCTION

## DE PETITES LUMIÈRES DANS L'INFINI

Ce recueil propose une rencontre avec Émile Zola, le pamphlétaire du célèbre texte « J'accuse ! », et le nouvelliste, par le truchement de quatre nouvelles rédigées dans le dernier quart du XIXe siècle pour des lecteurs russes et français. *Les Coquillages de M. Chabre* racontent l'apothéose d'un amour de jeunesse en Bretagne, et *Nantas*, la réussite en affaires dans le Paris du Second Empire. Avec *La Mort d'Olivier Bécaille,* le lecteur se réjouit du réveil après la catalepsie, alors que *L'Inondation* lui fait vivre le destin tragique d'une famille de paysans toulousains brisée en une nuit apocalyptique. Çà et là, des illustrations étayent le propos, clignotant au fil des chapitres comme autant de petites lumières, pour faire de ce livre une brève *Nuit étoilée*[1], une constellation de liens et de repères.

Ces nouvelles, Zola les a voulues courtes et faciles à lire. La narration est chargée de transmettre les données de la manière la plus naturelle possible par le regard, le discours ou l'action. Du reste, ces nouvelles sont magnifiquement écrites et s'imbriquent intimement dans le travail du Zola journaliste, romancier et théoricien du naturalisme. Elles constituent, de ce point de vue, une riche matière textuelle, aussi importante que les romans consacrés par l'Histoire après avoir été mis à l'index. Enfin, elles procurent des émotions singulières, voire une « prime de plaisir », parce que leur trame intègre des interdits et certains fantasmes : à chacun de repérer comment chaque nouvelle lui révèle une part de lui-même.

Zola voit à la manière des visionnaires, entraînant le lecteur à penser le sens profond des évènements en les haussant au niveau de la légende, du symbole et du mythe. En poète épique, il communique une vision du monde actuel et à venir.

Ces écrits sentent la marée comme les bateaux de sardines qui rentrent au port, et les plantes potagères avec leurs parfums pénétrants et troublants. À ces odeurs fortes s'associe le goût de noisette des arapèdes et la musique, romantique ou tragique, d'une bière cahotée sur les boulevards, de l'or ou de l'eau dont le flot continu noie les rues et les champs.

---

1. Titre d'un tableau de Van Gogh daté de 1888.

*LA BARQUE PENDANT L'INONDATION, PORT-MARLY* (1876).
ALFRED SISLEY (1839-1899).

# L'INONDATION

## I

Je m'appelle Louis Roubieu. J'ai soixante-dix ans, et je suis né au village de Saint-Jory[1], à quelques lieues de Toulouse[2], en amont de la Garonne[3]. Pendant quatorze ans, je me suis battu avec la terre, pour manger du pain. Enfin, l'aisance est venue, et le mois dernier, j'étais
5 encore le plus riche fermier de la commune.

Notre maison semblait bénie. Le bonheur y poussait ; le soleil était notre frère, et je ne me souviens pas d'une récolte mauvaise. Nous étions près d'une douzaine à la ferme, dans ce bonheur. Il y avait moi, encore gaillard, menant les enfants au travail ; puis mon cadet Pierre,
10 un vieux garçon, un ancien sergent ; puis, ma sœur Agathe, qui s'était retirée chez nous après la mort de son mari, une maîtresse femme, énorme et gaie, dont les rires s'entendaient à l'autre bout du village. Ensuite venait toute la nichée : mon fils Jacques, sa femme Rose, et leurs trois filles, Aimée, Véronique et Marie ; la première mariée à
15 Cyprien Bouisson, un grand gaillard, dont elle avait deux petits, l'un de deux ans, l'autre de dix mois ; la seconde, fiancée d'hier, et qui devait épouser Gaspard Rabuteau ; la troisième, enfin, une vraie demoiselle, si blanche, si blonde, qu'elle avait l'air d'être née à la ville.

---

N.B. : Les sept extraits de l'œuvre qui font l'objet d'une analyse approfondie sont indiqués par une trame superposée au texte. Les mots suivis d'un astérisque sont définis dans le glossaire, à la page 280.

1. Saint-Jory : commune située au nord-ouest de Toulouse.
2. Toulouse : quatrième ville de France après Paris, Marseille et Lyon. Elle est traversée par la Garonne et le canal du Midi. On la surnomme la « Ville rose » en raison de la couleur du principal matériau de construction local : la brique en terre cuite. C'est à Toulouse que se déroula l'affaire Calas, en 1762 : la condamnation injuste d'un protestant provoqua une intervention de Voltaire (1694-1778).
3. Garonne : grand fleuve de France et d'Espagne qui se jette dans l'Atlantique.

Ça faisait dix, en comptant tout le monde. J'étais grand-père et
20 arrière-grand-père. Quand nous étions à table, j'avais ma sœur
Agathe à ma droite, mon frère Pierre à ma gauche ; les enfants fer-
maient le cercle, par rang d'âge, une file où les têtes se rapetissaient
jusqu'au bambin de dix mois, qui mangeait déjà sa soupe comme un
homme. Allez, on entendait les cuillers dans les assiettes ! La nichée
25 mangeait dur. Et quelle belle gaieté, entre deux coups de dents ! Je me
sentais de l'orgueil et de la joie dans les veines, lorsque les petits tendaient les mains vers moi, en criant :

« Grand-père, donne-nous donc du pain !... Un gros morceau,
hein ! grand-père ! »

30    Les bonnes journées ! Notre ferme en travail chantait par toutes ses
fenêtres. Pierre, le soir, inventait des jeux, racontait des histoires de
son régiment. Tante Agathe, le dimanche, faisait des galettes pour nos
filles. Puis, c'étaient des cantiques que savait Marie, des cantiques
qu'elle filait avec une voix d'enfant de chœur ; elle ressemblait à une
35 sainte, ses cheveux blonds tombant dans son cou, ses mains nouées
sur son tablier. Je m'étais décidé à élever la maison d'un étage, lorsque
Aimée avait épousé Cyprien ; et je disais en riant qu'il faudrait l'élever
d'un autre, après le mariage de Véronique et de Gaspard ; si bien que
la maison aurait fini par toucher le ciel, si l'on avait continué, à
40 chaque ménage nouveau. Nous ne voulions pas nous quitter. Nous
aurions plutôt bâti une ville, derrière la ferme, dans notre enclos.
Quand les familles sont d'accord, il est si bon de vivre et de mourir où
l'on a grandi !

Le mois de mai a été magnifique, cette année. Depuis longtemps,
45 les récoltes ne s'étaient annoncées aussi belles. Ce jour-là, justement,
j'avais fait une tournée avec mon fils Jacques. Nous étions partis vers
trois heures. Nos prairies, au bord de la Garonne*, s'étendaient, d'un
vert encore tendre ; l'herbe avait bien trois pieds de haut, et une oseraie[1], plantée l'année dernière, donnait déjà des pousses d'un mètre.
50 De là, nous avions visité nos blés et nos vignes, des champs achetés un
par un, à mesure que la fortune venait : les blés poussaient dru, les
vignes, en pleine fleur, promettaient une vendange superbe. Et
Jacques riait de son bon rire, en me tapant sur l'épaule.

---

1. Oseraie : terrain planté d'osiers.

« Eh bien ? père, nous ne manquerons plus de pain ni de vin. Vous
55 avez donc rencontré le bon Dieu, pour qu'il fasse maintenant pleuvoir
de l'argent sur vos terres ? »

Souvent nous plaisantions entre nous de la misère passée. Jacques
avait raison, je devais avoir gagné là-haut l'amitié de quelque saint ou
du bon Dieu lui-même, car toutes les chances dans le pays étaient
60 pour nous. Quand il grêlait, la grêle s'arrêtait juste au bord de nos
champs. Si les vignes des voisins tombaient malades, il y avait autour
des nôtres comme un mur de protection. Et cela finissait par me
paraître juste. Ne faisant de mal à personne, je pensais que ce bonheur
m'était dû.

65 En rentrant, nous avions traversé les terres que nous possédions de
l'autre côté du village. Des plantations de mûriers[1] y prenaient à merveille. Il y avait aussi des amandiers[2] en plein rapport. Nous causions
joyeusement, nous bâtissions des projets. Quand nous aurions l'argent nécessaire, nous achèterions certains terrains qui devaient relier
70 nos pièces les unes aux autres et nous faire les propriétaires de tout un
coin de la commune. Les récoltes de l'année, si elles tenaient leurs
promesses, allaient nous permettre de réaliser ce rêve.

Comme nous approchions de la maison, Rose, de loin, nous
adressa de grands gestes, en criant :

75 « Arrivez donc ! »

C'était une de nos vaches qui venait d'avoir un veau. Cela mettait
tout le monde en l'air. Tante Agathe roulait sa masse énorme. Les filles
regardaient le petit. Et la naissance de cette bête semblait comme une
bénédiction de plus. Nous avions dû récemment agrandir les étables,
80 où se trouvaient près de cent têtes de bétail, des vaches, des moutons
surtout, sans compter les chevaux.

« Allons, bonne journée ! m'écriai-je. Nous boirons ce soir une
bouteille de vin cuit. »

Cependant, Rose nous prit à l'écart et nous annonça que Gaspard,
85 le fiancé de Véronique, était venu pour s'entendre sur le jour de la
noce. Elle l'avait retenu à dîner. Gaspard, le fils aîné d'un fermier de
Moranges, était un grand garçon de vingt ans, connu de tout le pays
pour sa force prodigieuse ; dans une fête, à Toulouse*, il avait vaincu

---

1. Mûriers : arbres à fruits noirs dont on fait le sirop de mûres.
2. Amandiers : arbres cultivés pour leurs fruits, les amandes.

Martial, le Lion du Midi[1]. Avec cela, bon enfant, un cœur d'or, trop
90 timide même, et qui rougissait quand Véronique le regardait tranquillement en face.

Je priai Rose de l'appeler. Il restait au fond de la cour, à aider nos
servantes, qui étendaient le linge de la lessive du trimestre. Quand il
fut entré dans la salle à manger, où nous nous tenions, Jacques se
95 tourna vers moi, en disant :

« Parlez, mon père.

— Eh bien ? dis-je, tu viens donc, mon garçon, pour que nous
fixions le grand jour ?

— Oui, c'est cela, père Roubieu, répondit-il, les joues très rouges.

100 — Il ne faut pas rougir, mon garçon, continuai-je. Ce sera, si tu
veux, pour la Sainte-Félicité[2], le 10 juillet. Nous sommes le 23 juin, ça
ne fait pas vingt jours à attendre… Ma pauvre défunte femme s'appelait Félicité, et ça vous portera bonheur… Hein ? est-ce entendu ?

— Oui, c'est cela, le jour de la Sainte-Félicité, père Roubieu. »

105 Et il nous allongea dans la main, à Jacques et à moi, une tape qui
aurait assommé un bœuf. Puis, il embrassa Rose, en l'appelant sa
mère. Ce grand garçon, aux poings terribles, aimait Véronique à en
perdre le boire et le manger. Il nous avoua qu'il aurait fait une
maladie, si nous la lui avions refusée.

110 « Maintenant, repris-je, tu restes à dîner, n'est-ce pas ?… Alors, à la
soupe tout le monde ! J'ai une faim du tonnerre de Dieu, moi ! »

Ce soir-là, nous fûmes onze à table. On avait mis Gaspard près de
Véronique, et il restait à la regarder, oubliant son assiette, si ému de la
sentir à lui, qu'il avait par moments de grosses larmes au bord des
115 yeux. Cyprien et Aimée, mariés depuis trois ans seulement, souriaient.
Jacques et Rose, qui avaient déjà vingt-cinq ans de ménage, demeuraient plus graves ; et, pourtant, à la dérobée, ils échangeaient des
regards, humides de leur vieille tendresse. Quant à moi, je croyais
revivre dans ces deux amoureux, dont le bonheur mettait, à notre

---

1. Sans doute un grand lutteur français. Germaine Guèvremont (1893-1968) évoque quelque
   chose de similaire dans son roman *Le Survenant* (1945) où le protagoniste, Venant, en visite
   au cirque récemment installé à Sorel, décide de se mesurer au lutteur « Louis l'Étrangleur »,
   champion de la France.
2. Sainte-Félicité : martyre chrétienne, esclave, elle fut arrêtée et livrée aux bêtes. On la fête le
   10 juillet. Cette date scelle quelque fatalité à venir.

120 table, un coin de paradis. Quelle bonne soupe nous mangeâmes, ce soir-là ! Tante Agathe, ayant toujours le mot pour rire, risqua des plaisanteries. Alors, ce brave Pierre voulut raconter ses amours avec une demoiselle de Lyon. Heureusement, on était au dessert, et tout le monde parlait à la fois. J'avais monté de la cave deux bouteilles de vin
125 cuit. On trinqua à la bonne chance de Gaspard et de Véronique ; cela se dit ainsi chez nous : la bonne chance, c'est de ne jamais se battre, d'avoir beaucoup d'enfants et d'amasser des sacs d'écus. Puis, on chanta. Gaspard savait des chansons d'amour en patois. Enfin, on demanda un cantique à Marie : elle s'était mise debout, elle avait
130 une voix de flageolet, très fine, et qui vous chatouillait les oreilles.

Pourtant, j'étais allé devant la fenêtre. Comme Gaspard venait m'y rejoindre, je lui dis :

« Il n'y a rien de nouveau, par chez vous ?

— Non, répondit-il. On parle des grandes pluies de ces jours der-
135 niers, on prétend que ça pourrait bien amener des malheurs. »

En effet, les jours précédents, il avait plu pendant soixante heures, sans discontinuer. La Garonne* était très grosse depuis la veille ; mais nous avions confiance en elle ; et, tant qu'elle ne débordait pas, nous ne pouvions la croire mauvaise voisine. Elle nous rendait de si bons
140 services ! Elle avait une nappe d'eau si large et si douce ! Puis, les paysans ne quittent pas aisément leur trou, même quand le toit est près de crouler.

« Bah ! m'écriai-je en haussant les épaules, il n'y aura rien. Tous les ans, c'est la même chose : la rivière fait le gros dos, comme si elle était
145 furieuse, et elle s'apaise en une nuit, elle rentre chez elle, plus innocente qu'un agneau. Tu verras, mon garçon ; ce sera encore pour rire, cette fois… Tiens, regarde donc le beau temps ! »

Et, de la main, je lui montrais le ciel. Il était sept heures, le soleil se couchait. Ah ! que de bleu ! Le ciel n'était que du bleu, une nappe
150 bleue immense, d'une pureté profonde, où le soleil couchant volait comme une poussière d'or. Il tombait de là-haut une joie lente, qui gagnait tout l'horizon. Jamais je n'avais vu le village s'assoupir dans une paix si douce. Sur les tuiles, une teinte rose se mourait. J'entendais le rire d'une voisine, puis des voix d'enfants au tournant
155 de la route, devant chez nous. Plus loin, montaient, adoucis par la

distance, des bruits de troupeaux rentrant à l'étable. La grosse voix
de la Garonne* ronflait, continue ; mais elle me semblait la voix même
du silence, tant j'étais habitué à son grondement. Peu à peu, le ciel
blanchissait, le village s'endormait davantage. C'était le soir d'un
160 beau jour, et je pensais que tout notre bonheur, les grandes récoltes,
la maison heureuse, les fiançailles de Véronique, pleuvant de là-haut,
nous arrivaient dans la pureté même de la lumière. Une bénédiction
s'élargissait sur nous, avec l'adieu du soir.

Cependant, j'étais revenu au milieu de la pièce. Nos filles bavar-
165 daient. Nous les écoutions en souriant, lorsque, tout à coup, dans la
grande sérénité de la campagne, un cri terrible retentit, un cri de
détresse et de mort :

« La Garonne ! La Garonne ! »

## II

Nous nous précipitâmes dans la cour.

170 Saint-Jory* se trouve au fond d'un pli de terrain, en contrebas de
la Garonne, à cinq cents mètres environ. Des rideaux de hauts peupliers, qui coupent les prairies, cachent la rivière complètement.

Nous n'apercevions rien. Et toujours le cri retentissait :

« La Garonne ! La Garonne ! »

175 Brusquement, du large chemin, devant nous, débouchèrent deux
hommes et trois femmes ; une d'elles tenait un enfant entre les bras.
C'étaient eux qui criaient, affolés, galopant à toutes jambes sur la terre
dure. Ils se tournaient parfois, ils regardaient derrière eux, le visage
terrifié, comme si une bande de loups les eût poursuivis.

180 « Eh bien, qu'ont-ils donc ? demanda Cyprien. Est-ce que vous dis-
tinguez quelque chose, grand-père ?

— Non, non, dis-je. Les feuillages ne bougent même pas. »

En effet, la ligne basse de l'horizon, paisible, dormait. Mais je parlais encore, lorsqu'une exclamation nous échappa. Derrière les fuyards,
185 entre les troncs des peupliers, au milieu des grandes touffes d'herbe,
nous venions de voir apparaître comme une meute de bêtes grises,
tachées de jaune, qui se ruaient. De toutes parts, elles pointaient à la

fois, des vagues poussant des vagues, une débandade de masses d'eau moutonnant sans fin, secouant des baves blanches, ébranlant le sol du
190 galop sourd de leur foule.

À notre tour nous jetâmes le cri désespéré :

« La Garonne ! La Garonne ! »

Sur le chemin, les deux hommes et les trois femmes couraient toujours. Ils entendaient le terrible galop gagner le leur. Maintenant les
195 vagues arrivaient en une seule ligne, roulantes, s'écroulant avec le tonnerre d'un bataillon[1] qui charge. Sous leur premier choc, elles avaient cassé trois peupliers, dont les hauts feuillages s'abattirent et disparurent. Une cabane de planches fut engloutie ; un mur creva ; des charrettes dételées s'en allèrent, pareilles à des brins de paille. Mais les
200 eaux semblaient surtout poursuivre les fuyards. Au coude de la route, très en pente à cet endroit, elles tombèrent brusquement en une nappe immense et leur coupèrent toute retraite. Ils couraient encore cependant, éclaboussant la mare à grandes enjambées, ne criant plus, fous de terreur. Les eaux les prenaient aux genoux. Une vague énorme
205 se jeta sur la femme qui portait l'enfant. Tout s'engouffra.

« Vite ! vite ! criai-je. Il faut rentrer… La maison est solide. Nous ne craignons rien. »

Par prudence, nous nous réfugiâmes tout de suite au second étage. On fit passer les filles les premières. Je m'entêtais à ne monter que le
210 dernier. La maison était bâtie sur un tertre, au-dessus de la route. L'eau envahissait la cour, doucement, avec un petit bruit. Nous n'étions pas très effrayés.

« Bah ! disait Jacques pour rassurer son monde, ce ne sera rien… Vous vous rappelez, mon père, en 55, l'eau est comme ça venue dans
215 la cour. Il y en a eu un pied ; puis, elle s'en est allée.

— C'est fâcheux pour les récoltes tout de même, murmura Cyprien, à demi-voix.

— Non, non, ce ne sera rien », repris-je à mon tour, en voyant les grands yeux suppliants de nos filles.

220 Aimée avait couché ses deux enfants dans son lit. Elle se tenait au chevet, assise, en compagnie de Véronique et de Marie. Tante Agathe parlait de faire chauffer du vin qu'elle avait monté, pour nous donner du

---

1. Bataillon : troupe de combattants.

courage à tous. Jacques et Rose, à la même fenêtre, regardaient. J'étais devant l'autre fenêtre, avec mon frère, Cyprien et Gaspard.

225 « Montez donc ! criai-je à nos deux servantes, qui pataugeaient au milieu de la cour. Ne restez pas à vous mouiller les jambes.

— Mais les bêtes ? dirent-elles. Elles ont peur, elles se tuent dans l'étable.

— Non, non, montez… Tout à l'heure. Nous verrons. »

230 Le sauvetage du bétail était impossible, si le désastre devait grandir. Je croyais inutile d'épouvanter nos gens. Alors, je m'efforçai de montrer une grande liberté d'esprit. Accoudé à la fenêtre, je causais, j'indiquais les progrès de l'inondation. La rivière, après s'être ruée à l'assaut du village, le possédait jusque dans ses plus étroites ruelles. Ce

235 n'était plus une charge de vagues galopantes, mais un étouffement lent et invincible. Le creux, au fond duquel Saint-Jory* est bâti, se changeait en lac. Dans notre cour, l'eau atteignit bientôt un mètre. Je la voyais monter ; mais j'affirmais qu'elle restait stationnaire, j'allais même jusqu'à prétendre qu'elle baissait.

240 « Te voilà forcé de coucher ici, mon garçon, dis-je en me tournant vers Gaspard. À moins que les chemins ne soient libres dans quelques heures… C'est bien possible. »

Il me regarda, sans répondre, la figure toute pâle ; et je vis ensuite son regard se fixer sur Véronique, avec une angoisse inexprimable.

245 Il était huit heures et demie. Au-dehors, il faisait jour encore, un jour blanc, d'une tristesse profonde sous le ciel pâle. Les servantes, avant de monter, avaient eu la bonne idée d'aller prendre deux lampes. Je les fis allumer, pensant que leur lumière égaierait un peu la chambre déjà sombre, où nous nous étions réfugiés. Tante Agathe, qui

250 avait roulé une table au milieu de la pièce, voulait organiser une partie de cartes. La digne femme, dont les yeux cherchaient par moments les miens, songeait surtout à distraire les enfants. Sa belle humeur gardait une vaillance superbe ; et elle riait pour combattre l'épouvante qu'elle sentait grandir autour d'elle. La partie eut lieu. Tante Agathe plaça de

255 force à la table Aimée, Véronique et Marie. Elle leur mit les cartes dans les mains, joua elle-même d'un air de passion, battant, coupant, distribuant le jeu, avec une telle abondance de paroles, qu'elle étouffait presque le bruit des eaux. Mais nos filles ne pouvaient s'étourdir ; elles

demeuraient toutes blanches, les mains fiévreuses, l'oreille tendue.
260 À chaque instant, la partie s'arrêtait. Une d'elles se tournait, me
demandait à demi-voix :

« Grand-père, ça monte toujours ? »

L'eau montait avec une rapidité effrayante. Je plaisantais, je
répondais :

265 « Non, non, jouez tranquillement. Il n'y a pas de danger. »

Jamais je n'avais eu le cœur serré par une telle angoisse. Tous les
hommes s'étaient placés devant les fenêtres, pour cacher le terrifiant
spectacle. Nous tâchions de sourire, tournés vers l'intérieur de la
chambre, en face des lampes paisibles, dont le rond de clarté tombait
270 sur la table, avec une douceur de veillée. Je me rappelais nos soirées
d'hiver, lorsque nous nous réunissions autour de cette table. C'était le
même intérieur endormi, plein d'une bonne chaleur d'affection. Et,
tandis que la paix était là, j'écoutais derrière mon dos le rugissement
de la rivière lâchée, qui montait toujours.

275 « Louis, me dit mon frère Pierre, l'eau est à trois pieds de la fenêtre.
Il faudrait aviser. »

Je le fis taire, en lui serrant le bras. Mais il n'était plus possible de
cacher le péril. Dans nos étables, les bêtes se tuaient. Il y eut tout d'un
coup des bêlements, des beuglements de troupeaux affolés ; et les che-
280 vaux poussaient ces cris rauques, qu'on entend de si loin, lorsqu'ils
sont en danger de mort.

« Mon Dieu ! Mon Dieu ! » dit Aimée, qui se mit debout, les poings
aux tempes, secouée d'un grand frisson.

Toutes s'étaient levées, et on ne put les empêcher de courir aux
285 fenêtres. Elles y restèrent, droites, muettes, avec leurs cheveux soulevés
par le vent de la peur. Le crépuscule était venu. Une clarté louche flottait au-dessus de la nappe limoneuse. Le ciel pâle avait l'air d'un drap
blanc jeté sur la terre. Au loin, des fumées traînaient. Tout se brouillait,
c'était une fin de jour épouvantée s'éteignant dans une nuit de mort.
290 Et pas un bruit humain, rien que le ronflement de cette mer élargie à
l'infini, rien que les beuglements et les hennissements des bêtes !

« Mon Dieu ! Mon Dieu ! » répétaient à demi-voix les femmes,
comme si elles avaient craint de parler tout haut.

Un craquement terrible leur coupa la parole. Les bêtes furieuses
295 venaient d'enfoncer les portes des étables. Elles passèrent dans les
flots jaunes, roulées, emportées par le courant. Les moutons étaient
charriés comme des feuilles mortes, en bandes, tournoyant au
milieu des remous. Les vaches et les chevaux luttaient, marchaient,
puis perdaient pied. Notre grand cheval gris surtout ne voulait pas
300 mourir ; il se cabrait, tendait le cou, soufflait avec un bruit de forge ;
mais les eaux acharnées le prirent à la croupe, et nous le vîmes,
abattu, s'abandonner.

Alors, nous poussâmes nos premiers cris. Cela nous vint à la gorge,
malgré nous. Nous avions besoin de crier. Les mains tendues vers
305 toutes ces chères bêtes qui s'en allaient, nous nous lamentions, sans
nous entendre les uns les autres, jetant au-dehors les pleurs et les sanglots que nous avions contenus jusque-là. Ah ! c'était bien la ruine ! les
récoltes perdues, le bétail noyé, la fortune changée en quelques
heures ! Dieu n'était pas juste ; nous ne lui avions rien fait, et il nous
310 reprenait tout. Je montrai le poing à l'horizon. Je parlai de notre promenade de l'après-midi, de ces prairies, de ces blés, de ces vignes, que
nous avions trouvés si pleins de promesses. Tout cela mentait donc ?
Le bonheur mentait. Le soleil mentait, quand il se couchait si doux et
si calme, au milieu de la grande sérénité du soir.

315 L'eau montait toujours. Pierre, qui la surveillait, me cria :

« Louis, méfions-nous, l'eau touche à la fenêtre ! »

Cet avertissement nous tira de notre crise de désespoir. Je revins à
moi, je dis en haussant les épaules :

« L'argent n'est rien. Tant que nous serons tous là, il n'y aura pas de
320 regret à avoir… On en sera quitte pour se remettre au travail.

— Oui, oui, vous avez raison, mon père, reprit Jacques fiévreuse-
ment. Et nous ne courons aucun danger, les murs sont bons… Nous
allons monter sur le toit. »

Il ne nous restait que ce refuge. L'eau, qui avait gravi l'escalier
325 marche à marche, avec un clapotement obstiné, entrait déjà par la
porte. On se précipita vers le grenier, ne se lâchant pas d'une
enjambée, par ce besoin qu'on a, dans le péril, de se sentir les uns
contre les autres. Cyprien avait disparu. Je l'appelai, et je le vis revenir
des pièces voisines, la face bouleversée. Alors, comme je m'apercevais

330 également de l'absence de nos deux servantes et que je voulais les
attendre, il me regarda étrangement, il me dit tout bas :

« Mortes. Le coin du hangar, sous leur chambre, vient de s'écrouler. »

Les pauvres filles devaient être allées chercher leurs économies,
dans leurs malles. Il me raconta, toujours à demi-voix, qu'elles
335 s'étaient servies d'une échelle, jetée en manière de pont, pour gagner
le bâtiment voisin. Je lui recommandai de ne rien dire. Un grand froid
avait passé sur ma nuque. C'était la mort qui entrait dans la maison.

Quand nous montâmes à notre tour, nous ne songeâmes pas
même à éteindre les lampes. Les cartes restèrent étalées sur la table. Il
340 y avait déjà un pied d'eau dans la chambre.

### III

Le toit, heureusement, était vaste et de pente douce. On y montait
par une fenêtre à tabatière[1], au-dessus de laquelle se trouvait une
sorte de plate-forme. Ce fut là que tout notre monde se réfugia. Les
femmes s'étaient assises. Les hommes allaient tenter des reconnais-
345 sances sur les tuiles, jusqu'aux grandes cheminées, qui se dressaient,
aux deux bouts de la toiture. Moi, appuyé à la lucarne par où nous
étions sortis, j'interrogeais les quatre points de l'horizon.

« Des secours ne peuvent manquer d'arriver, disais-je bravement.
Les gens de Saintin ont des barques. Ils vont passer par ici… Tenez !
350 là-bas, n'est-ce pas une lanterne sur l'eau ? »

Mais personne ne me répondait. Pierre, sans trop savoir ce qu'il
faisait, avait allumé sa pipe, et il fumait si rudement, qu'à chaque
bouffée il crachait des bouts de tuyau. Jacques et Cyprien regardaient
au loin, la face morne ; tandis que Gaspard, serrant les poings, conti-
355 nuait de tourner sur le toit, comme s'il eût cherché une issue. À nos
pieds, les femmes en tas, muettes, grelottantes, se cachaient la face
pour ne plus voir. Pourtant, Rose leva la tête, jeta un coup d'œil
autour d'elle, en demandant :

« Et les servantes, où sont-elles ? Pourquoi ne montent-elles pas ? »

---

1. Fenêtre à tabatière : vitre d'une lucarne à charnière. Par métonymie : la lucarne.

360 J'évitai de répondre. Elle m'interrogea alors directement, les yeux sur les miens.

« Où donc sont les servantes ? »

Je me détournai, ne pouvant mentir. Et je sentis ce froid de la mort qui m'avait déjà effleuré, passer sur nos femmes et sur nos chères
365 filles. Elles avaient compris. Marie se leva toute droite, eut un gros soupir, puis s'abattit, prise d'une crise de larmes. Aimée tenait serrés dans ses jupes ses deux enfants, qu'elle cachait comme pour les défendre. Véronique, la face entre les mains, ne bougeait plus. Tante Agathe, elle-même, toute pâle, faisait de grands signes de croix, en
370 balbutiant des *Pater* et des *Ave*.

Cependant, autour de nous, le spectacle devenait d'une grandeur souveraine. La nuit, tombée complètement, gardait une limpidité de nuit d'été. C'était un ciel sans lune, mais un ciel criblé d'étoiles, d'un bleu si pur, qu'il emplissait l'espace d'une lumière bleue. Il semblait
375 que le crépuscule se continuait, tant l'horizon restait clair. Et la nappe immense s'élargissait encore sous cette douceur du ciel, toute blanche, comme lumineuse elle-même d'une clarté propre, d'une phosphorescence qui allumait de petites flammes à la crête de chaque flot. On ne distinguait plus la terre, la plaine devait être envahie. Par
380 moments, j'oubliais le danger. Un soir, du côté de Marseille[1], j'avais aperçu ainsi la mer, j'étais resté devant elle béant d'admiration.

« L'eau monte, l'eau monte », répétait mon frère Pierre, en cassant toujours entre ses dents le tuyau de sa pipe, qu'il avait laissée s'éteindre.

L'eau n'était plus qu'à un mètre du toit. Elle perdait sa tranquillité
385 de nappe dormante. Des courants s'établissaient. À une certaine hauteur, nous cessions d'être protégés par le pli de terrain, qui se trouve en avant du village. Alors, en moins d'une heure, l'eau devint menaçante, jaune, se ruant sur la maison, charriant des épaves, tonneaux défoncés, pièces de bois, paquets d'herbes. Au loin, il y avait mainte-
390 nant des assauts contre des murs, dont nous entendions les chocs retentissants. Des peupliers tombaient avec un craquement de mort, des maisons s'écroulaient, pareilles à des charretées de cailloux vidées au bord d'un chemin.

---

1. Marseille : sur la côte méditerranéenne, au fond d'une baie. C'est le premier port de commerce français et la deuxième ville de France, après Paris.

Jacques, déchiré par les sanglots des femmes, répétait :

395 « Nous ne pouvons demeurer ici. Il faut tenter quelque chose… Mon père, je vous en supplie, tentons quelque chose. »

Je balbutiais, je disais après lui :

« Oui, oui, tentons quelque chose. »

Et nous ne savions quoi. Gaspard offrait de prendre Véronique sur
400 son dos, de l'emporter à la nage. Pierre parlait d'un radeau. C'était fou. Cyprien dit enfin :

« Si nous pouvions seulement atteindre l'église. »

Au-dessus des eaux, l'église restait debout, avec son petit clocher carré. Nous en étions séparés par sept maisons. Notre ferme, la pre-
405 mière du village, s'adossait à un bâtiment plus haut, qui lui-même était appuyé au bâtiment voisin. Peut-être, par les toits, pourrait-on en effet gagner le presbytère, d'où il était aisé d'entrer dans l'église. Beaucoup de monde déjà devait s'y être réfugié ; car les toitures voisines se trouvaient vides, et nous entendions des voix qui venaient
410 sûrement du clocher. Mais que de dangers pour arriver jusque-là !

« C'est impossible, dit Pierre. La maison des Raimbeau est trop haute. Il faudrait des échelles.

— Je vais toujours voir, reprit Cyprien. Je reviendrai, si la route est impraticable. Autrement, nous nous en irions tous, nous porterions
415 les filles. »

Je le laissai aller. Il avait raison. On devait tenter l'impossible. Il venait, à l'aide d'un crampon de fer, fixé dans une cheminée, de monter sur la maison voisine, lorsque sa femme Aimée, en levant la tête, vit qu'il n'était plus là. Elle cria :

420 « Où est-il ? Je ne veux pas qu'il me quitte. Nous sommes ensemble, nous mourrons ensemble. »

Quand elle l'aperçut en haut de la maison, elle courut sur les tuiles, sans lâcher ses enfants. Et elle disait :

« Cyprien, attends-moi. Je vais avec toi, je veux mourir avec toi. »

425 Elle s'entêta. Lui, penché, la suppliait, en lui affirmant qu'il reviendrait, que c'était pour notre salut à tous. Mais, d'un air égaré, elle hochait la tête, elle répétait :

« Je vais avec toi, je vais avec toi. Qu'est-ce que ça te fait ? Je vais avec toi. »

430 Il dut prendre les enfants. Puis, il l'aida à monter. Nous pûmes les
suivre sur la crête de la maison. Ils marchaient lentement. Elle avait
repris dans ses bras les enfants qui pleuraient ; et lui, à chaque pas, se
retournait, la soutenait.

« Mets-la en sûreté, reviens tout de suite ! » criai-je.

435 Je l'aperçus qui agitait la main, mais le grondement des eaux
m'empêcha d'entendre sa réponse. Bientôt, nous ne les vîmes plus. Ils
étaient descendus sur l'autre maison, plus basse que la première. Au
bout de cinq minutes, ils reparurent sur la troisième, dont le toit
devait être très en pente, car ils se traînaient à genoux le long du faîte.
440 Une épouvante soudaine me saisit. Je me mis à crier, les mains aux
lèvres, de toutes mes forces :

« Revenez ! Revenez ! »

Et tous, Pierre, Jacques, Gaspard, leur criaient aussi de revenir. Nos
voix les arrêtèrent une minute. Mais ils continuèrent ensuite
445 d'avancer. Maintenant, ils se trouvaient au coude formé par la rue, en
face de la maison des Raimbeau, une haute bâtisse dont le toit dépassait celui des maisons voisines de trois mètres au moins. Un instant,
ils hésitèrent. Puis, Cyprien monta le long d'un tuyau de cheminée,
avec une agilité de chat. Aimée, qui avait dû consentir à l'attendre, res-
450 tait debout au milieu des tuiles. Nous la distinguions nettement, serrant ses enfants contre sa poitrine, toute noire sur le ciel clair, comme
grandie. Et c'est alors que l'épouvantable malheur commença.

La maison des Raimbeau, destinée d'abord à une exploitation
industrielle, était très légèrement bâtie. En outre, elle recevait en
455 pleine façade le courant de la rue. Je croyais la voir trembler sous les
attaques de l'eau ; et, la gorge serrée, je suivais Cyprien, qui traversait
le toit. Tout à coup, un grondement se fit entendre. La lune se levait,
une lune ronde, libre dans le ciel, et dont la face jaune éclairait le lac
immense d'une lueur vive de lampe. Pas un détail de la catastrophe ne
460 fut perdu pour nous. C'était la maison des Raimbeau qui venait de
s'écrouler. Nous avions jeté un cri de terreur, en voyant Cyprien disparaître. Dans l'écroulement, nous ne distinguions qu'une tempête,
un rejaillissement de vagues sous les débris de la toiture. Puis, le calme
se fit, la nappe reprit son niveau, avec le trou noir de la maison
465 engloutie, hérissant hors de l'eau la carcasse de ses planchers fendus.

Il y avait là un amas de poutres enchevêtrées, une charpente de cathédrale à demi détruite. Et, entre ces poutres, il me sembla voir un corps remuer, quelque chose de vivant tenter des efforts surhumains.

« Il vit ! criai-je. Ah ! Dieu soit loué, il vit !… Là, au-dessus de cette
470 nappe blanche que la lune éclaire ! »

Un rire nerveux nous secouait. Nous tapions dans nos mains de joie, comme sauvés nous-mêmes.

« Il va remonter, disait Pierre.

— Oui, oui, tenez ! expliquait Gaspard, le voilà qui tâche de saisir
475 la poutre, à gauche. »

Mais nos rires cessèrent. Nous n'échangeâmes plus un mot, la gorge serrée par l'anxiété. Nous venions de comprendre la terrible situation où était Cyprien. Dans la chute de la maison, ses pieds se trouvaient pris entre deux poutres ; et il demeurait pendu, sans pou-
480 voir se dégager, la tête en bas, à quelques centimètres de l'eau. Ce fut une agonie effroyable. Sur le toit de la maison voisine, Aimée était toujours debout, avec ses deux enfants. Un tremblement convulsif la secouait. Elle assistait à la mort de son mari, elle ne quittait pas du regard le malheureux, sous elle, à quelques mètres d'elle. Et elle pous-
485 sait un hurlement continu, un hurlement de chien, fou d'horreur.

« Nous ne pouvons le laisser mourir ainsi, dit Jacques éperdu. Il faut aller là-bas.

— On pourrait peut-être encore descendre le long des poutres, fit remarquer Pierre. On le dégagerait. »

490 Et ils se dirigeaient vers les toits voisins, lorsque la deuxième maison s'écroula à son tour. La route se trouvait coupée. Alors, un froid nous glaça. Nous nous étions pris les mains, machinalement ; nous nous les serrions à les broyer, sans pouvoir détacher nos regards de l'affreux spectacle.

495 Cyprien avait d'abord tâché de se raidir. Avec une force extraordinaire, il s'était écarté de l'eau, il maintenait son corps dans une position oblique. Mais la fatigue le brisait. Il lutta pourtant, voulut se rattraper aux poutres, lança les mains autour de lui, pour voir s'il ne rencontrerait rien où s'accrocher. Puis, acceptant la mort, il retomba,
500 il pendit de nouveau, inerte. La mort fut lente à venir. Ses cheveux trempaient à peine dans l'eau, qui montait avec patience. Il devait en

sentir la fraîcheur au sommet de son crâne. Une première vague lui mouilla le front. D'autres fermèrent les yeux. Lentement, nous vîmes la tête disparaître.

505    Les femmes, à nos pieds, avaient enfoncé leur visage entre leurs mains jointes. Nous-mêmes, nous tombâmes à genoux, les bras tendus, pleurant, balbutiant des supplications. Sur la toiture, Aimée toujours debout, avec ses enfants serrés contre elle, hurlait plus fort dans la nuit.

## IV

510    J'ignore combien de temps nous restâmes dans la stupeur de cette crise. Quand je revins à moi, l'eau avait grandi encore. Maintenant, elle atteignait les tuiles ; le toit n'était plus qu'une île étroite, émergeant de la nappe immense. À droite, à gauche, les maisons avaient dû s'écrouler. La mer s'étendait.

515    « Nous marchons », murmurait Rose qui se cramponnait aux tuiles.

Et nous avions tous, en effet, une sensation de roulis, comme si la toiture emportée se fût changée en radeau. Le grand ruissellement semblait nous charrier. Puis, quand nous regardions le clocher de l'église, immobile en face de nous, ce vertige cessait ; nous nous

520    retrouvions à la même place, dans la houle des vagues.

L'eau, alors, commença l'assaut. Jusque-là, le courant avait suivi la rue ; mais les décombres qui la barraient à présent, le faisaient refluer. Ce fut une attaque en règle. Dès qu'une épave, une poutre, passait à la portée du courant, il la prenait, la balançait, puis la précipitait contre

525    la maison comme un bélier [1]. Et il ne la lâchait plus, il la retirait en arrière, pour la lancer de nouveau, en battait les murs à coups redoublés, régulièrement. Bientôt, dix, douze poutres nous attaquèrent ainsi à la fois, de tous les côtés. L'eau rugissait. Des crachements d'écume mouillaient nos pieds. Nous entendions le gémissement sourd de la

---

1. Bélier : longue poutre horizontale sur balancier, manipulée par plusieurs hommes, servant à défoncer les portails. Elle était souvent terminée par une tête de bélier.

530 maison pleine d'eau, sonore, avec ses cloisons qui craquaient déjà. Par moments, à certaines attaques plus rudes, lorsque les poutres tapaient d'aplomb, nous pensions que c'était fini, que les murailles s'ouvraient et nous livraient à la rivière, par leurs brèches béantes.

Gaspard s'était risqué au bord même du toit. Il parvint à saisir une 535 poutre, la tira de ses gros bras de lutteur.

« Il faut nous défendre », criait-il.

Jacques, de son côté, s'efforçait d'arrêter au passage une longue perche. Pierre l'aida. Je maudissais l'âge, qui me laissait sans force, aussi faible qu'un enfant. Mais la défense s'organisait, un duel, trois 540 hommes contre un fleuve. Gaspard, tenant sa poutre en arrêt, attendait les pièces de bois dont le courant faisait des béliers ; et, rudement, il les arrêtait, à une courte distance des murs. Parfois, le choc était si violent, qu'il tombait. À côté de lui, Jacques et Pierre manœuvraient la longue perche, de façon à écarter également les épaves. Pendant 545 près d'une heure, cette lutte inutile dura. Peu à peu, ils perdaient la tête, jurant, tapant, insultant l'eau. Gaspard la sabrait, comme s'il se fût pris corps à corps avec elle, la trouait de coups de pointe ainsi qu'une poitrine. Et l'eau gardait sa tranquille obstination, sans une blessure, invincible. Alors, Jacques et Pierre s'abandonnèrent sur le 550 toit, exténués ; tandis que Gaspard, dans un dernier élan, se laissait arracher par le courant sa poutre, qui, à son tour, nous battit en brèche. Le combat était impossible.

Marie et Véronique s'étaient jetées dans les bras l'une de l'autre. Elles répétaient, d'une voix déchirée, toujours la même phrase, une 555 phrase d'épouvante que j'entends encore sans cesse à mes oreilles :

« Je ne veux pas mourir !… Je ne veux pas mourir ! »

Rose les entourait de ses bras. Elle cherchait à les consoler, à les rassurer ; et elle-même, toute grelottante, levait sa face et criait malgré elle :

« Je ne veux pas mourir ! »

560 Seule, tante Agathe ne disait rien. Elle ne priait plus, ne faisait plus le signe de la croix. Hébétée, elle promenait ses regards, et tâchait encore de sourire, quand elle rencontrait mes yeux.

L'eau battait les tuiles, maintenant. Aucun secours n'était à espérer. Nous entendions toujours des voix, du côté de l'église ; deux 565 lanternes, un moment, avaient passé au loin ; et le silence de nouveau s'élargissait, la nappe jaune étalait son immensité nue. Les gens de Saintin, qui possédaient des barques, devaient avoir été surpris avant nous.

Gaspard, cependant, continuait à rôder sur le toit. Tout d'un coup,
570 il nous appela. Et il disait :

« Attention !… Aidez-moi. Tenez-moi ferme. »

Il avait repris une perche, il guettait une épave, énorme, noire, dont la masse nageait doucement vers la maison. C'était une large toiture de hangar, faite de planches solides, que les eaux avaient arrachée tout
575 entière, et qui flottait, pareille à un radeau. Quand cette toiture fut à sa portée, il l'arrêta avec sa perche ; et, comme il se sentait emporté, il nous criait de l'aider. Nous l'avions saisi par la taille, nous le tenions ferme. Puis, dès que l'épave entra dans le courant, elle vint d'elle-même aborder contre notre toit, si rudement même, que nous eûmes
580 peur un instant de la voir voler en éclats.

Gaspard avait hardiment sauté sur ce radeau que le hasard nous envoyait. Il le parcourait en tous sens, pour s'assurer de sa solidité, pendant que Pierre et Jacques le maintenaient au bord du toit ; et il riait, il disait joyeusement :

585 « Grand-père, nous voilà sauvés… Ne pleurez plus, les femmes !… Un vrai bateau. Tenez ! mes pieds sont à sec. Et il nous portera bien tous. Nous allons être comme chez nous, là-dessus ! »

Pourtant, il crut devoir le consolider. Il saisit les poutres qui flot-taient, les lia avec des cordes, que Pierre avait emportées à tout hasard,
590 en quittant les chambres du bas. Il tomba même dans l'eau ; mais, au cri qui nous échappa, il répondit par de nouveaux rires. L'eau le connaissait, il faisait une lieue de Garonne* à la nage. Remonté sur le toit, il se secoua, en s'écriant :

« Voyons, embarquez, ne perdons pas de temps. »

595 Les femmes s'étaient mises à genoux. Gaspard dut porter Véronique et Marie au milieu du radeau, où il les fit asseoir. Rose et tante Agathe glissèrent d'elles-mêmes sur les tuiles et allèrent se placer auprès des jeunes filles. À ce moment, je regardai du côté de l'église. Aimée était toujours là. Elle s'adossait maintenant contre une che-
600 minée, et elle tenait ses enfants en l'air, au bout des bras, ayant déjà de l'eau jusqu'à la ceinture.

« Ne vous affligez pas, grand-père, me dit Gaspard. Nous allons la prendre en passant, je vous le promets. »

Pierre et Jacques étaient montés sur le radeau. J'y sautai à mon
605 tour. Il penchait un peu d'un côté, mais il était réellement assez solide pour nous porter tous. Enfin, Gaspard quitta le toit le dernier, en nous disant de prendre des perches, qu'il avait préparées et qui devaient nous servir de rames. Lui-même en tenait une très longue, dont il se servait avec une grande habileté. Nous nous laissions com-
610 mander par lui. Sur un ordre qu'il nous donna, nous appuyâmes tous nos perches contre les tuiles pour nous éloigner. Mais il semblait que le radeau fût collé au toit. Malgré tous nos efforts, nous ne pouvions l'en détacher. À chaque nouvel essai, le courant nous ramenait vers la maison, violemment. Et c'était là une manœuvre des plus dange-
615 reuses, car le choc menaçait chaque fois de briser les planches sur les-quelles nous nous trouvions.

Alors, de nouveau, nous eûmes le sentiment de notre impuissance. Nous nous étions crus sauvés, et nous appartenions toujours à la rivière. Même, je regrettais que les femmes ne fussent plus sur le toit ;
620 car, à chaque minute, je les voyais précipitées, entraînées dans l'eau furieuse. Mais, quand je parlai de regagner notre refuge, tous crièrent :

« Non, non, essayons encore. Plutôt mourir ici ! »

Gaspard ne riait plus. Nous renouvelions nos efforts, pesant sur les perches avec un redoublement d'énergie. Pierre eut enfin l'idée de
625 remonter la pente des tuiles et de nous tirer vers la gauche, à l'aide d'une corde ; il put ainsi nous mener en dehors du courant ; puis, quand il eut de nouveau sauté sur le radeau, quelques coups de perche nous permirent de gagner le large. Mais Gaspard se rappela la promesse qu'il m'avait faite d'aller recueillir notre pauvre Aimée,
630 dont le hurlement plaintif ne cessait pas. Pour cela, il fallait traverser la rue, où régnait ce terrible courant, contre lequel nous venions de lutter. Il me consulta du regard. J'étais bouleversé, jamais un pareil combat ne s'était livré en moi. Nous allions exposer huit existences. Et pourtant, si j'hésitai un instant, je n'eus pas la force de résister à
635 l'appel lugubre.

« Oui, oui, dis-je à Gaspard. C'est impossible, nous ne pouvons nous en aller sans elle. »

Il baissa la tête, sans une parole, et se mit, avec sa perche, à se servir de tous les murs restés debout. Nous longions la maison voisine, nous 640 passions par-dessus nos étables. Mais, dès que nous débouchâmes dans la rue, un cri nous échappa. Le courant, qui nous avait ressaisis, nous emportait de nouveau, nous ramenait contre notre maison. Ce fut un vertige de quelques secondes. Nous étions roulés comme une feuille, si rapidement, que notre cri s'acheva dans le choc épouvan- 645 table du radeau sur les tuiles. Il y eut un déchirement, les planches déclouées tourbillonnèrent, nous fûmes tous précipités. J'ignore ce qui se passa alors. Je me souviens qu'en tombant je vis tante Agathe à plat sur l'eau, soutenue par ses jupes ; et elle s'enfonçait, la tête en arrière, sans se débattre.

650 Une vive douleur me fit ouvrir les yeux. C'était Pierre qui me tirait par les cheveux, le long des tuiles. Je restai couché, stupide, regardant. Pierre venait de replonger. Et, dans l'étourdissement où je me trouvais, je fus surpris d'apercevoir tout d'un coup Gaspard, à la place où mon frère avait disparu : le jeune homme portait Véronique dans ses bras. 655 Quand il l'eut déposée près de moi, il se jeta de nouveau, il retira Marie, la face d'une blancheur de cire, si raide et si immobile, que je la crus morte. Puis, il se jeta encore, Mais, cette fois, il chercha inutilement. Pierre l'avait rejoint. Tous deux se parlaient, se donnaient des indica- tions que je n'entendais pas. Comme ils remontaient sur le toit, épuisés : 660     « Et tante Agathe ! criai-je, et Jacques ! et Rose ! »

Ils secouèrent la tête. De grosses larmes roulaient dans leurs yeux. Aux quelques mots qu'ils me dirent, je compris que Jacques avait eu la tête fracassée par le heurt d'une poutre. Rose s'était cramponnée au cadavre de son mari, qui l'avait emportée. Tante Agathe n'avait pas 665 reparu. Nous pensâmes que son corps, poussé par le courant, était entré dans la maison, au-dessous de nous, par une fenêtre ouverte.

Et, me soulevant, je regardai vers la toiture où Aimée se crampon- nait quelques minutes auparavant. Mais l'eau montait toujours. Aimée ne hurlait plus. J'aperçus seulement ses deux bras raidis, 670 qu'elle levait pour tenir ses enfants hors de l'eau. Puis, tout s'abîma, la nappe se referma, sous la lueur dormante de la lune.

## V

Nous n'étions plus que cinq sur le toit. L'eau nous laissait à peine une étroite bande libre, le long du faîtage[1]. Une des cheminées venait d'être emportée. Il nous fallut soulever Véronique et Marie évanouies, 675 les tenir presque debout, pour que le flot ne leur mouillât pas les jambes. Elles reprirent enfin connaissance, et notre angoisse s'accrut, à les voir trempées, frissonnantes, crier de nouveau qu'elles ne voulaient pas mourir. Nous les rassurions comme on rassure les enfants, en leur disant qu'elles ne mourraient pas, que nous empêcherions 680 bien la mort de les prendre. Mais elles ne nous croyaient plus, elles savaient bien qu'elles allaient mourir. Et, chaque fois que ce mot « mourir » tombait comme un glas[2], leurs dents claquaient, une angoisse les jetait au cou l'une de l'autre.

C'était la fin. Le village détruit ne montrait plus, autour de nous, 685 que quelques pans de murailles. Seule, l'église dressait son clocher intact, d'où venaient toujours des voix, un murmure de gens à l'abri. Au loin, ronflait la coulée énorme des eaux. Nous n'entendions même plus ces éboulements de maisons, pareils à des charrettes de cailloux brusquement déchargées. C'était un abandon, un naufrage en plein 690 océan, à mille lieues des terres.

Un instant, nous crûmes surprendre à gauche un bruit de rames. On aurait dit un battement, doux, cadencé, de plus en plus net. Ah ! quelle musique d'espoir, et comme nous nous dressâmes tous pour interroger l'espace ! Nous retenions notre haleine. Et nous n'aperce-695 vions rien. La nappe jaune s'étendait, tachée d'ombres noires ; mais aucune de ces ombres, cimes d'arbres, restes de murs écroulés, ne bougeait. Des épaves, des herbes, des tonneaux vides, nous causèrent des fausses joies ; nous agitions nos mouchoirs, jusqu'à ce que, notre erreur reconnue, nous retombions dans l'anxiété de ce bruit qui frappait tou-700 jours nos oreilles, sans que nous pussions découvrir d'où il venait.

« Ah ! je la vois, cria Gaspard, brusquement. Tenez ! là-bas, une grande barque ! »

---

1. Faîtage : toiture.
2. Glas : cloche d'église qu'on sonne pour annoncer la mort de quelqu'un.

Et il nous désignait, le bras tendu, un point éloigné. Moi, je ne voyais rien ; Pierre, non plus. Mais Gaspard s'entêtait. C'était bien une 705 barque. Les coups de rames nous arrivaient plus distincts. Alors, nous finîmes aussi par l'apercevoir. Elle filait lentement, ayant l'air de tourner autour de nous, sans approcher. Je me souviens qu'à ce moment nous fûmes comme fous. Nous levions les bras avec fureur, nous poussions des cris, à nous briser la gorge. Et nous insultions la 710 barque, nous la traitions de lâche. Elle, toujours noire et muette, tournait plus lentement. Était-ce réellement une barque ? je l'ignore encore. Quand nous crûmes la voir disparaître, elle emporta notre dernière espérance.

Désormais, à chaque seconde, nous nous attendions à être 715 engloutis, dans la chute de la maison. Elle se trouvait minée, elle n'était sans doute portée que par quelque gros mur, qui allait l'entraîner tout entière, en s'écroulant. Mais ce dont je tremblais surtout, c'était de sentir la toiture fléchir sous notre poids. La maison aurait peut-être tenu toute la nuit ; seulement, les tuiles s'affaissaient, battues 720 et trouées par les poutres. Nous nous étions réfugiés vers la gauche, sur des chevrons[1] solides encore. Puis, ces chevrons eux-mêmes parurent faiblir. Certainement, ils s'enfonceraient, si nous restions tous les cinq entassés sur un si petit espace.

Depuis quelques minutes, mon frère Pierre avait remis sa pipe à ses 725 lèvres, d'un geste machinal. Il tordait sa moustache de vieux soldat, les sourcils froncés, grognant de sourdes paroles. Ce danger croissant qui l'entourait et contre lequel son courage ne pouvait rien commençait à l'impatienter fortement. Il avait craché deux ou trois fois dans l'eau, d'un air de colère méprisante. Puis, comme nous enfoncions 730 toujours, il se décida, il descendit la toiture.

« Pierre ! Pierre ! » criai-je, ayant peur de comprendre.

Il se retourna et me dit tranquillement :

« Adieu, Louis… Vois-tu, c'est trop long pour moi. Ça vous fera de la place. »

735 Et, après avoir jeté sa pipe la première, il se précipita lui-même, en ajoutant :

« Bonsoir, j'en ai assez ! »

---

1. Chevrons : pièces de bois équarri sur lesquelles on fixe des lattes pour soutenir le toit.

Il ne reparut pas. Il était nageur médiocre. D'ailleurs, il s'abandonna sans doute, le cœur crevé par notre ruine et par la mort de tous
740 les nôtres, ne voulant pas leur survivre.

Deux heures du matin sonnèrent à l'église. La nuit allait finir, cette horrible nuit déjà si pleine d'agonies et de larmes. Peu à peu, sous nos pieds, l'espace encore sec se rétrécissait ; c'était un murmure d'eau courante, de petits flots caressants qui jouaient et se poussaient. De
745 nouveau, le courant avait changé ; les épaves passaient à droite du village, flottant avec lenteur, comme si les eaux, près d'atteindre leur plus haut niveau, se fussent reposées, lasses et paresseuses.

Gaspard, brusquement, retira ses souliers et sa veste. Depuis un instant, je le voyais joindre les mains, s'écraser les doigts. Et comme
750 je l'interrogeais :

« Écoutez, grand-père, dit-il, je meurs, à attendre. Je ne puis plus rester… Laissez-moi faire, je la sauverai. »

Il parlait de Véronique. Je voulus combattre son idée. Jamais il n'aurait la force de porter la jeune fille jusqu'à l'église. Mais lui, s'entêtait.

755 « Si ! si ! j'ai de bons bras, je me sens fort… Vous allez voir ! »

Et il ajoutait qu'il préférait tenter ce sauvetage tout de suite, qu'il devenait faible comme un enfant, à écouter ainsi la maison s'émietter sous nos pieds.

« Je l'aime, je la sauverai », répétait-il.

760 Je demeurai silencieux, j'attirai Marie contre ma poitrine. Alors, il crut que je lui reprochais son égoïsme d'amoureux, il balbutia :

« Je reviendrai prendre Marie, je vous le jure. Je trouverai bien un bateau, j'organiserai un secours quelconque… Ayez confiance, grand-père. »

765 Il ne conserva que son pantalon. Et, à demi-voix, rapidement, il adressait des recommandations à Véronique : elle ne se débattrait pas, elle s'abandonnerait sans un mouvement, elle n'aurait pas peur surtout. La jeune fille, à chaque phrase, répondait oui, d'un air égaré. Enfin, après avoir fait un signe de croix, bien qu'il ne fût guère dévot [1]

---

1. Dévot : attaché aux pratiques religieuses.

770   d'habitude, il se laissa glisser sur le toit, en tenant Véronique par une
corde qu'il lui avait nouée sous les bras. Elle poussa un grand cri,
battit l'eau de ses membres, puis, suffoquée, s'évanouit.

« J'aime mieux ça, me cria Gaspard. Maintenant, je réponds
d'elle. »

775   On s'imagine avec quelle angoisse je les suivis des yeux. Sur l'eau
blanche, je distinguais les moindres mouvements de Gaspard. Il
soutenait la jeune fille, à l'aide de la corde, qu'il avait enroulée
autour de son propre cou ; et il la portait ainsi, à demi jetée sur son
épaule droite. Ce poids écrasant l'enfonçait par moments ; pourtant,
780   il avançait, nageant avec une force surhumaine. Je ne doutais plus, il
avait déjà parcouru un tiers de la distance, lorsqu'il se heurta à
quelque mur caché sous l'eau. Le choc fut terrible. Tous deux disparurent. Puis, je le vis reparaître seul ; la corde devait s'être rompue.
Il plongea à deux reprises. Enfin, il revint, il ramenait Véronique,
785   qu'il reprit sur son dos. Mais il n'avait plus de corde pour la tenir,
elle l'écrasait davantage. Cependant, il avançait toujours. Un tremblement me secouait, à mesure qu'ils approchaient de l'église. Tout
à coup, je voulus crier, j'apercevais des poutres qui arrivaient de
biais. Ma bouche resta grande ouverte : un nouveau choc les avait
790   séparés, les eaux se refermèrent.

À partir de ce moment, je demeurai stupide. Je n'avais plus qu'un
instinct de bête veillant à sa conservation. Quand l'eau avançait, je
reculais. Dans cette stupeur, j'entendis longtemps un rire, sans m'expliquer qui riait ainsi près de moi. Le jour se levait, une grande aurore
795   blanche. Il faisait bon, très frais et très calme, comme au bord d'un
étang dont la nappe s'éveille avant le lever du soleil. Mais le rire sonnait toujours ; et, en me tournant, je trouvai Marie, debout dans ses
vêtements mouillés. C'était elle qui riait.

Ah ! la pauvre chère créature, comme elle était douce et jolie, à
800   cette heure matinale ! Je la vis se baisser, prendre dans le creux de sa
main un peu d'eau, dont elle se lava la figure. Puis, elle tordit ses
beaux cheveux blonds, elle les noua derrière sa tête. Sans doute, elle
faisait sa toilette, elle semblait se croire dans sa petite chambre, le
dimanche, lorsque la cloche sonnait gaiement. Et elle continuait à
805   rire, de son rire enfantin, les yeux clairs, la face heureuse.

Moi, je me mis à rire comme elle, gagné par sa folie. La terreur l'avait rendue folle, et c'était une grâce du ciel, tant elle paraissait ravie de la pureté de cette aube printanière.

Je la laissais se hâter, ne comprenant pas, hochant la tête tendre-
810 ment. Elle se faisait toujours belle. Puis, quand elle se crut prête à partir, elle chanta un de ses cantiques de sa fine voix de cristal. Mais, bientôt, elle s'interrompit, elle cria, comme si elle avait répondu à une voix qui l'appelait et qu'elle entendait seule :

« J'y vais ! J'y vais ! »

815 Elle reprit son cantique, elle descendit la pente du toit, elle entra dans l'eau, qui la recouvrit doucement, sans secousse. Je n'avais pas cessé de sourire. Je regardais d'un air heureux la place où elle venait de disparaître.

Ensuite, je ne me souviens plus. J'étais tout seul sur le toit. L'eau
820 avait encore monté. Une cheminée restait debout, et je crois que je m'y cramponnais de toutes mes forces, comme un animal qui ne veut pas mourir. Ensuite, rien, rien, un trou noir, le néant.

## VI

Pourquoi suis-je encore là ? On m'a dit que les gens de Saintin étaient venus vers six heures, avec des barques, et qu'ils m'avaient
825 trouvé couché sur une cheminée, évanoui. Les eaux ont eu la cruauté de ne pas m'emporter après tous les miens, pendant que je ne sentais plus mon malheur.

C'est moi, le vieux, qui me suis entêté à vivre. Tous les autres sont partis, les enfants au maillot, les filles à marier, les jeunes ménages,
830 les vieux ménages. Et moi, je vis ainsi qu'une herbe mauvaise, rude et séchée, enracinée aux cailloux ! Si j'avais du courage, je ferais comme Pierre, je dirais : « J'en ai assez, bonsoir ! » et je me jetterais dans la Garonne*, pour m'en aller par le chemin que tous ont suivi. Je n'ai plus un enfant, ma maison est détruite, mes champs sont
835 ravagés. Oh ! le soir, quand nous étions tous à table, les vieux au milieu, les plus jeunes à la file, et que cette gaieté m'entourait et me

tenait chaud ! Oh ! les grands jours de la moisson et de la vendange,
quand nous étions tous au travail, et que nous rentrions gonflés de
l'orgueil de notre richesse ! Oh ! les beaux enfants et les belles vignes,
840 les belles filles et les beaux blés, la joie de ma vieillesse, la vivante
récompense de ma vie entière ! Puisque tout cela est mort, mon
Dieu ! pourquoi voulez-vous que je vive ?

Il n'y a pas de consolation. Je ne veux pas de secours. Je don-
nerai mes champs aux gens du village qui ont encore leurs enfants.
845 Eux, trouveront le courage de débarrasser la terre des épaves et de
la cultiver de nouveau. Quand on n'a plus d'enfants, un coin suffit
pour mourir.

J'ai eu une seule envie, une dernière envie. J'aurais voulu retrouver
les corps des miens, afin de les faire enterrer dans notre cimetière,
850 sous une dalle où je serais allé les rejoindre. On racontait qu'on avait
repêché, à Toulouse*, une quantité de cadavres emportés par le fleuve.
Je me suis décidé à tenter le voyage.

Quel épouvantable désastre ! Près de deux mille maisons écrou-
lées ; sept cents morts ; tous les ponts emportés ; un quartier rasé, noyé
855 sous la boue ; des drames atroces ; vingt mille misérables demi-nus et
crevant la faim ; la ville empestée par les cadavres, terrifiée par la
crainte du typhus[1] ; le deuil partout, les rues pleines de convois[2] funèbres, les aumônes impuissantes à panser les plaies. Mais je marchais
sans rien voir, au milieu de ces ruines. J'avais mes ruines, j'avais mes
860 morts, qui m'écrasaient.

On me dit qu'en effet beaucoup de corps avaient pu être repêchés.
Ils étaient déjà ensevelis, en longues files, dans un coin du cimetière.
Seulement, on avait eu le soin de photographier les inconnus. Et c'est
parmi ces portraits[3] lamentables que j'ai trouvé ceux de Gaspard et
865 de Véronique. Les deux fiancés étaient demeurés liés l'un à l'autre, par

---

1. Typhus : maladie infectieuse et contagieuse transmise par les poux.
2. Convois : cortèges (funèbres).
3. Rappelons que la photographie est une invention du XIXᵉ siècle.

une étreinte passionnée, échangeant dans la mort leur baiser de noces. Ils se serraient encore si puissamment, les bras raidis, la bouche collée sur la bouche qu'il aurait fallu leur casser les membres pour les séparer. Aussi les avait-on photographiés ensemble, et ils dormaient ensemble sous la terre.

Je n'ai plus qu'eux, cette image affreuse, ces deux beaux enfants gonflés par l'eau, défigurés, gardant encore sur leurs faces livides l'héroïsme de leur tendresse. Je les regarde, et je pleure.

*Le Père Magloire sur le chemin de
Saint-Clair à Étretat* (1884).
Gustave Caillebotte (1848-1894).

# Les Coquillages de M. Chabre[1]

## I

Le grand chagrin de M. Chabre était de ne pas avoir d'enfant. Il avait épousé une demoiselle Catinot, de la maison Desvignes et Catinot, la blonde Estelle, grande belle fille de dix-huit ans ; et, depuis quatre ans, il attendait, anxieux, consterné, blessé de l'inutilité de ses efforts.

5 M. Chabre était un ancien marchand de grains retiré. Il avait une belle fortune. Bien qu'il eût mené la vie chaste d'un bourgeois enfoncé dans l'idée fixe de devenir millionnaire, il traînait à quarante-cinq ans des jambes alourdies de vieillard. Sa face blême, usée par les soucis de l'argent, était plate et banale comme un trottoir. Et il se désespérait,
10 car un homme qui a gagné cinquante mille francs de rentes a certes le droit de s'étonner qu'il soit plus difficile d'être père que d'être riche.

La belle Mme Chabre avait alors vingt-deux ans. Elle était adorable avec son teint de pêche mûre, ses cheveux couleur de soleil, envolés sur sa nuque. Ses yeux d'un bleu vert semblaient une eau dormante,

---

1. La Bretagne a inspiré écrivains et peintres à cause de son passé celtique (le cycle du roi Arthur) et médiéval (cathédrales et châteaux, forteresses et clochers), de sa multitude de monuments, petits et grands (églises et chapelles, fontaines, manoirs, chaumières), et de son littoral. Ses paysages y varient suivant les marées, les ports (Saint-Malo, Nantes), les travaux de la mer, les stations balnéaires, les caps, les golfes, les estuaires, les îles et les récifs. Zola campe cette nouvelle au sud de la Bretagne, dans le pays guérandais, réputé pour le sel de mer et les coquillages comestibles. Plusieurs guides médicaux du XIXᵉ siècle présentaient les mérites et bienfaits de la mer pour recouvrer la forme, la santé, voire la fécondité. Le voyage à but thérapeutique devenait ainsi un voyage de loisir. Au cours de ce siècle, les peintres Joseph Turner (1775-1851) et Claude Monet (1840-1926) se passionnèrent pour la mer bretonne qui les fascinait tant elle est changeante. Victor Hugo (1802-1885), découvrant la péninsule armoricaine (la vieille Bretagne) entre 1834 et 1836, y réalisa de nombreux croquis, un de ses passe-temps favoris.

15 sous laquelle il était malaisé de lire. Quand son mari se plaignait de la
stérilité de leur union, elle redressait sa taille souple, elle développait
l'ampleur de ses hanches et de sa gorge ; et le sourire qui pinçait le
coin de ses lèvres disait clairement : « Est-ce ma faute ? » D'ailleurs,
dans le cercle de ses relations, Mme Chabre était regardée comme une
20 personne d'une éducation parfaite, incapable de faire causer d'elle,
suffisamment dévote\*, nourrie enfin dans les bonnes traditions bour-
geoises par une mère rigide. Seules, les ailes fines de son petit nez
blanc avaient parfois des battements nerveux, qui auraient inquiété
un autre mari qu'un ancien marchand de grains.

25     Cependant, le médecin de la famille, le docteur Guiraud, gros
homme fin et souriant, avait eu déjà plusieurs conversations particu-
lières avec M. Chabre. Il lui expliquait combien la science est encore
en retard. Mon Dieu ! non, on ne plantait pas un enfant comme un
chêne. Pourtant, ne voulant désespérer personne, il lui avait promis
30 de songer à son cas. Et, un matin de juillet, il vint lui dire :

    « Vous devriez partir pour les bains de mer, cher monsieur… Oui,
c'est excellent. Et surtout mangez beaucoup de coquillages, ne
mangez que des coquillages. »

    M. Chabre, repris d'espérance, demanda vivement :

35     « Des coquillages, docteur ?… Vous croyez que des coquillages… ?
    — Parfaitement ! On a vu le traitement réussir. Entendez-vous,
tous les jours des huîtres, des moules, des clovisses[1], des oursins[2], des
arapèdes[3], même des homards et des langoustes[4]. »

    Puis, comme il se retirait, il ajouta négligemment, sur le seuil de
40 la porte :

    « Ne vous enterrez pas. Mme Chabre est jeune et a besoin de dis-
tractions… Allez à Trouville[5]. L'air y est très bon. »

---

1. Clovisses : coquillages comestibles très appréciés pour la finesse et la saveur de leur chair.
2. Oursins : invertébrés marins hérissés de pointes, aussi appelés « hérissons de mer ».
3. Arapèdes : petits coquillages en forme de cônes pointus qui s'accrochent fortement aux
   rochers pour résister aux vagues et aux prédateurs.
4. Langoustes : sorte d'écrevisses de mer comestibles. Elles diffèrent du homard en ce qu'elles
   n'ont pas les deux grosses pinces du devant.
5. Trouville, Pouliguen, Le Croisic, le bourg de Batz et Piriac, dont on parle dans cette nouvelle,
   sont des stations balnéaires réputées.

Trois jours après, le ménage Chabre partait. Seulement, l'ancien marchand de grains avait pensé qu'il était complètement inutile d'aller à Trouville, où il dépenserait un argent fou. On est également bien dans tous les pays pour manger des coquillages; même, dans un pays perdu, les coquillages devaient être plus abondants et moins chers. Quant aux amusements, ils seraient toujours trop nombreux. Ce n'était pas un voyage de plaisir qu'ils faisaient.

Un ami avait enseigné à M. Chabre la petite plage du Pouliguen, près de Saint-Nazaire [1]. Mme Chabre, après un voyage de douze heures, s'ennuya beaucoup pendant la journée qu'ils passèrent à Saint-Nazaire, dans cette ville naissante, avec ses rues neuves tracées au cordeau, pleines encore de chantiers de construction. Ils allèrent visiter le port, ils se traînèrent dans les rues, où les magasins hésitent entre les épiceries noires des villages et les grandes épiceries luxueuses des villes. Au Pouliguen, il n'y avait plus un seul chalet à louer. Les petites maisons de planches et de plâtre, qui semblent entourer la baie des baraques violemment peinturlurées d'un champ de foire, se trouvaient déjà envahies par des Anglais et par les riches négociants de Nantes [2]. D'ailleurs, Estelle faisait une moue, en face de ces architectures, dans lesquelles des bourgeois artistes avaient donné carrière à leur imagination.

On conseilla aux voyageurs d'aller coucher à Guérande [3]. C'était un dimanche. Quand ils arrivèrent, vers midi, M. Chabre éprouva un saisissement, bien qu'il ne fût pas de nature poétique. La vue de Guérande, de ce bijou féodal si bien conservé, avec son enceinte fortifiée et ses portes profondes, surmontées de mâchicoulis [4], l'étonna. Estelle regardait la ville silencieuse, entourée des grands arbres de ses

---

1. Saint-Nazaire : avant-port de Nantes.
2. Nantes : lieu de résidence des ducs de Bretagne, cette ville atteignit son apogée au XVIIIe siècle avec le trafic triangulaire (France – Afrique – Antilles). L'édit de Nantes signé par Henri IV (1598) définissait les droits des protestants en France et mit fin aux guerres de religion. Il fut révoqué en 1685 par Louis XIV, ce qui obligea plusieurs protestants à émigrer pour éviter d'être massacrés.
3. Guérande : ville célèbre pour son enceinte du XVe siècle, ses maisons anciennes et ses marais salants.
4. Mâchicoulis : terme de fortification. Nom donné à certaines galeries saillantes avec ouvertures, dans les vieux châteaux et aux anciennes portes des villes, d'où l'on apercevait le pied des ouvrages, et d'où l'on jetait des pierres ou autres projectiles pour empêcher qu'on s'en approchât.

70 promenades ; et, dans l'eau dormante de ses yeux, une rêverie souriait.
Mais la voiture roulait toujours, le cheval passa au trot sous une porte,
et les roues dansèrent sur le pavé pointu des rues étroites. Les Chabre
n'avaient pas échangé une parole.

« Un vrai trou ! murmura enfin l'ancien marchand de grains. Les
75 villages, autour de Paris, sont mieux bâtis. »

Comme le ménage descendait de voiture devant l'hôtel du
Commerce, situé au centre de la ville, à côté de l'église, justement on
sortait de la grand-messe. Pendant que son mari s'occupait des bagages,
Estelle fit quelques pas, très intéressée par le défilé des fidèles, dont un
80 grand nombre portaient des costumes originaux. Il y avait là, en blouse
blanche et en culotte bouffante, des paludiers[1] qui vivent dans les
marais salants[2], dont le vaste désert s'étale entre Guérande* et Le
Croisic. Il y avait aussi des métayers[3], race complètement distincte, qui
portaient la courte veste de drap et le large chapeau rond. Mais Estelle
85 fut surtout ravie par le costume riche d'une jeune fille. La coiffe la serrait aux tempes et se terminait en pointe. Sur son corset rouge, garni de
larges manches à revers, s'appliquait un plastron de soie broché
de fleurs voyantes. Et une ceinture, aux broderies d'or et d'argent, serrait ses trois jupes de drap bleu superposées, plissées à plis serrés ; tandis
90 qu'un long tablier de soie orange descendait, en laissant à découvert ses
bas de laine rouge et ses pieds chaussés de petites mules jaunes.

« S'il est permis ! dit M. Chabre, qui venait de se planter derrière sa
femme. Il faut être en Bretagne pour voir un pareil carnaval. »

Estelle ne répondit pas. Un grand jeune homme, d'une vingtaine
95 d'années, sortait de l'église, en donnant le bras à une vieille dame. Il
était très blanc de peau, la mine fière, les cheveux d'un blond fauve[4].
On aurait dit un géant, aux épaules larges, aux membres déjà bossués
de muscles, et si tendre, si délicat pourtant, qu'il avait la figure rose
d'une jeune fille, sans un poil aux joues. Comme Estelle le regardait
100 fixement, surprise de sa grande beauté, il tourna la tête, la regarda une
seconde, et rougit.

---

1. Paludiers : travailleurs de la mer qui cultivent les marais salants.
2. Marais salants : terres où l'on fait venir l'eau de la mer pour en extraire le sel.
3. Métayers : fermiers, fermières qui devaient donner la moitié de la récolte à leur propriétaire.
4. Fauve : d'un jaune tirant sur le roux.

« Tiens ! murmura M. Chabre, en voilà un au moins qui a une figure humaine. Ça fera un beau carabinier.

— C'est M. Hector, dit la servante de l'hôtel, qui avait entendu. Il
105 accompagne sa maman, Mme de Plougastel… Oh ! un enfant bien doux, bien honnête ! »

Pendant le déjeuner, à table d'hôte, les Chabre assistèrent à une vive discussion. Le conservateur des hypothèques, qui prenait ses repas à l'hôtel du Commerce, vanta la vie patriarcale de Guérande,
110 surtout les bonnes mœurs de la jeunesse. À l'entendre, c'était l'éducation religieuse qui conservait ainsi l'innocence des habitants. Et il donnait des exemples, il citait des faits. Mais un commis voyageur, arrivé du matin, avec des caisses de bijoux faux, ricanait, en racontant qu'il avait aperçu, le long du chemin, des filles et des garçons qui
115 s'embrassaient derrière les haies. Il aurait voulu voir les gars du pays, si on leur avait mis sous le nez des dames aimables. Et il finit par plaisanter la religion, les curés et les religieuses, si bien que le conservateur des hypothèques jeta sa serviette et s'en alla, suffoqué. Les Chabre avaient mangé, sans dire un mot, le mari furieux des choses qu'on
120 entendait dans les tables d'hôte, la femme paisible et souriante, comme si elle ne comprenait pas.

Pour occuper l'après-midi, le ménage visita Guérande. Dans l'église Saint-Aubin, il faisait une fraîcheur délicieuse. Ils s'y promenèrent doucement, levant les yeux vers les hautes voûtes, sous les-
125 quelles des faisceaux de colonnettes montent comme des fusées de pierre. Ils s'arrêtèrent devant les sculptures étranges des chapiteaux, où l'on voit des bourreaux scier des patients en deux, et les faire cuire sur des grils, tandis qu'ils alimentent le feu avec de gros soufflets. Puis, ils parcoururent les cinq ou six rues de la ville, et M. Chabre garda son
130 opinion : décidément, c'était un trou, sans le moindre commerce, une de ces vieilleries du Moyen Âge, comme on en avait tant démoli déjà. Les rues étaient désertes, bordées de maisons à pignon, qui se tassaient les unes contre les autres, pareilles à de vieilles femmes lasses. Des toits pointus, des poivrières[1] couvertes d'ardoises[2] clouées, des

---

1. Poivrières : toits de forme conique.
2. Ardoises : pierres plates et minces dont on couvre les maisons.

135 tourelles d'angle, des restes de sculptures usés par le temps, faisaient de certains coins silencieux comme des musées dormant au soleil. Estelle, qui lisait des romans depuis qu'elle était mariée, avait des regards langoureux en examinant les fenêtres à petites vitres garnies de plomb. Elle songeait à Walter Scott[1].

140 Mais, quand les Chabre sortirent de la ville pour en faire le tour, ils hochèrent la tête et durent convenir que c'était vraiment gentil. Les murailles de granit[2] se développent sans une brèche, dorées par le soleil, intactes comme au premier jour. Des draperies de lierre et de chèvrefeuille[3] pendent seules des mâchicoulis\*. Sur les tours, qui flan-
145 quent les remparts, des arbustes ont poussé, des genêts d'or[4], des giroflées[5] de flamme, dont les panaches de fleurs brûlent dans le ciel clair. Et, tout autour de la ville, s'étendent des promenades ombragées de grands arbres, des ormes séculaires, sous lesquels l'herbe pousse. On marche là à petits pas, comme sur un tapis, en longeant les
150 anciens fossés, comblés par endroits, changés plus loin en mares stagnantes dont les eaux moussues ont d'étranges reflets. Des bouleaux, contre les murailles, y mirent leurs troncs blancs. Des nappes de plantes y étalent leurs cheveux verts. Des coups de lumière glissent entre les arbres, éclairent des coins mystérieux, des enfoncements de
155 poterne, où les grenouilles mettent seules leurs sauts brusques et effarés, dans le silence recueilli des siècles morts.

« Il y a dix tours, je les ai comptées ! » s'écria M. Chabre, lorsqu'ils furent revenus à leur point de départ.

Les quatre portes de la ville l'avaient surtout frappé, avec leur
160 porche étroit et profond, où une seule voiture pouvait passer à la fois. Est-ce que ce n'était pas ridicule, au dix-neuvième siècle, de rester enfermé ainsi ? C'est lui qui aurait rasé les portes, de vraies citadelles, trouées de meurtrières, aux murs si épais, qu'on aurait pu bâtir à leur place deux maisons de six étages !

---

1. Walter Scott (1771-1832), écrivain écossais. Ses deux romans historiques à succès durable, *Ivanhoé* (1819) et *Quentin Durward* (1823), furent à l'origine du roman historique en Europe, par exemple chez Hugo avec *Les Misérables* (1862) et Zola avec *Les Rougon-Macquart* (1871-1893).

2. Granit : roche composée de grains de feldspath et de mica agrégés.

3. Chèvrefeuille : liane sarmenteuse à fleurs parfumées.

4. Genêts d'or : plantes à fleurs jaunes.

5. Giroflées : plantes cultivées pour la beauté et le parfum de leurs fleurs.

165 « Sans compter, ajoutait-il, les matériaux qu'on retirerait également des remparts. »

Ils étaient alors sur le Mail, vaste promenade exhaussée, formant un quart de cercle, de la porte de l'est à la porte du sud. Estelle restait songeuse, en face de l'admirable horizon qui s'étendait à des lieues,
170 au-delà des toitures du faubourg. C'était d'abord une bande de nature puissante, des pins tordus par les vents de la mer, des buissons noueux, toute une végétation d'une verdure noire. Puis s'étendait le désert des marais salants*, l'immense plaine nue, avec les miroirs des bassins carrés et les blancheurs des petits tas de sel, qui s'allumaient
175 sur la nappe grise des sables. Et, plus loin, à la limite du ciel, l'Océan mettait sa profondeur bleue. Trois voiles, dans ce bleu, semblaient trois hirondelles blanches.

« Voici le jeune homme de ce matin, dit tout d'un coup M. Chabre. Tu ne trouves pas qu'il ressemble au petit des Larivière ? S'il avait une
180 bosse, ce serait tout à fait ça. »

Estelle s'était lentement tournée. Mais Hector, planté au bord du Mail, l'air absorbé, lui aussi, par la vue lointaine de la mer, ne parut pas s'apercevoir qu'on le regardait. Alors, la jeune femme se remit lentement à marcher. Elle s'appuyait sur la longue canne de son
185 ombrelle. Au bout d'une dizaine de pas, le nœud de l'ombrelle se détacha. Et les Chabre entendirent une voix derrière eux.

« Madame, madame… »

C'était Hector qui avait ramassé le nœud.

« Mille fois merci, monsieur », dit Estelle avec son tranquille sourire.
190 Il était bien doux, bien honnête, ce garçon. Il plut tout de suite à M. Chabre, qui lui confia son embarras sur le choix d'une plage et lui demanda même des renseignements. Hector, très timide, balbutiait.

« Je ne crois pas que vous trouviez ce que vous cherchez ni au Croisic ni au bourg de Batz, dit-il en montrant les clochers de ces
195 petites villes à l'horizon. Je vous conseille d'aller à Piriac[1] … »

Et il fournit des détails, Piriac était à trois lieues. Il avait un oncle dans les environs. Enfin, sur une question de M. Chabre, il affirma que les coquillages s'y trouvaient en abondance.

---

1. Dès la deuxième moitié du XIXᵉ siècle, plusieurs écrivains français sont attirés par le charme de Piriac : Balzac, Flaubert, Daudet (1874) et Zola (en 1876, il y rejoint son ami Daudet).

La jeune femme tapait l'herbe rase du bout de son ombrelle. Le
200 jeune homme ne levait pas les yeux sur elle, comme très embarrassé
par sa présence.

« Une bien jolie ville que Guérande*, monsieur, finit par dire
Estelle de sa voix flûtée.

— Oh! bien jolie », balbutia Hector, en la dévorant brusquement
205 du regard.

## II

Un matin, trois jours après l'installation du ménage à Piriac,
M. Chabre, debout sur la plate-forme de la jetée qui protège le petit
port, surveillait placidement le bain d'Estelle, en train de faire la
planche. Le soleil était déjà très chaud ; et, correctement habillé, en
210 redingote noire et en chapeau de feutre, il s'abritait sous une ombrelle
de touriste, à doublure verte.

« Est-elle bonne ? demanda-t-il pour avoir l'air de s'intéresser au
bain de sa femme.

— Très bonne ! » répondit Estelle, en se remettant sur le ventre.

215 Jamais M. Chabre ne se baignait. Il avait une grande terreur de l'eau,
qu'il dissimulait en disant que les médecins lui défendaient formelle-
ment les bains de mer. Quand une vague, sur le sable, roulait jusqu'à ses
semelles, il se reculait avec un tressaillement, comme devant une bête
méchante montrant les dents. D'ailleurs, l'eau aurait dérangé sa correc-
220 tion habituelle, il la trouvait malpropre et inconvenante.

« Alors, elle est bonne ? » répéta-t-il, étourdi par la chaleur, pris
d'une somnolence inquiète sur ce bout de jetée.

Estelle ne répondit pas, battant l'eau de ses bras, nageant en chien.
D'une hardiesse garçonnière, elle se baignait pendant des heures, ce
225 qui consternait son mari, car il croyait décent de l'attendre sur le
bord. À Piriac, Estelle avait trouvé le bain qu'elle aimait. Elle dédai-
gnait la plage en pente, qu'il faut descendre longtemps, avant d'enfoncer jusqu'à la ceinture. Elle se rendait à l'extrémité de la jetée,
enveloppée dans son peignoir de molleton blanc, le laissait glisser de

230 ses épaules et piquait tranquillement une tête. Il lui fallait six mètres
de fond, disait-elle, pour ne pas se cogner aux rochers. Son costume de
bain sans jupe, fait d'une seule pièce, dessinait sa haute taille ; et la
longue ceinture bleue qui lui ceignait les reins la cambrait, les hanches
balancées d'un mouvement rythmique. Dans l'eau claire, les cheveux
235 emprisonnés sous un bonnet de caoutchouc, d'où s'échappaient des
mèches folles, elle avait la souplesse d'un poisson bleuâtre, à tête de
femme, inquiétante et rose.

  M. Chabre était là depuis un quart d'heure, sous le soleil ardent.
Trois fois déjà, il avait consulté sa montre. Il finit par se hasarder à
240 dire timidement :

  « Tu restes bien longtemps, ma bonne… Tu devrais sortir, les bains
si longs te fatiguent.

  — Mais j'entre à peine ! cria la jeune femme. On est comme dans
du lait. »

245  Puis, se remettant sur le dos :

  « Si tu t'ennuies, tu peux t'en aller… Je n'ai pas besoin de toi. »

  Il protesta de la tête, il déclara qu'un malheur était si vite arrivé ! Et
Estelle souriait, en songeant de quel beau secours lui serait son mari,
si elle était prise d'une crampe. Mais brusquement, elle regarda de
250 l'autre côté de la jetée, dans la baie qui se creuse à gauche du village.

  « Tiens ! dit-elle, qu'est-ce qu'il y a donc là-bas ? Je vais voir. »

  Et elle fila rapidement, par brassées longues et régulières.

  « Estelle ! Estelle ! criait M. Chabre. Veux-tu bien ne pas t'éloigner !… Tu sais que je déteste les imprudences. »

255  Mais Estelle ne l'écoutait pas, il dut se résigner. Debout, se haussant pour suivre la tache blanche que le chapeau de paille de sa femme
faisait sur l'eau, il se contenta de changer de main son ombrelle, sous
laquelle l'air surchauffé le suffoquait de plus en plus.

  « Qu'a-t-elle donc vu ? murmurait-il. Ah ! oui, cette chose qui flotte
260 là-bas… Quelque saleté. Un paquet d'algues, bien sûr. Ou un baril…
Tiens ! non, ça bouge. »

  Et, tout d'un coup, il reconnut l'objet.

  « Mais c'est un monsieur qui nage ! »

  Estelle, cependant, après quelques brassées, avait aussi parfaite-
265 ment reconnu que c'était un monsieur. Alors, elle cessa de nager droit

à lui, ce qu'elle sentait peu convenable. Mais, par coquetterie, heureuse de montrer sa hardiesse, elle ne revint pas à la jetée, elle continua de se diriger vers la pleine mer. Elle avançait paisiblement, sans paraître apercevoir le nageur. Celui-ci, comme si un courant
270 l'avait porté, obliquait peu à peu vers elle. Puis, quand elle se tourna pour revenir à la jetée, il y eut une rencontre qui parut toute fortuite.

« Madame, votre santé est bonne ? demanda poliment le monsieur.

— Tiens ! c'est vous, monsieur ! » dit gaiement Estelle.

Et elle ajouta avec un léger rire :

275    « Comme on se retrouve tout de même ! »

C'était le jeune Hector de Plougastel. Il restait très timide, très fort et très rose dans l'eau. Un instant, ils nagèrent sans parler, à une distance décente. Ils étaient obligés de hausser la voix pour s'entendre. Pourtant, Estelle crut devoir se montrer polie.

280    « Nous vous remercions de nous avoir indiqué Piriac… Mon mari est enchanté.

— C'est votre mari, n'est-ce pas, ce monsieur tout seul qui est là-bas sur la jetée ? demanda Hector.

— Oui, monsieur », répondit-elle.

285    Et ils se turent de nouveau. Ils regardaient le mari, grand comme un insecte noir, au-dessus de la mer. M. Chabre, très intrigué, se haussait davantage, en se demandant quelle connaissance sa femme avait bien pu rencontrer en plein Océan. C'était indubitable, sa femme causait avec le monsieur. Il les voyait tourner la tête l'un vers l'autre. Ce
290 devait être un de leurs amis de Paris. Mais il avait beau chercher, il ne trouvait personne dans leurs relations qui aurait osé s'aventurer ainsi. Et il attendait, en imprimant à son ombrelle un mouvement de toupie, pour se distraire.

« Oui, expliquait Hector à la belle Mme Chabre, je suis venu passer
295 quelques jours chez mon oncle, dont vous apercevez là-bas le château, à mi-côte. Alors, tous les jours, pour prendre mon bain, je pars de cette pointe, en face de la terrasse, et je vais jusqu'à la jetée. Puis, je retourne. En tout, deux kilomètres. C'est un exercice excellent… Mais vous, madame, vous êtes très brave. Je n'ai jamais vu une dame aussi brave.

300    — Oh ! dit Estelle, toute petite j'ai pataugé… L'eau me connaît bien. Nous sommes de vieilles amies. »

Peu à peu, ils se rapprochaient, pour ne pas avoir à crier si fort. La mer, par cette chaude matinée, dormait, pareille à un vaste pan de moire [1]. Des plaques de satin s'étendaient, puis des bandes qui res-
305 semblaient à une étoffe plissée, s'allongeaient, s'agrandissaient, portant au loin le léger frisson des courants. Quand ils furent près l'un de l'autre, la conversation devint plus intime.

L'admirable journée! Et Hector indiquait à Estelle plusieurs points des côtes. Là, ce village, à un kilomètre de Piriac, c'était Port-
310 aux-Loups [2]; en face se trouvait le Morbihan [3], dont les falaises blanches se détachaient avec la netteté d'une touche d'aquarelle; enfin de l'autre côté, vers la pleine mer, l'île Dumet [4] faisait une tache grise, au milieu de l'eau bleue. Estelle, à chaque indication, suivait le doigt d'Hector, s'arrêtait un instant pour regarder. Et cela l'amusait de voir
315 ces côtes lointaines, les yeux au ras de l'eau, dans un infini limpide. Quand elle se tournait vers le soleil, c'était un éblouissement, la mer semblait se changer en un Sahara sans bornes, avec la réverbération aveuglante de l'astre sur l'immensité décolorée des sables.

«Comme c'est beau! murmurait-elle, comme c'est beau!»
320 Elle se mit sur le dos pour se reposer. Elle ne bougeait plus, les mains en croix, la tête rejetée en arrière, s'abandonnant. Et ses jambes blanches, ses bras blancs flottaient.

«Alors, vous êtes né à Guérande*, monsieur?» demanda-t-elle.

Afin de causer plus commodément, Hector se mit également sur
325 le dos.

«Oui, madame, répondit-il. Je ne suis jamais allé qu'une fois à Nantes*.»

---

1. Moire: originairement, étoffe faite avec le poil d'une espèce de chèvre d'Asie Mineure. Au XIXe siècle, après un traitement spécial, certaines étoffes de soie, de laine, de coton ou de lin avaient une apparence ondée et chatoyante.

2. Port-aux-Loups: commune de Piriac où se trouve, face à la mer, une jolie croix latine (dite croix océane).

3. Morbihan: région du sud de la Bretagne, célèbre pour ses plages de sable fin et ses îles. À son riche patrimoine maritime et naturel s'ajoutent les vestiges du passé: mégalithes, calvaires et grands édifices religieux, ruelles moyenâgeuses, châteaux, moulins, etc.

4. L'île Dumet: elle fut le témoin de nombreuses batailles navales. C'est pourquoi elle abrite deux forts militaires: le fort de Ré (1756) et le fort à la Vauban (1845).

Il donna des détails sur son éducation. Il avait grandi auprès de sa mère, qui était d'une dévotion étroite, et qui gardait intactes les tradi-
330 tions de l'ancienne noblesse. Son précepteur, un prêtre, lui avait appris à peu près ce qu'on apprend dans les collèges, en y ajoutant beaucoup de catéchisme et de blason. Il montait à cheval, tirait l'épée, était rompu aux exercices du corps. Et, avec cela, il semblait avoir une innocence de vierge, car il communiait tous les huit jours, ne lisait
335 jamais de romans, et devait épouser à sa majorité une cousine à lui, qui était laide.

« Comment! vous avez vingt ans à peine! » s'écria Estelle, en jetant un coup d'œil étonné sur ce colosse enfant.

Elle devint maternelle. Cette fleur de la forte race bretonne l'inté-
340 ressait. Mais, comme ils restaient tous deux sur le dos, les yeux perdus dans la transparence du ciel, ne s'inquiétant plus autrement de la terre, ils furent poussés si près l'un de l'autre, qu'il la heurta légèrement.

« Oh! pardon! » dit-il.

Il plongea, reparut quatre mètres plus loin. Elle s'était remise à
345 nager et riait beaucoup.

« C'est un abordage », criait-elle.

Lui, était très rouge. Il se rapprochait, en la regardant sournoise-
ment. Elle lui semblait délicieuse, sous son chapeau de paille rabattu. On ne voyait que son visage, dont le menton à fossette trempait dans
350 l'eau. Quelques gouttes tombant des mèches blondes échappées du bonnet mettaient des perles dans le duvet des joues. Et rien n'était exquis comme ce sourire, cette tête de jolie femme qui s'avançait à petit bruit, en ne laissant derrière elle qu'un filet d'argent.

Hector devint plus rouge encore, lorsqu'il s'aperçut qu'Estelle se
355 savait regardée et s'égayait de la singulière figure qu'il devait faire.

« Monsieur votre mari paraît s'impatienter, dit-il pour renouer la conversation.

— Oh! non, répondit-elle tranquillement, il a l'habitude de m'attendre, quand je prends mon bain. »

360 À la vérité, M. Chabre s'agitait. Il faisait quatre pas en avant, reve-
nait, puis repartait, en imprimant à son ombrelle un mouvement de rotation plus vif, dans l'espoir de se donner de l'air. La conversation de sa femme avec le nageur inconnu commençait à le surprendre.

Estelle songea tout à coup qu'il n'avait peut-être pas reconnu Hector.

365 « Je vais lui crier que c'est vous », dit-elle.

Et, lorsqu'elle put être entendue de la jetée, elle haussa la voix.

« Tu sais, mon ami, c'est ce monsieur de Guérande* qui a été si aimable.

— Ah ! très bien, très bien », cria à son tour M. Chabre.

370 Il ôta son chapeau et salua.

« L'eau est bonne, monsieur ? demanda-t-il avec politesse.

— Très bonne, monsieur », répondit Hector.

Le bain continua sous les yeux du mari, qui n'osait plus se plaindre, bien que ses pieds fussent cuits par les pierres brûlantes. Au 375 bout de la jetée, la mer était d'une transparence admirable. On apercevait nettement le fond, à quatre ou cinq mètres, avec son sable fin, ses quelques galets mettant une tache noire ou blanche, ses herbes minces, debout, balançant leurs longs cheveux. Et ce fond limpide amusait beaucoup Estelle. Elle nageait doucement, pour ne pas trop 380 agiter la surface ; puis, penchée, avec de l'eau jusqu'au nez, elle regardait sous elle se dérouler le sable et les galets, dans la mystérieuse et vague profondeur. Les herbes surtout lui donnaient un léger frisson, lorsqu'elle passait au-dessus d'elles. C'étaient des nappes verdâtres, comme vivantes, remuant des feuilles découpées et pareilles à un 385 fourmillement de pattes de crabes, les unes courtes, ramassées, tapies entre deux roches, les autres dégingandées, allongées et souples ainsi que des serpents. Elle jetait de petits cris, annonçant ses découvertes.

« Oh ! cette grosse pierre ! on dirait qu'elle bouge… Oh ! cet arbre, un vrai arbre, avec des branches !… Oh ! ça, c'est un poisson ! Il file raide. »

390 Puis, tout d'un coup, elle se récria.

« Qu'est-ce que c'est donc ? un bouquet de mariée !… Comment ! il y a des bouquets de mariée dans la mer ?… Voyez, si on ne dirait pas des fleurs blanches. C'est très joli, très joli… »

Aussitôt Hector plongea. Et il reparut, tenant une poignée d'herbes 395 blanchâtres, qui tombèrent et se fanèrent en sortant de l'eau.

« Je vous remercie bien, dit Estelle. Il ne fallait pas vous donner la peine… Tiens ! mon ami, garde-moi ça. »

Et elle jeta la poignée d'herbes aux pieds de M. Chabre. Pendant un instant encore, la jeune femme et le jeune homme nagèrent.

400 Ils faisaient une écume bouillonnante, avançaient par brassées sacca-
dées. Puis, tout d'un coup, leur nage semblait s'endormir, ils glissaient avec lenteur, en élargissant seulement autour d'eux des cercles
qui oscillaient et se mouraient. C'était comme une intimité discrète
et sensuelle, de se rouler ainsi dans le même flot. Hector, à mesure
405 que l'eau se refermait sur le corps fuyant d'Estelle, cherchait à se
glisser dans le sillage qu'elle laissait, à retrouver la place et la tiédeur
de ses membres. Autour d'eux, la mer s'était calmée encore, d'un
bleu dont la pâleur tournait au rose.

«Ma bonne, tu vas prendre froid, murmura M. Chabre qui suait à
410 grosses gouttes.

— Je sors, mon ami», répondit-elle.

Elle sortit en effet, remonta vivement à l'aide d'une chaîne, le long
du talus oblique de la jetée. Hector devait guetter sa sortie. Mais,
quand il leva la tête au bruit de pluie qu'elle faisait, elle était déjà sur
415 la plate-forme, enveloppée dans son peignoir. Il eut une figure si surprise et si contrariée, qu'elle sourit, en grelottant un peu ; et elle gre-
lottait, parce qu'elle se savait charmante, agitée ainsi d'un frisson,
grande, détachant sa silhouette drapée sur le ciel.

Le jeune homme dut prendre congé.

420 «Au plaisir de vous revoir, monsieur», dit le mari.

Et, pendant qu'Estelle, en courant sur les dalles de la jetée, suivait
au-dessus de l'eau la tête d'Hector qui retraversait la baie, M. Chabre
venait derrière elle, gravement, tenant à la main l'herbe marine cueillie
par le jeune homme, le bras tendu pour ne pas mouiller sa redingote.

### III

425 Les Chabre avaient loué à Piriac le premier étage d'une grande
maison, dont les fenêtres donnaient sur la mer. Comme on ne trouvait dans le village que des cabarets borgnes[1], ils avaient dû prendre
une femme du pays, qui leur faisait la cuisine. Une étrange cuisine
par exemple, des rôtis réduits en charbon, et des sauces de couleur

---

1. Borgnes : mal famés ou de mauvaise réputation.

430   inquiétante, devant lesquelles Estelle préférait manger du pain. Mais, comme le disait M. Chabre, on n'était pas venu pour la gourmandise. Lui, d'ailleurs, ne touchait guère aux rôtis ni aux sauces. Il se bourrait de coquillages, matin et soir, avec une conviction d'homme qui s'administre une médecine. Le pis était qu'il détestait ces bêtes incon-

435   nues, aux formes bizarres, élevé dans une cuisine bourgeoise, fade et lavée, ayant un goût d'enfant pour les sucreries. Les coquillages lui emportaient la bouche, salés, poivrés, de saveurs si imprévues et si fortes, qu'il ne pouvait dissimuler une grimace en les avalant ; mais il aurait avalé les coquilles, s'il l'avait fallu, tant il s'entêtait dans son

440   désir d'être père.

     « Ma bonne, tu n'en manges pas ! » criait-il souvent à Estelle.

     Il exigeait qu'elle en mangeât autant que lui. C'était nécessaire pour le résultat, disait-il. Et des discussions s'engageaient. Estelle prétendait que le docteur Guiraud n'avait pas parlé d'elle. Mais lui, répondait qu'il

445   était logique de se soumettre l'un et l'autre au traitement. Alors, la jeune femme pinçait les lèvres, jetait de clairs regards sur l'obésité blême de son mari. Un irrésistible sourire creusait légèrement la fossette de son menton. Elle n'ajoutait rien, n'aimant à blesser personne. Même, ayant découvert un parc d'huîtres, elle avait fini par en manger

450   une douzaine à chacun de ses repas. Ce n'était point que, personnellement, elle eût besoin d'huîtres, mais elle les adorait.

     La vie, à Piriac, était d'une monotonie ensommeillée. Il y avait seulement trois familles de baigneurs, un épicier en gros de Nantes\*, un ancien notaire de Guérande\*, homme sourd et naïf, un ménage

455   d'Angers[1] qui pêchait toute la journée, avec de l'eau jusqu'à la ceinture. Ce petit monde faisait peu de bruit. On se saluait, quand on se rencontrait, et les relations n'allaient pas plus loin. Sur le quai désert, la grosse émotion était de voir de loin en loin deux chiens se battre.

     Estelle, habituée au vacarme de Paris, se serait ennuyée mortelle-

460   ment, si Hector n'avait fini par leur rendre visite tous les jours. Il devint le grand ami de M. Chabre, à la suite d'une promenade qu'ils

---

1. Angers : ville célèbre pour sa cathédrale et ses autres édifices gothiques à voûtes bombées, pour le château des comtes d'Anjou, une enceinte à 17 grosses tours. Elle fut une riche cité romaine et la capitale de l'État féodal des Plantagenêt.

firent ensemble sur la côte. M. Chabre, dans un moment d'expansion,
confia au jeune homme le motif de leur voyage, tout en choisissant les
termes les plus chastes pour ne pas offenser la pureté de ce grand
465    garçon. Lorsqu'il eut expliqué scientifiquement pourquoi il mangeait
tant de coquillages, Hector, stupéfié, oubliant de rougir, le regarda de
la tête aux pieds, sans songer à cacher sa surprise qu'un homme pût
avoir besoin de se mettre à un tel régime. Cependant, le lendemain, il
s'était présenté avec un petit panier plein de clovisses*, que l'ancien
470    marchand de grains avait accepté d'un air de reconnaissance. Et,
depuis ce jour, très habile à toutes les pêches, connaissant chaque
roche de la baie, il ne venait plus sans apporter des coquillages. Il lui
fit manger des moules superbes qu'il allait ramasser à mer basse, des
oursins* qu'il ouvrait et nettoyait en se piquant les doigts, des ara-
475    pèdes* qu'il détachait des rochers avec la pointe d'un couteau, toutes
sortes de bêtes qu'il appelait de noms barbares, et auxquelles il n'avait
jamais goûté lui-même. M. Chabre, enchanté, n'ayant plus à dé-
bourser un sou, se confondait en remerciements.

Maintenant, Hector trouvait toujours un prétexte pour entrer.
480    Chaque fois qu'il arrivait avec son petit panier, et qu'il rencontrait
Estelle, il disait la même phrase :

« J'apporte des coquillages pour M. Chabre. »

Et tous deux souriaient, les yeux rapetissés et luisants. Les coquillages de M. Chabre les amusaient.

485    Dès lors, Estelle trouva Piriac charmant. Chaque jour, après le
bain, elle faisait une promenade avec Hector. Son mari les suivait à
distance, car ses jambes étaient lourdes, et ils allaient souvent trop vite
pour lui. Hector montrait à la jeune femme les anciennes splendeurs
de Piriac, des restes de sculptures, des portes et des fenêtres à rin-
490    ceaux, très délicatement travaillées. Aujourd'hui, la ville de jadis est
un village perdu, aux rues barrées de fumier, étranglées entre des
masures noires. Mais la solitude y est si douce, qu'Estelle enjambait les
coulées d'ordure, intéressée par le moindre bout de muraille, jetant
des coups d'œil surpris dans les intérieurs des habitants, où tout un
495    bric-à-brac de misère traînait sur la terre battue. Hector l'arrêtait
devant les figuiers superbes, aux larges feuilles de cuir velu, dont les
jardins sont plantés, et qui allongent leurs branches par-dessus

les clôtures basses. Ils entraient dans les ruelles les plus étroites, ils se penchaient sur les margelles des puits, au fond desquels ils aperce-
500 vaient leurs images souriantes, dans l'eau claire, blanche comme une glace; tandis que, derrière eux, M. Chabre digérait ses coquillages, abrité sous la percaline[1] verte de son ombrelle, qu'il ne quittait jamais.

Une des grandes gaietés d'Estelle était les oies et les cochons, qui se promenaient en bandes, librement. Dans les premiers temps, elle avait
505 eu très peur des cochons, dont les allures brusques, les masses de graisse roulant sur des pattes minces, lui donnaient la continuelle inquiétude d'être heurtée et renversée; ils étaient aussi bien sales, le ventre noir de boue, le groin barbouillé, ronflant à terre. Mais Hector lui avait juré que les cochons étaient les meilleurs enfants du monde.
510 Et, maintenant, elle s'amusait de leurs courses inquiètes à l'heure de la pâtée, elle s'émerveillait de leur robe de soie rose, d'une fraîcheur de robe de bal, quand il avait plu. Les oies aussi l'occupaient. Dans un trou à fumier, au bout d'une ruelle, souvent deux bandes d'oies arrivaient, chacune de son côté. Elles semblaient se saluer d'un claque-
515 ment de bec, se mêlaient, happaient ensemble des épluchures de légumes. Une, en l'air, au sommet du tas, l'œil rond, le cou raidi, comme calée sur ses pattes et gonflant le duvet blanc de sa panse, avait une majesté tranquille de souverain, au grand nez jaune; tandis que les autres, le cou plié, cherchaient à terre, avec une musique rauque.
520 Puis, brusquement, la grande oie descendait en jetant un cri; et les oies de sa bande la suivaient, tous les cous allongés du même côté, filant en mesure dans un déhanchement d'animaux infirmes. Si un chien passait, les cous se tendaient davantage et sifflaient. Alors, la jeune femme battait des mains, suivait le défilé majestueux des deux
525 sociétés qui rentraient chez elles, en personnes graves appelées par des affaires importantes. Un des amusements était encore de voir se bai-
gner les cochons et les oies, qui descendaient l'après-midi sur la plage prendre leur bain, comme des hommes.

Le premier dimanche, Estelle crut devoir aller à la messe. Elle ne
530 pratiquait pas, à Paris. Mais, à la campagne, la messe était une distraction, une occasion de s'habiller et de voir du monde. D'ailleurs, elle y

---

1. Percaline: toile de coton lustrée.

retrouva Hector lisant dans un énorme paroissien à reliure usée. Par-
dessus le livre, il ne cessa de la regarder, les lèvres sérieuses, mais les
yeux si luisants, qu'on y devinait des sourires. À la sortie, il lui offrit
535 le bras, pour traverser le petit cimetière qui entoure l'église. Et,
l'après-midi, après les vêpres, il y eut un autre spectacle, une procession à un calvaire[1] planté au bout du village. Un paysan marchait le
premier, tenant une bannière de soie violette brochée d'or, à hampe[2]
rouge. Puis, deux longues files de femmes s'espaçaient largement. Les
540 prêtres venaient au milieu, un curé, un vicaire et le précepteur d'un
château voisin, chantant à pleine voix. Enfin, derrière, à la suite d'une
bannière blanche portée par une grosse fille aux bras hâlés, piétinait
la queue des fidèles, qui se traînait avec un fort bruit de sabots,
pareille à un troupeau débandé. Quand la procession passa sur le
545 port, les bannières et les coiffes blanches des femmes se détachèrent
au loin sur le bleu ardent de la mer ; et ce lent cortège dans le soleil
prit une grande pureté.

Le cimetière attendrissait beaucoup Estelle. Elle n'aimait pas les
choses tristes, d'habitude. Le jour de son arrivée, elle avait eu un
550 frisson en apercevant toutes ces tombes, qui se trouvaient sous sa
fenêtre. L'église était sur le port, entourée des croix, dont les bras se
tendaient vers l'immensité des eaux et du ciel ; et, les nuits de vent, les
souffles du large pleuraient dans cette forêt de planches noires. Mais
elle s'était vite habituée à ce deuil, tant le petit cimetière avait une
555 douceur gaie. Les morts semblaient y sourire, au milieu des vivants
qui les coudoyaient. Comme le cimetière était clos d'un mur bas, à
hauteur d'appui, et qu'il bouchait le passage au centre même de
Piriac, les gens ne se gênaient point pour enjamber le mur et suivre
les allées, à peine tracées dans les hautes herbes. Les enfants jouaient
560 là, une débandade d'enfants lâchés au travers des dalles de granit*.
Des chats blottis sous des arbustes bondissaient brusquement, se
poursuivaient ; souvent, on y entendait des miaulements de chattes

---

1. Calvaire : croix la plupart du temps dressée sur une plateforme ou à un carrefour, pour
   commémorer la passion du Christ. De nombreux calvaires se dressent ici et là en Bretagne,
   appelés d'ailleurs calvaires bretons.

2. Hampe : le manche, le bois de la bannière.

amoureuses, dont on voyait les silhouettes hérissées et les grandes
queues balayant l'air. C'était un coin délicieux, envahi par les végéta-
565 tions folles, planté de fenouils [1] gigantesques, aux larges ombelles
jaunes, d'une odeur si pénétrante, qu'après les journées chaudes, des
souffles d'anis, venus des tombes, embaumaient Piriac tout entier. Et,
la nuit, quel champ tranquille et tendre ! La paix du village endormi
semblait sortir du cimetière. L'ombre effaçait les croix, des prome-
570 neurs attardés s'asseyaient sur des bancs de granit, contre le mur, pendant que la mer, en face, roulait ses vagues, dont la brise apportait la
poussière salée.

Estelle, un soir qu'elle rentrait au bras d'Hector, eut l'envie de traverser le champ désert. M. Chabre trouva l'idée romanesque et pro-
575 testa en suivant le quai. Elle dut quitter le bras du jeune homme, tant
l'allée était étroite. Au milieu des hautes herbes, sa jupe faisait un long
bruit. L'odeur des fenouils était si forte que les chattes amoureuses ne
se sauvaient point, pâmées sous les verdures. Comme ils entraient
dans l'ombre de l'église, elle sentit à sa taille la main d'Hector. Elle eut
580 peur et jeta un cri.

« C'est bête ! dit-elle, quand ils sortirent de l'ombre, j'ai cru qu'un
revenant m'emportait. »

Hector se mit à rire et donna une explication.

« Oh ! une branche, quelque fenouil qui a fouetté vos jupes ! »

585 Ils s'arrêtèrent, regardèrent les croix autour d'eux, ce profond
calme de la mort qui les attendrissait ; et, sans ajouter un mot, ils s'en
allèrent, très troublés.

« Tu as eu peur, je t'ai entendue, dit M. Chabre. C'est bien fait ! »

À la mer haute, par distraction, on allait voir arriver les bateaux de
590 sardines. Lorsqu'une voile se dirigeait vers le port, Hector la signalait
au ménage. Mais le mari, dès le sixième bateau, avait déclaré que
c'était toujours la même chose. Estelle, au contraire, ne paraissait pas
se lasser, trouvant un plaisir de plus en plus vif à se rendre sur la jetée.
Il fallait courir souvent. Elle sautait sur les grosses pierres descellées,

---

1. Fenouils : plantes potagères et aromatiques, dont les graines servent de condiment et la
base charnue est consommée comme un légume, dont le goût rappelle l'anis. En ce premier
dimanche passé ensemble, Estelle et Hector sont sollicités dans toute leur sensualité (spectacles
en plein air, sons, odeurs).

595 laissait voler ses jupes qu'elle empoignait d'une main, afin de ne pas
tomber. Elle étouffait, en arrivant, les mains à son corsage, renversée
en arrière pour reprendre haleine. Et Hector la trouvait adorable
ainsi, décoiffée, l'air hardi, avec son allure garçonnière. Cependant, le
bateau était amarré, les pêcheurs montaient les paniers de sardines,
600 qui avaient des reflets d'argent au soleil, des bleus et des roses de
saphir et de rubis pâles. Alors, le jeune homme fournissait toujours les
mêmes explications : chaque panier contenait mille sardines, le mille
valait un prix fixé chaque matin selon l'abondance de la pêche, les
pêcheurs partageaient le produit de la vente, après avoir abandonné
605 un tiers pour le propriétaire du bateau. Et il y avait encore la
salaison[1] qui se faisait tout de suite, dans des caisses de bois percées
de trous, pour laisser l'eau de la saumure[2] s'égoutter. Cependant, peu
à peu, Estelle et son compagnon négligèrent les sardines. Ils allaient
encore les voir, mais ils ne les regardaient plus. Ils partaient en cou-
610 rant, revenaient avec une lenteur lasse, en contemplant silencieuse-
ment la mer.

« Est-ce que la sardine est belle ? leur demandait chaque fois
M. Chabre, au retour.

— Oui, très belle », répondaient-ils.

615 Enfin le dimanche soir, on avait à Piriac le spectacle d'un bal en
plein air. Les gars et les filles du pays, les mains nouées, tournaient
pendant des heures, en répétant le même vers, sur le même ton sourd
et fortement rythmé. Ces grosses voix, ronflant au fond du crépuscule, prenaient à la longue un charme barbare. Estelle, assise sur la
620 plage, ayant à ses pieds Hector, écoutait, se perdait bientôt dans une
rêverie. La mer montait, avec un large bruit de caresse. On aurait dit
une voix de passion, quand la vague battait le sable ; puis, cette voix
s'apaisait tout d'un coup, et le cri se mourait avec l'eau qui se retirait,
dans un murmure plaintif d'amour dompté. La jeune femme rêvait
625 d'être aimée ainsi, par un géant dont elle aurait fait un petit garçon.

« Tu dois t'ennuyer à Piriac, ma bonne », demandait parfois
M. Chabre à sa femme.

---

1. Salaison : opération par laquelle on sale un aliment pour en assurer la conservation.
2. Saumure : liquides organiques et sel qui s'échappent des aliments qu'on a salés pour
les conserver.

Et elle se hâtait de répondre :

« Mais non, mon ami, je t'assure. »

630 Elle s'amusait, dans ce trou perdu. Les oies, les cochons, les sardines, prenaient une importance extrême. Le petit cimetière était très gai. Cette vie endormie, cette solitude peuplée seulement de l'épicier de Nantes* et du notaire sourd de Guérande*, lui semblait plus tumultueuse que l'existence bruyante des plages à la mode. Au bout de quinze

635 jours, M. Chabre, qui s'ennuyait à mourir, voulut rentrer à Paris. L'effet des coquillages, disait-il, devait être produit. Mais elle se récria.

« Oh ! mon ami, tu n'en as pas mangé assez… Je sais bien, moi, qu'il t'en faut encore. »

## IV

Un soir, Hector dit au ménage :

640 « Nous aurons demain une grande marée… On pourrait aller pêcher des crevettes. »

La proposition parut ravir Estelle. Oui, oui, il fallait aller pêcher des crevettes ! Depuis longtemps, elle se promettait cette partie. M. Chabre éleva des objections. D'abord, on ne prenait jamais rien.

645 Ensuite, il était plus simple d'acheter, pour une pièce de vingt sous, la pêche de quelque femme du pays, sans se mouiller jusqu'aux reins et s'écorcher les pieds. Mais il dut céder devant l'enthousiasme de sa femme. Et les préparatifs furent considérables.

Hector s'était chargé de fournir les filets [1]. M. Chabre, malgré sa

650 peur de l'eau froide, avait déclaré qu'il serait de la partie ; et, du moment qu'il consentait à pêcher, il entendait pêcher sérieusement. Le matin, il fit graisser une paire de bottes. Puis, il s'habilla entièrement de toile claire ; mais sa femme ne put obtenir qu'il négligeât son nœud de cravate, dont il étala les bouts, comme s'il se rendait à un

655 mariage. Ce nœud était sa protestation d'homme comme il faut

---

1. Filets : la pêche à la crevette se fait à marée basse avec des filets appelés aussi « haveneaux à crevettes ». En forme de poche, ces filets sont fixés au bout d'un manche qui sert à sortir les crevettes de l'eau.

contre le débraillé[1] de l'Océan. Quant à Estelle, elle mit simplement son costume de bain, par-dessus lequel elle passa une camisole. Hector, lui aussi, était en costume de bain.

660 Tous trois partirent vers deux heures. Chacun portait son filet* sur l'épaule. On avait une demi-lieue à marcher au milieu des sables et des varechs[2], pour se rendre à une roche où Hector disait connaître de véritables bancs de crevettes. Il conduisit le ménage, tranquille, traversant les flaques, allant droit devant lui sans s'inquiéter des hasards du chemin. Estelle le suivait gaillardement, heureuse de la fraîcheur de 665 ces terrains mouillés, dans lesquels ses petits pieds pataugeaient. M. Chabre, qui venait le dernier, ne voyait pas la nécessité de tremper ses bottes, avant d'être arrivé sur le lieu de la pêche. Il faisait avec conscience le tour des mares, sautait les ruisseaux que les eaux descendantes se creusaient dans le sable, choisissait les endroits secs, avec 670 cette allure prudente et balancée d'un Parisien qui chercherait la pointe des pavés de la rue Vivienne, un jour de boue. Il soufflait déjà, il demandait à chaque instant :

« C'est donc bien loin, monsieur Hector ?… Tenez ! pourquoi ne pêchons-nous pas là ? Je vois des crevettes, je vous assure… D'ailleurs, 675 il y en a partout dans la mer, n'est-ce pas ? et je parie qu'il suffit de pousser son filet.

— Poussez, poussez, monsieur Chabre », répondait Hector.

Et M. Chabre, pour respirer, donnait un coup de filet dans une mare grande comme la main. Il ne prenait rien, pas même une herbe, 680 tant le trou d'eau était vide et clair. Alors, il se remettait en marche d'un air digne, les lèvres pincées. Mais, comme il perdait du chemin à vouloir prouver qu'il devait y avoir des crevettes partout, il finissait par se trouver considérablement en arrière.

La mer baissait toujours, se reculait à plus d'un kilomètre des 685 côtes. Le fond de galets et de roches se vidait, étalant à perte de vue un désert mouillé, raboteux, d'une grandeur triste, pareil à un large pays plat qu'un orage aurait dévasté. On ne voyait, au loin, que la ligne verte de la mer, s'abaissant encore, comme si la terre l'avait bue ;

---

1. Débraillé : désordre, laisser-aller.
2. Varechs : toutes les plantes aquatiques rejetées sur le rivage par la mer, qu'on peut récolter pour s'en servir comme engrais.

tandis que des rochers noirs, en longues bandes étroites, surgissaient,
690 allongeaient lentement des promontoires dans l'eau morte. Estelle,
debout, regardait cette immensité nue.

« Que c'est grand ! » murmura-t-elle.

Hector lui désignait du doigt certains rochers, des blocs verdis, formant des parquets usés par la houle.

695 « Celui-ci, expliquait-il, ne se découvre que deux fois chaque mois.
On va y chercher des moules… Apercevez-vous là-bas cette tache
brune ? Ce sont les Vaches-Rousses, le meilleur endroit pour les
homards. On les voit seulement aux deux grandes marées de
l'année… Mais dépêchons-nous. Nous allons à ces roches dont la
700 pointe commence à se montrer. »

Lorsque Estelle entra dans la mer, ce fut une joie. Elle levait les
pieds très haut, les tapait fortement, en riant du rejaillissement de
l'écume. Puis, quand elle eut de l'eau jusqu'aux genoux, il lui fallut
lutter contre le flot ; et cela l'égayait de marcher vite, de sentir cette
705 résistance, ce glissement rude et continu qui fouettait ses jambes.

« N'ayez pas peur, disait Hector, vous allez avoir de l'eau jusqu'à la
ceinture, mais le fond remonte ensuite… Nous arrivons. »

Peu à peu, ils remontèrent en effet. Ils avaient traversé un petit
bras de mer, et se trouvaient maintenant sur une large plaque de
710 rochers que le flot découvrait. Lorsque la jeune femme se retourna,
elle poussa un léger cri, tant elle était loin du bord. Piriac, tout là-bas,
au ras de la côte, alignait les quelques taches de ses maisons blanches
et la tour carrée de son église, garnie de volets verts. Jamais elle
n'avait vu une pareille étendue, rayée sous le grand soleil par l'or des
715 sables, la verdure sombre des algues, les tons mouillés et éclatants
des roches. C'était comme la fin de la terre, le champ de ruines où le
néant commençait.

Estelle et Hector s'apprêtaient à donner leur premier coup de filet,
quand une voix lamentable se fit entendre. M. Chabre, planté au
720 milieu du petit bras de mer, demandait son chemin.

« Par où passe-t-on ? criait-il. Dites, est-ce tout droit ? »

L'eau lui montait à la ceinture, il n'osait hasarder un pas, terrifié
par la pensée qu'il pouvait tomber dans un trou et disparaître.

« À gauche ! » lui cria Hector.

725 Il avança à gauche ; mais, comme il enfonçait toujours, il s'arrêta de nouveau, saisi, n'ayant même plus le courage de retourner en arrière. Il se lamentait.

« Venez me donner la main. Je vous assure qu'il y a des trous. Je les sens.

730 — À droite ! monsieur Chabre, à droite ! » cria Hector.

Et le pauvre homme était si drôle, au milieu de l'eau, avec son filet* sur l'épaule et son beau nœud de cravate, qu'Estelle et Hector ne purent retenir un léger rire. Enfin, il se tira d'affaire. Mais il arriva très ému, et il dit d'un air furieux :

735 « Je ne sais pas nager, moi ! »

Ce qui l'inquiétait maintenant, c'était le retour. Quand le jeune homme lui eut expliqué qu'il ne fallait pas se laisser prendre sur le rocher par la marée montante, il redevint anxieux.

« Vous me préviendrez, n'est-ce pas ?

740 — N'ayez pas peur, je réponds de vous. »

Alors, ils se mirent tous les trois à pêcher. De leurs filets étroits, ils fouillaient les trous. Estelle y apportait une passion de femme. Ce fut elle qui prit les premières crevettes, trois grosses crevettes rouges, qui sautaient violemment au fond du filet. Avec de grands cris, elle appela

745 Hector pour qu'il l'aidât, car ces bêtes si vives l'inquiétaient ; mais, quand elle vit qu'elles ne bougeaient plus, dès qu'on les tenait par la tête, elle s'aguerrit, les glissa très bien elle-même dans le petit panier qu'elle portait en bandoulière. Parfois, elle amenait tout un paquet d'herbes, et il lui fallait fouiller là-dedans, lorsqu'un bruit sec, un petit

750 bruit d'ailes, l'avertissait qu'il y avait des crevettes au fond. Elle triait les herbes délicatement, les rejetant par minces pincées, peu rassurée devant cet enchevêtrement d'étranges feuilles, gluantes et molles comme des poissons morts. De temps à autre, elle regardait dans son panier, impatiente de le voir se remplir.

755 « C'est particulier, répétait M. Chabre, je n'en pêche pas une. »

Comme il n'osait se hasarder entre les fentes des rochers, très gêné d'ailleurs par ses grandes bottes qui s'étaient emplies d'eau, il poussait son filet sur le sable et n'attrapait que des crabes, cinq, huit, dix crabes à la fois. Il en avait une peur affreuse, il se battait avec eux, pour

760 les chasser de son filet. Par moments, il se retournait, regardait avec anxiété si la mer descendait toujours.

« Vous êtes sûr qu'elle descend ? » demandait-il à Hector.

Celui-ci se contentait de hocher la tête. Lui, pêchait en gaillard qui connaissait les bons endroits. Aussi, à chaque coup, amenait-il des
765 poignées de crevettes. Quand il levait son filet à côté d'Estelle, il mettait sa pêche dans le panier de la jeune femme. Et elle riait, clignait les yeux du côté de son mari, posant un doigt sur ses lèvres. Elle était charmante, courbée sur le long manche de bois ou bien penchant sa tête blonde au-dessus du filet, tout allumée de la curiosité de savoir ce
770 qu'elle avait pris. Une brise soufflait, l'eau qui s'égouttait des mailles s'en allait, en pluie, la mettait dans une rosée, tandis que son costume, s'envolant et plaquant sur elle, dessinait l'élégance de son fin profil.

Depuis près de deux heures, ils pêchaient ainsi, lorsqu'elle s'arrêta pour respirer un instant, essoufflée, ses petits cheveux fauves* trempés
775 de sueur. Autour d'elle, le désert restait immense, d'une paix souveraine ; seule, la mer prenait un frisson, avec une voix murmurante qui s'enflait. Le ciel, embrasé par le soleil de quatre heures, était d'un bleu pâle, presque gris ; et, malgré ce ton décoloré de fournaise, la chaleur ne se sentait pas, une fraîcheur montait de l'eau, balayait et blanchissait la
780 clarté crue. Mais ce qui amusa Estelle, ce fut de voir à l'horizon, sur tous les rochers, une multitude de points qui se détachaient en noir, très nettement. C'étaient, comme eux, des pêcheurs de crevettes, d'une finesse de silhouette incroyable, pas plus gros que des fourmis, ridicules de néant dans cette immensité, et dont on distinguait les moindres atti-
785 tudes, la ligne arrondie du dos, quand ils poussaient leurs filets, ou les bras tendus et gesticulants, pareils à des pattes fiévreuses de mouche, lorsqu'ils triaient leur pêche, en se battant contre les herbes et les crabes.

« Je vous assure qu'elle monte ! cria M. Chabre avec angoisse. Tenez ! ce rocher tout à l'heure était découvert.

790     — Sans doute elle monte, finit par répondre Hector impatienté. C'est justement lorsqu'elle monte qu'on prend le plus de crevettes. »

Mais M. Chabre perdait la tête. Dans son dernier coup de filet, il venait d'amener un poisson étrange, un diable de mer [1], qui le terrifiait, avec sa tête de monstre. Il en avait assez.

---

1. Diable de mer : poisson singulier, à forme bizarre.

795 « Allons-nous-en ! Allons-nous-en ! répétait-il. C'est bête de faire des imprudences.

— Puisqu'on te dit que la pêche est meilleure quand la mer monte ! répondait sa femme.

— Et elle monte ferme ! » ajoutait à demi-voix Hector, les yeux 800 allumés d'une lueur de méchanceté.

En effet, les vagues s'allongeaient, mangeaient les rochers avec une clameur plus haute. Des flots brusques envahissaient d'un coup toute une langue de terre. C'était la mer conquérante, reprenant pied à pied le domaine qu'elle balayait de sa houle depuis des siècles. Estelle avait 805 découvert une mare plantée de longues herbes, souples comme des cheveux, et elle y prenait des crevettes énormes, s'ouvrant un sillon, laissant derrière elle la trouée d'un faucheur. Elle se débattait, elle ne voulait pas qu'on l'arrachât de là.

« Tant pis ! je m'en vais ! s'écria M. Chabre, qui avait des larmes 810 dans la voix. Il n'y a pas de bon sens, nous allons tous y rester. »

Il partit le premier, sondant avec désespoir la profondeur des trous, à l'aide du manche de son filet*. Quand il fut à deux ou trois cents pas, Hector décida enfin Estelle à le suivre.

« Nous allons avoir de l'eau jusqu'aux épaules, disait-il en souriant. 815 Un vrai bain pour M. Chabre… Voyez déjà comme il enfonce ! »

Depuis le départ, le jeune homme avait la mine sournoise et préoccupée d'un amoureux qui s'est promis de lâcher une déclaration et qui n'en trouve pas le courage. En mettant des crevettes dans le panier d'Estelle, il avait bien tâché de rencontrer ses doigts. Mais, évidem-820 ment, il était furieux de son peu d'audace. Et M. Chabre se serait noyé, qu'il aurait trouvé cela charmant, car pour la première fois M. Chabre le gênait.

« Vous ne savez pas ? dit-il tout d'un coup, vous devriez monter sur mon dos, et je vous porterai… Autrement, vous allez être trempée… 825 Hein ? montez donc ! »

Il lui tendait l'échine. Elle refusait, gênée et rougissante. Mais il la bouscula, en criant qu'il était responsable de sa santé. Et elle monta, elle posa les deux mains sur les épaules du jeune homme. Lui, solide comme un roc, redressant l'échine, semblait avoir un oiseau sur son cou. Il lui 830 dit de bien se tenir, et s'avança à grandes enjambées dans l'eau.

« C'est à droite, n'est-ce pas, monsieur Hector ? criait la voix lamentable de M. Chabre, dont le flot battait déjà les reins.

— Oui, à droite, toujours à droite. »

Alors, comme le mari tournait le dos, grelottant de peur en sentant
835 la mer lui monter aux aisselles, Hector se risqua, baisa une des petites mains qu'il avait sur les épaules. Estelle voulut les retirer, mais il lui dit de ne pas bouger, ou qu'il ne répondait de rien. Et il se remit à couvrir les mains de baisers. Elles étaient fraîches et salées, il buvait sur elles les voluptés amères de l'Océan.

840 « Je vous en prie, laissez-moi, répétait Estelle, en affectant un air courroucé. Vous abusez étrangement… Je saute dans l'eau, si vous recommencez. »

Il recommençait, et elle ne sautait pas. Il la serrait étroitement aux chevilles, il lui dévorait toujours les mains, sans dire une parole, guet-
845 tant seulement ce qu'on voyait encore du dos de M. Chabre, un reste de dos tragique qui manquait de sombrer à chaque pas.

« Vous dites à droite ? implora le mari.

— À gauche, si vous voulez ! »

M. Chabre fit un pas à gauche et poussa un cri. Il venait de s'en-
850 foncer jusqu'au cou, son nœud de cravate se noyait. Hector, tout à l'aise, lâcha son aveu.

« Je vous aime, madame…

— Taisez-vous, monsieur, je vous l'ordonne.

— Je vous aime, je vous adore… Jusqu'à présent, le respect m'a
855 fermé la bouche… »

Il ne la regardait pas, il continuait ses longues enjambées, avec de l'eau jusqu'à la poitrine. Elle ne put retenir un grand rire, tant la situation lui sembla drôle.

« Allons, taisez-vous, reprit-elle maternellement, en lui donnant
860 une claque sur l'épaule. Soyez sage et ne versez pas surtout ! »

Cette claque remplit Hector d'enchantement : c'était signé. Et, comme le mari restait en détresse :

« Tout droit maintenant ! » lui cria gaiement le jeune homme.

Quand ils furent arrivés sur la plage, M. Chabre voulut commencer
865 une explication.

« J'ai failli y rester, ma parole d'honneur ! bégaya-t-il. Ce sont mes bottes… »

Mais Estelle ouvrit son panier et le lui montra plein de crevettes.

« Comment ? tu as pêché tout ça ! s'écria-t-il stupéfait. Tu pêches 870 joliment !

— Oh ! dit-elle, souriante, en regardant Hector, monsieur m'a montré. »

## V

Les Chabre ne devaient plus passer que deux jours à Piriac. Hector semblait consterné, furieux et humble pourtant. Quant à M. Chabre, 875 il interrogeait sa santé chaque matin et se montrait perplexe.

« Vous ne pouvez pas quitter la côte sans avoir vu les rochers du Castelli [1], dit un soir Hector. Il faudrait organiser pour demain une promenade. »

Et il donna des explications. Les rochers se trouvaient à un kilo-880 mètre seulement. Ils longeaient la mer sur une demi-lieue d'étendue, creusés de grottes, effondrés par les vagues. À l'entendre, rien n'était plus sauvage.

« Eh bien ! nous irons demain, finit par dire Estelle. La route est-elle difficile ?

885 — Non, il y a deux ou trois passages où l'on se mouille les pieds, voilà tout. »

Mais M. Chabre ne voulait plus même se mouiller les pieds. Depuis son bain de la pêche aux crevettes, il nourrissait contre la mer une ran-cune. Aussi se montra-t-il très hostile à ce projet de promenade. C'était 890 ridicule d'aller se risquer ainsi ; lui, d'abord, ne descendrait pas au milieu de ces rochers, car il n'avait point envie de se casser les jambes, en sau-tant comme une chèvre ; il les accompagnerait par le haut de la falaise, s'il le fallait absolument ; et encore faisait-il là une grande concession.

Hector, pour le calmer, eut une inspiration soudaine.

---

1. Castelli : la pointe du Castelli, dans la commune de Piriac, est faite d'une multitude de rochers aux formes surprenantes, dont la « grotte à Madame », associés à de nombreuses légendes.

895 « Écoutez, dit-il, vous passerez devant le sémaphore[1] du Castelli. Eh bien ! vous pourrez entrer et acheter des coquillages aux hommes du télégraphe… Ils en ont toujours de superbes, qu'ils donnent presque pour rien.

— Ça, c'est une idée, reprit l'ancien marchand de grains, remis en 900 belle humeur… J'emporterai un petit panier, je m'en bourrerai encore une fois… »

Et, se tournant vers sa femme, avec une intention gaillarde :
« Dis, ce sera peut-être la bonne ! »

Le lendemain, il fallut attendre la marée basse pour se mettre en 905 marche. Puis, comme Estelle n'était pas prête, on s'attarda, on ne partit qu'à cinq heures du soir. Hector affirmait pourtant qu'on ne serait pas gagné par la haute mer. La jeune femme avait ses pieds nus dans des bottines de coutil[2]. Elle portait gaillardement une robe de toile grise, très courte, qu'elle relevait et qui découvrait ses fines chevilles. Quant 910 à M. Chabre, il était correctement en pantalon blanc et en paletot d'alpaga[3]. Il avait pris son ombrelle et il tenait un petit panier, de l'air convaincu d'un bourgeois parisien allant faire lui-même son marché.

La route fut pénible pour arriver aux premières roches. On marchait sur une plage de sable mouvant, dans laquelle les pieds 915 entraient. L'ancien marchand de grains soufflait comme un bœuf.

« Eh bien ! je vous laisse, je monte là-haut, dit-il enfin.

— C'est cela, prenez ce sentier, répondit Hector. Plus loin, vous seriez bloqué… Vous ne voulez pas qu'on vous aide ? »

Et ils le regardèrent gagner le sommet de la falaise. Lorsqu'il y fut, 920 il ouvrit son ombrelle et balança son panier en criant :

« J'y suis, on est mieux là !… Et pas d'imprudence, n'est-ce pas ? D'ailleurs, je vous surveille. »

Hector et Estelle s'engagèrent au milieu des roches. Le jeune homme, chaussé de hautes bottines, marchait le premier, sautait de pierre en 925 pierre avec la grâce forte et l'adresse d'un chasseur de montagnes. Estelle,

---

1. Sémaphore : sorte de télégraphe établi sur le littoral pour faire connaître l'arrivée et les manœuvres des bateaux venant du large, naviguant ou croisant à la vue des côtes et devant les ports.

2. Bottines de coutil : bottes de toile serrée et lissée.

3. Alpaga : étoffe de laine fine et soyeuse faite avec le poil de l'alpaga, un ruminant sans cornes d'Amérique du Sud, voisin du lama.

très hardie, choisissait les mêmes pierres ; et lorsqu'il se retournait, pour lui demander :

« Voulez-vous que je vous donne la main ?

— Mais non, répondait-elle. Vous me croyez donc une grand-mère ! »

930    Ils étaient alors sur un vaste parquet de granit\*, que la mer avait usé, en le creusant de sillons profonds. On aurait dit les arêtes de quelque monstre perçant le sable, mettant au ras du sol la carcasse de ses vertèbres disloquées. Dans les creux, des filets d'eau coulaient, des algues noires retombaient comme des chevelures. Tous deux conti-
935    nuaient à sauter, restant en équilibre par instants, éclatant de rire quand un caillou roulait.

« On est comme chez soi, répétait gaiement Estelle. On les mettrait dans son salon, vos rochers !

— Attendez, attendez ! disait Hector. Vous allez voir. »

940    Ils arrivaient à un étroit passage, à une sorte de fente, qui bâillait entre deux énormes blocs. Là, dans une cuvette, il y avait une mare, un trou d'eau qui bouchait le chemin.

« Mais jamais je ne passerai ! » s'écria la jeune femme.

Lui, proposa de la porter. Elle refusa d'un long signe de tête : elle ne
945    voulait plus être portée. Alors, il chercha partout de grosses pierres, il essaya d'établir un pont. Les pierres glissaient, tombaient au fond de l'eau.

« Donnez-moi la main, je vais sauter », finit-elle par dire, prise d'impatience.

Et elle sauta trop court, un de ses pieds resta dans la mare. Cela les
950    fit rire. Puis, comme ils sortaient de l'étroit passage, elle laissa échapper un cri d'admiration.

Une crique se creusait, emplie d'un écroulement gigantesque de roches. Des blocs énormes se tenaient debout, comme des sentinelles avancées, postées au milieu des vagues. Le long des falaises, les gros
955    temps avaient mangé la terre, ne laissant que les masses dénudées du granit ; et c'étaient des baies enfoncées entre des promontoires, des détours brusques déroulant des salles intérieures, des bancs de marbre noirâtre allongés sur le sable, pareils à de grands poissons échoués. On aurait dit une ville cyclopéenne [1] prise d'assaut et dévastée par la mer,

---

1. Cyclopéenne : faite par les Cyclopes (peuple arcadien). Se dit de constructions et de monuments de temps très reculés réalisés avec des blocs de pierre énormes. On en trouve, entre autres, en Grèce (Mycènes et Tirynthe) et en Italie (Signia).

960 avec ses remparts renversés, ses tours à demi démolies, ses édifices cul-
butés les uns sur les autres. Hector fit visiter à la jeune femme les
moindres recoins de cette ruine des tempêtes. Elle marchait sur des
sables fins et jaunes comme une poudre d'or, sur des galets que
des paillettes de mica allumaient au soleil, sur des éboulements de rocs
965 où elle devait par moments s'aider de ses deux mains, pour ne pas
rouler dans les trous. Elle passait sous des portiques naturels, sous des
arcs de triomphe qui affectaient le plein cintre [1] de l'art roman et
l'ogive [2] élancée de l'art gothique. Elle descendait dans des creux pleins
de fraîcheur, au fond de déserts de dix mètres carrés, amusée par les
970 chardons bleuâtres et les plantes grasses d'un vert sombre qui
tachaient les murailles grises des falaises, intéressée par des oiseaux de
mer familiers, de petits oiseaux bruns, volant à la portée de sa main,
avec un léger cri cadencé et continu. Et ce qui l'émerveillait surtout,
c'était, du milieu des roches, de se retourner et de retrouver toujours
975 la mer, dont la ligne bleue reparaissait et s'élargissait entre chaque bloc,
dans sa grandeur tranquille.

« Ah ! vous voilà ! cria M. Chabre du haut de la falaise. J'étais inquiet,
je vous avais perdus… Dites donc, c'est effrayant, ces gouffres ! »

Il était à six pas du bord, prudemment, abrité par son ombrelle,
980 son panier passé au bras. Il ajouta :

« Elle monte joliment vite, prenez garde !

— Nous avons le temps, n'ayez pas peur », répondit Hector.

Estelle, qui s'était assise, restait sans paroles devant l'immense
horizon. En face d'elle, trois piliers de granit, arrondis par le flot, se dres-
985 saient, pareils aux colonnes géantes d'un temple détruit. Et, derrière, la

---

1. Cintre : terme d'architecture. Figure en arc de cercle typique de l'art roman, qui a fleuri en
   Europe à partir de la fin du $x^e$ siècle et dont l'essentiel tend à l'expression du sacré (édifices
   religieux). Se dit par opposition à l'ogive.
2. Ogive : voûte caractéristique de la construction gothique, style artistique qui s'est épanoui en
   Europe du $xii^e$ siècle à la Renaissance. Liée à l'architecture romane, elle se démarque par son
   aspect imposant et ses baies vitrées qui laissent pénétrer la lumière. Les cathédrales l'incarnent
   le plus visiblement. Victor Hugo a relancé l'intérêt pour les cathédrales en France avec son
   roman *Notre-Dame de Paris* (1831), qui a fait l'objet d'une récente comédie musicale très
   médiatisée. Cette cathédrale est d'architecture gothique, tout comme, en Normandie, la
   cathédrale Notre-Dame de Rouen, immortalisée par Flaubert (1821-1880) dans *La Légende
   de saint Julien l'Hospitalier* (1875), et l'abbaye du Mont-Saint-Michel, dont Maupassant
   (1850-1893) parle si joliment dans sa nouvelle *Le Horla* (1887).

haute mer s'étendait sous la lumière dorée de six heures, d'un bleu de roi pailleté d'or. Une petite voile, très loin, entre deux des piliers, mettait une tache d'un blanc éclatant, comme une aile de mouette rasant l'eau. Du ciel pâle, la sérénité prochaine du crépuscule tombait déjà. Jamais Estelle
990 ne s'était sentie pénétrée d'une volupté si vaste et si tendre.

« Venez », lui dit doucement Hector, en la touchant de la main.

Elle tressaillit, elle se leva, prise de langueur et d'abandon.

« C'est le sémaphore\*, n'est-ce pas, cette maisonnette avec ce mât ? cria M. Chabre. Je vais chercher des coquillages, je vous rattraperai. »
995 Alors, Estelle, pour secouer la paresse molle dont elle était envahie, se mit à courir comme une enfant. Elle enjambait les flaques, elle s'avançait vers la mer, saisie du caprice de monter au sommet d'un entassement de rocs, qui devait former une île, à marée haute. Et, lorsque, après une ascension laborieuse au milieu des cre-
1000 vasses, elle atteignit le sommet, elle se hissa sur la pierre la plus élevée, elle fut heureuse de dominer la dévastation tragique de la côte. Son mince profil se détachait dans l'air pur, sa jupe claquait au vent ainsi qu'un drapeau.

Et, en redescendant, elle se pencha sur tous les trous qu'elle ren-
1005 contra. C'étaient, dans les moindres cavités, de petits lacs tranquilles et dormants, des eaux d'une limpidité parfaite, dont les clairs miroirs réfléchissaient le ciel. Au fond, des herbes d'un vert d'émeraude plan-taient des forêts romantiques. Seuls de gros crabes noirs sautaient, pareils à des grenouilles, et disparaissaient, sans même troubler l'eau.
1010 La jeune femme restait rêveuse, comme si elle eût fouillé du regard des pays mystérieux, de vastes contrées inconnues et heureuses.

Quand ils furent revenus au pied des falaises, elle s'aperçut que son compagnon avait empli son mouchoir d'arapèdes\*.

« C'est pour M. Chabre, dit-il. Je vais les lui monter. »
1015 Justement, M. Chabre arrivait désolé.

« Ils n'ont pas seulement une moule au sémaphore, cria-t-il. Je ne voulais pas venir, j'avais raison. »

Mais, lorsque le jeune homme lui eut montré de loin les arapèdes, il se calma. Et il resta stupéfié de l'agilité avec laquelle celui-ci grimpait,
1020 par un chemin connu de lui seul, le long d'une roche qui semblait lisse comme une muraille. La descente fut plus audacieuse encore.

« Ce n'est rien, disait Hector, un vrai escalier ; seulement, il faut savoir où sont les marches. »

M. Chabre voulait qu'on retournât en arrière, la mer devenait
1025 inquiétante. Et il suppliait sa femme de remonter au moins, de chercher un petit chemin commode. Le jeune homme riait, en répondant qu'il n'y avait point de chemin pour les dames, qu'il fallait maintenant aller jusqu'au bout. D'ailleurs, ils n'avaient pas vu les grottes. Alors, M. Chabre dut se remettre à suivre la crête des falaises. Comme le
1030 soleil se couchait, il ferma son ombrelle et s'en servit en guise de canne. De l'autre main, il portait son panier d'arapèdes.

« Vous êtes lasse ? demanda doucement Hector.

— Oui, un peu », répondit Estelle.

Elle accepta son bras. Elle n'était point lasse, mais un abandon
1035 délicieux l'envahissait de plus en plus. L'émotion qu'elle venait d'éprouver, en voyant le jeune homme suspendu au flanc des roches, lui avait laissé un tremblement intérieur. Ils s'avancèrent avec lenteur sur une grève ; sous leurs pieds, le gravier, fait de débris de coquillages, criait comme dans les allées d'un jardin ; et ils ne parlaient plus. Il lui
1040 montra deux larges fissures, le *Trou du Moine Fou* et la *Grotte du Chat*. Elle entra, leva les yeux, eut seulement un petit frisson. Quand ils reprirent leur marche, le long d'un beau sable fin, ils se regardèrent, ils restèrent encore muets et souriants. La mer montait, par courtes lames bruissantes, et ils ne l'entendaient pas. M. Chabre, au-dessus
1045 d'eux, se mit à crier, et ils ne l'entendirent pas davantage.

« Mais c'est fou ! répétait l'ancien marchand de grains, en agitant son ombrelle et son panier d'arapèdes. Estelle !… monsieur Hector !… Écoutez donc ! Vous allez être gagnés ! Vous avez déjà les pieds dans l'eau ! »

1050 Eux ne sentaient point la fraîcheur des petites vagues.

« Hein ? qu'y a-t-il ? finit par murmurer la jeune femme.

— Ah ! c'est vous, monsieur Chabre ! dit le jeune homme. Ça ne fait rien, n'ayez pas peur… Nous n'avons plus à voir que la *Grotte à Madame*. »

M. Chabre eut un geste de désespoir, en ajoutant :

1055 « C'est de la démence ! Vous allez vous noyer. »

Ils ne l'écoutaient déjà plus. Pour échapper à la marée croissante, ils s'avancèrent le long des rochers, et arrivèrent enfin à la *Grotte à*

*Madame*[1]. C'était une excavation creusée dans un bloc de granit*, qui formait promontoire. La voûte, très élevée, s'arrondissait en large
1060 dôme. Pendant les tempêtes, le travail des eaux avait donné aux murs un poli et un luisant d'agate. Des veines roses et bleues, dans la pâte sombre du roc, dessinaient des arabesques[2] d'un goût magnifique et barbare, comme si des artistes sauvages eussent décoré cette salle de bains des reines de la mer. Les graviers du sol, mouillés encore, gar-
1065 daient une transparence qui les faisait ressembler à un lit de pierres précieuses. Au fond, il y avait un banc de sable, doux et sec, d'un jaune pâle, presque blanc.

Estelle s'était assise sur le sable. Elle examinait la grotte.

« On vivrait là », murmura-t-elle.

1070 Mais Hector, qui paraissait guetter la mer depuis un instant, affecta brusquement une consternation.

« Ah ! mon Dieu ! nous sommes pris ! Voilà le flot qui nous a coupé le chemin… Nous en avons pour deux heures à attendre. »

Il sortit, chercha M. Chabre, en levant la tête. M. Chabre était sur
1075 la falaise, juste au-dessus de la grotte, et quand le jeune homme lui eut annoncé qu'ils étaient bloqués :

« Qu'est-ce que je vous disais ? cria-t-il triomphalement, mais vous ne voulez jamais m'écouter… Y a-t-il quelque danger ?

— Aucun, répondit Hector. La mer n'entre que de cinq ou six
1080 mètres dans la grotte. Seulement, ne vous inquiétez pas, nous ne pourrons en sortir avant deux heures. »

M. Chabre se fâcha. Alors, on ne dînerait pas ? Il avait déjà faim, lui ! c'était une drôle de partie tout de même ! Puis, en grognant, il s'assit sur l'herbe courte, il mit son ombrelle à sa gauche et son panier
1085 d'arapèdes* à sa droite.

« J'attendrai, il le faut bien ! cria-t-il. Retournez auprès de ma femme, et tâchez qu'elle ne prenne pas froid. »

---

1. Grotte à Madame : accessible à marée basse, elle doit son nom à une légende celtique selon laquelle dame Iseult venait s'y abriter en attendant le retour de son époux, le chevalier Almanzor, parti en croisade. Que Zola campe la rencontre intime d'Hector et Estelle dans cette grotte légendaire n'est pas fortuit. Le « trou du Moine fou » et la « grotte du Chat » sont aussi des fissures porteuses de légendes.

2. Arabesques : ornements formés de plantes et de feuillages, peints ou sculptés et fondés sur la répétition symétrique, typiques de l'architecture arabe.

Dans la grotte, Hector s'assit près d'Estelle. Au bout d'un silence, il osa s'emparer d'une main qu'elle ne retira pas. Elle regardait au loin. Le crépuscule tombait, une poussière d'ombre pâlissait peu à peu le soleil mourant. À l'horizon, le ciel prenait une teinte délicate, d'un violet tendre, et la mer s'étendait, lentement assombrie, sans une voile. Peu à peu, l'eau entrait dans la grotte, roulant avec un bruit doux les graviers transparents. Elle y apportait les voluptés du large, une voix caressante, une odeur irritante, chargée de désirs.

« Estelle, je vous aime », répétait Hector, en lui couvrant les mains de baisers.

Elle ne répondait pas, étouffée, comme soulevée par cette mer qui montait. Sur le sable fin, à demi couchée maintenant, elle ressemblait à une fille des eaux, surprise et déjà sans défense.

Et, brusquement, la voix de M. Chabre leur arriva, légère, aérienne.

« Vous n'avez pas faim ? Je crève, moi !… Heureusement que j'ai mon couteau. Je prends un acompte, vous savez, je mange les arapèdes. »

« Je vous aime, Estelle », répétait toujours Hector, qui la tenait à pleins bras.

La nuit était noire, la mer blanche éclairait le ciel. À l'entrée de la grotte, l'eau avait une longue plainte, tandis que, sous la voûte, un dernier reste de jour venait de s'éteindre. Une odeur de fécondité montait des vagues vivantes. Alors, Estelle laissa lentement tomber sa tête sur l'épaule d'Hector. Et le vent du soir emporta des soupirs.

En haut, à la clarté des étoiles, M. Chabre mangeait ses coquillages, méthodiquement. Il s'en donnait une indigestion, sans pain, avalant tout.

## VI

Neuf mois après son retour à Paris, la belle Mme Chabre accouchait d'un garçon. M. Chabre, enchanté, prenait à part le docteur Guiraud, et lui répétait avec orgueil :

« Ce sont les arapèdes, j'en mettrais la main au feu !… Oui, tout un panier d'arapèdes que j'ai mangés un soir, oh ! dans une circonstance bien curieuse… N'importe, docteur, jamais je n'aurais pensé que les coquillages eussent une pareille vertu. »

*RUE DE PARIS, UN JOUR DE PLUIE* (1877).
GUSTAVE CAILLEBOTTE (1848-1894).

## La Mort d'Olivier Bécaille

### I

C'est un samedi, à six heures du matin, que je suis mort, après trois jours de maladie. Ma pauvre femme fouillait depuis un instant dans la malle, où elle cherchait du linge. Lorsqu'elle s'est relevée et qu'elle m'a vu rigide, les yeux ouverts, sans un souffle, elle est accourue,
5 croyant à un évanouissement, me touchant les mains, se penchant sur mon visage. Puis, la terreur l'a prise ; et, affolée, elle a bégayé, en éclatant en larmes :

« Mon Dieu ! mon Dieu ! il est mort ! »

J'entendais tout, mais les sons affaiblis semblaient venir de très
10 loin. Seul mon œil gauche percevait encore une lueur confuse, une lumière blanchâtre où les objets se fondaient ; l'œil droit se trouvait complètement paralysé. C'était une syncope [1] de mon être entier, comme un coup de foudre qui m'avait anéanti. Ma volonté était morte, plus une fibre de ma chair ne m'obéissait. Et, dans ce néant,
15 au-dessus de mes membres inertes, la pensée seule demeurait, lente et paresseuse, mais d'une netteté parfaite.

Ma pauvre Marguerite pleurait, tombée à genoux devant le lit, répétant d'une voix déchirée :

« Il est mort, mon Dieu ! il est mort ! »

20 Était-ce donc la mort, ce singulier état de torpeur, cette chair frappée d'immobilité, tandis que l'intelligence fonctionnait toujours ? Était-ce mon âme qui s'attardait ainsi dans mon crâne, avant de prendre son vol ? Depuis mon enfance, j'étais sujet à des crises nerveuses. Deux fois, tout jeune, des fièvres aiguës avaient failli m'emporter. Puis, autour de

---

1. Syncope : arrêt des battements cardiaques, avec suspension de la respiration et perte de conscience.

25  moi, on s'était habitué à me voir maladif ; et moi-même j'avais défendu
à Marguerite d'aller chercher un médecin, lorsque je m'étais couché le
matin de notre arrivée à Paris, dans cet hôtel meublé de la rue
Dauphine. Un peu de repos suffirait, c'était la fatigue du voyage qui me
courbaturait ainsi. Pourtant, je me sentais plein d'une angoisse affreuse.
30  Nous avions quitté brusquement notre province, très pauvres, ayant à
peine de quoi attendre les appointements de mon premier mois dans
l'administration où je m'étais assuré une place. Et voilà qu'une crise
subite m'emportait !

Était-ce bien la mort ? Je m'étais imaginé une nuit plus noire, un
35  silence plus lourd. Tout petit, j'avais déjà peur de mourir. Comme
j'étais débile et que les gens me caressaient avec compassion, je pensais constamment que je ne vivrais pas, qu'on m'enterrerait de bonne
heure. Et cette pensée de la terre me causait une épouvante, à laquelle
je ne pouvais m'habituer, bien qu'elle me hantât nuit et jour. En gran-
40  dissant, j'avais gardé cette idée fixe. Parfois, après des journées de
réflexion, je croyais avoir vaincu ma peur. Eh bien ! on mourait, c'était
fini ; tout le monde mourait un jour ; rien ne devait être plus commode ni meilleur. J'arrivais presque à être gai, je regardais la mort en
face. Puis, un frisson brusque me glaçait, me rendait à mon vertige,
45  comme si une main géante m'eût balancé au-dessus d'un gouffre noir.
C'était la pensée de la terre qui revenait et emportait mes raisonne-
ments. Que de fois, la nuit, je me suis réveillé en sursaut, ne sachant
quel souffle avait passé sur mon sommeil, joignant les mains avec désespoir, balbutiant : « Mon Dieu ! mon Dieu ! il faut mourir ! » Une
50  anxiété me serrait la poitrine, la nécessité de la mort me paraissait
plus abominable, dans l'étourdissement du réveil. Je ne me rendormais qu'avec peine, le sommeil m'inquiétait, tellement il ressemblait
à la mort. Si j'allais dormir toujours ! Si je fermais les yeux pour ne les
rouvrir jamais !

55  J'ignore si d'autres ont souffert ce tourment. Il a désolé ma vie. La
mort s'est dressée entre moi et tout ce que j'ai aimé. Je me souviens
des plus heureux instants que j'ai passés avec Marguerite. Dans les
premiers mois de notre mariage, lorsqu'elle dormait la nuit à mon
côté, lorsque je songeais à elle en faisant des rêves d'avenir, sans cesse
60  l'attente d'une séparation fatale gâtait mes joies, détruisait mes

espoirs. Il faudrait nous quitter, peut-être demain, peut-être dans une heure. Un immense découragement me prenait, je me demandais à quoi bon le bonheur d'être ensemble, puisqu'il devait aboutir à un déchirement si cruel. Alors, mon imagination se plaisait dans le deuil.

65 Qui partirait le premier, elle ou moi ? Et l'une ou l'autre alternative m'attendrissait aux larmes, en déroulant le tableau de nos vies brisées. Aux meilleures époques de mon existence, j'ai eu ainsi des mélancolies soudaines que personne ne comprenait. Lorsqu'il m'arrivait une bonne chance, on s'étonnait de me voir sombre. C'était que, tout d'un

70 coup, l'idée de mon néant avait traversé ma joie. Le terrible : « À quoi bon ? » sonnait comme un glas* à mes oreilles. Mais le pis de ce tourment, c'est qu'on l'endure dans une honte secrète. On n'ose dire son mal à personne. Souvent le mari et la femme, couchés côte à côte, doivent frissonner du même frisson, quand la lumière est éteinte ; et ni

75 l'un ni l'autre ne parle, car on ne parle pas de la mort, pas plus qu'on ne prononce certains mots obscènes. On a peur d'elle jusqu'à ne point la nommer, on la cache comme on cache son sexe.

Je réfléchissais à ces choses, pendant que ma chère Marguerite continuait à sangloter. Cela me faisait grand-peine de ne savoir com-

80 ment calmer son chagrin, en lui disant que je ne souffrais pas. Si la mort n'était que cet évanouissement de la chair, en vérité j'avais eu tort de la tant redouter. C'était un bien-être égoïste, un repos dans lequel j'oubliais mes soucis. Ma mémoire surtout avait pris une vivacité extraordinaire. Rapidement, mon existence entière passait devant

85 moi, ainsi qu'un spectacle auquel je me sentais désormais étranger. Sensation étrange et curieuse qui m'amusait : on aurait dit une voix lointaine qui me racontait mon histoire.

Il y avait un coin de campagne, près de Guérande*, sur la route de Piriac, dont le souvenir me poursuivait. La route tourne, un petit bois

90 de pins descend à la débandade une pente rocheuse. Lorsque j'avais sept ans, j'allais là avec mon père, dans une maison à demi écroulée, manger des crêpes chez les parents de Marguerite, des paludiers* qui vivaient déjà péniblement des salines[1] voisines. Puis, je me rappelais le collège

---

1. Salines : entreprises de production de sel par évaporation, dans les marais salants.

de Nantes* où j'avais grandi, dans l'ennui des vieux murs, avec le conti-
95 nuel désir du large horizon de Guérande*, les marais salants* à perte de
vue, au bas de la ville, et la mer immense, étalée sous le ciel. Là, un trou
noir se creusait : mon père mourait, j'entrais à l'administration de l'hôpital comme employé, je commençais une vie monotone, ayant pour
unique joie mes visites du dimanche à la vieille maison de la route de
100 Piriac. Les choses y marchaient de mal en pis, car les salines* ne rappor-
taient presque plus rien, et le pays tombait à une grande misère.
Marguerite n'était encore qu'une enfant. Elle m'aimait, parce que je la
promenais dans une brouette. Mais, plus tard, le matin où je
la demandai en mariage, je compris, à son geste effrayé, qu'elle me trou-
105 vait affreux. Les parents me l'avaient donnée tout de suite ; ça les débar-
rassait. Elle, soumise, n'avait pas dit non. Quand elle se fut habituée à
l'idée d'être ma femme, elle ne parut plus trop ennuyée. Le jour du
mariage, à Guérande, je me souviens qu'il pleuvait à torrents ; et, quand
nous rentrâmes, elle dut se mettre en jupon, car sa robe était trempée.

110 Voilà toute ma jeunesse. Nous avons vécu quelque temps là-bas.
Puis, un jour, en rentrant, je surpris ma femme pleurant à chaudes
larmes. Elle s'ennuyait, elle voulait partir. Au bout de six mois, j'avais
des économies, faites sou à sou, à l'aide de travaux supplémentaires ;
et, comme un ancien ami de ma famille s'était occupé de me trouver
115 une place à Paris, j'emmenai la chère enfant, pour qu'elle ne pleurât
plus. En chemin de fer, elle riait. La nuit, la banquette des troisièmes
classes étant très dure, je la pris sur mes genoux, afin qu'elle pût
dormir mollement.

C'était là le passé. Et, à cette heure, je venais de mourir sur cette
120 couche étroite d'hôtel meublé, tandis que ma femme, tombée à
genoux sur le carreau, se lamentait. La tache blanche que percevait
mon œil gauche pâlissait peu à peu ; mais je me rappelais très nettement la chambre. À gauche, était la commode ; à droite, la cheminée,
au milieu de laquelle une pendule détraquée, sans balancier, marquait
125 dix heures six minutes. La fenêtre s'ouvrait sur la rue Dauphine, noire
et profonde. Tout Paris passait là, et dans un tel vacarme, que j'entendais les vitres trembler.

Nous ne connaissions personne à Paris. Comme nous avions
pressé notre départ, on ne m'attendait que le lundi suivant à mon

130 administration. Depuis que j'avais dû prendre le lit, c'était une étrange sensation que cet emprisonnement dans cette chambre, où le voyage venait de nous jeter, encore effarés de quinze heures de chemin de fer, étourdis du tumulte des rues. Ma femme m'avait soigné avec sa douceur souriante ; mais je sentais combien elle était troublée. De

135 temps à autre, elle s'approchait de la fenêtre, donnait un coup d'œil à la rue, puis revenait toute pâle, effrayée par ce grand Paris dont elle ne connaissait pas une pierre et qui grondait si terriblement. Et qu'allait-elle faire, si je ne me réveillais plus ? Qu'allait-elle devenir dans cette ville immense, seule, sans un soutien, ignorante de tout ?

140 Marguerite avait pris une de mes mains qui pendait, inerte au bord du lit ; et elle la baisait, et elle répétait follement :

« Olivier, réponds-moi… Mon Dieu ! il est mort ! il est mort ! »

La mort n'était donc pas le néant, puisque j'entendais et que je raisonnais. Seul, le néant m'avait terrifié, depuis mon enfance. Je ne

145 m'imaginais pas la disparition de mon être, la suppression totale de ce que j'étais ; et cela pour toujours, pendant des siècles et des siècles encore, sans que jamais mon existence pût recommencer. Je frissonnais parfois, lorsque je trouvais dans un journal une date future du siècle prochain : je ne vivrais certainement plus à cette date, et cette

150 année d'un avenir que je ne verrais pas, où je ne serais pas, m'emplissait d'angoisse. N'étais-je pas le monde, et tout ne croulerait-il pas, lorsque je m'en irais ?

Rêver de la vie dans la mort, tel avait toujours été mon espoir. Mais ce n'était pas la mort sans doute. J'allais certainement me réveiller tout

155 à l'heure. Oui, tout à l'heure, je me pencherais et je saisirais Marguerite entre mes bras, pour sécher ses larmes. Quelle joie de nous retrouver ! Et comme nous nous aimerions davantage ! Je prendrais encore deux jours de repos, puis, j'irais à mon administration. Une vie nouvelle commencerait pour nous, plus heureuse, plus large. Seulement, je

160 n'avais pas de hâte. Tout à l'heure, j'étais trop accablé. Marguerite avait tort de se désespérer ainsi, car je ne me sentais pas la force de tourner la tête sur l'oreiller pour lui sourire. Tout à l'heure, lorsqu'elle dirait de nouveau : « Il est mort ! mon Dieu ! il est mort ! » je l'embrasserais, je murmurerais très bas, afin de ne pas l'effrayer : « Mais non, chère

165 enfant. Je dormais. Tu vois bien que je vis et que je t'aime. »

## II

Aux cris que Marguerite poussait, la porte a été brusquement ouverte, et une voix s'est écriée :

« Qu'y a-t-il donc, ma voisine ?… Encore une crise, n'est-ce pas ? »

J'ai reconnu la voix. C'était celle d'une vieille femme, Mme Gabin,
170 qui demeurait sur le même palier que nous. Elle s'était montrée très obligeante, dès notre arrivée, émue par notre position. Tout de suite, elle nous avait raconté son histoire. Un propriétaire intraitable lui avait vendu ses meubles, l'hiver dernier ; et, depuis ce temps, elle logeait à l'hôtel, avec sa fille Adèle, une gamine de dix ans. Toutes deux
175 découpaient des abat-jour, c'était au plus si elles gagnaient quarante sous à cette besogne.

« Mon Dieu ! est-ce que c'est fini ? » demanda-t-elle en baissant la voix.

Je compris qu'elle s'approchait. Elle me regarda, me toucha, puis
180 elle reprit avec pitié :

« Ma pauvre petite ! Ma pauvre petite ! »

Marguerite, épuisée, avait des sanglots d'enfant. Mme Gabin la souleva, l'assit dans le fauteuil boiteux[1] qui se trouvait près de la cheminée ; et, là, elle tâcha de la consoler.

185 « Vrai, vous allez vous faire du mal. Ce n'est pas parce que votre mari est parti, que vous devez vous crever de désespoir. Bien sûr, quand j'ai perdu Gabin, j'étais pareille à vous, je suis restée trois jours sans pouvoir avaler gros comme ça de nourriture. Mais ça ne m'a avancée à rien ; au contraire, ça m'a enfoncée davantage… Voyons,
190 pour l'amour de Dieu ! soyez raisonnable. »

Peu à peu, Marguerite se tut. Elle était à bout de force ; et, de temps à autre, une crise de larmes la secouait encore. Pendant ce temps, la vieille femme prenait possession de la chambre, avec une autorité bourrue.

« Ne vous occupez de rien, répétait-elle. Justement, Dédé est allée
195 reporter l'ouvrage ; puis, entre voisins, il faut bien s'entraider… Dites donc, vos malles ne sont pas encore complètement défaites ; mais il y a du linge dans la commode, n'est-ce pas ? »

---

1. Boiteux : dont les pieds sont inégaux.

Je l'entendis ouvrir la commode. Elle dut prendre une serviette, qu'elle vint étendre sur la table de nuit. Ensuite, elle frotta une allumette, ce qui me fit penser qu'elle allumait près de moi une des bougies de la cheminée, en guise de cierge. Je suivais chacun de ses mouvements dans la chambre, je me rendais compte de ses moindres actions.

« Ce pauvre monsieur ! murmura-t-elle. Heureusement que je vous ai entendue crier, ma chère. »

Et, tout d'un coup, la lueur vague que je voyais encore de mon œil gauche disparut. Mme Gabin venait de me fermer les yeux. Je n'avais pas eu la sensation de son doigt sur ma paupière. Quand j'eus compris, un léger froid commença à me glacer.

Mais la porte s'était rouverte. Dédé, la gamine de dix ans, entrait en criant de sa voix flûtée :

« Maman ! maman ! ah ! je savais bien que tu étais ici !… Tiens, voilà ton compte, trois francs quatre sous… J'ai rapporté vingt douzaines d'abat-jour…

— Chut ! chut ! tais-toi donc ! » répétait vainement la mère.

Comme la petite continuait, elle lui montra le lit. Dédé s'arrêta, et je la sentis inquiète, reculant vers la porte.

« Est-ce que le monsieur dort ? demanda-t-elle très bas.

— Oui, va-t'en jouer », répondit Mme Gabin.

Mais l'enfant ne s'en allait pas. Elle devait me regarder de ses yeux agrandis, effarée et comprenant vaguement. Brusquement, elle parut prise d'une peur folle, elle se sauva en culbutant une chaise.

« Il est mort, oh ! maman, il est mort. »

Un profond silence régna. Marguerite, accablée dans le fauteuil, ne pleurait plus. Mme Gabin rôdait toujours par la chambre. Elle se remit à parler entre ses dents.

« Les enfants savent tout, au jour d'aujourd'hui. Voyez celle-là. Dieu sait si je l'élève bien ! Lorsqu'elle va faire une commission ou que je l'envoie reporter l'ouvrage, je calcule les minutes, pour être sûre qu'elle ne galopine pas… Ça ne fait rien, elle sait tout, elle a vu d'un coup d'œil ce qu'il en était. Pourtant, on ne lui a jamais montré qu'un mort, son oncle François, et, à cette époque, elle n'avait pas quatre ans… Enfin, il n'y a plus d'enfants, que voulez-vous ! »

Elle s'interrompit, elle passa sans transition à un autre sujet.

« Dites donc, ma petite, il faut songer aux formalités, la déclaration
235 à la mairie, puis tous les détails du convoi\*. Vous n'êtes pas en état de
vous occuper de ça. Moi, je ne veux pas vous laisser seule… Hein? si
vous le permettez, je vais voir si M. Simoneau est chez lui. »

Marguerite ne répondit pas. J'assistais à toutes ces scènes comme de
très loin. Il me semblait, par moments, que je volais, ainsi qu'une
240 flamme subtile, dans l'air de la chambre, tandis qu'un étranger,
une masse informe reposait inerte sur le lit. Cependant, j'aurais voulu
que Marguerite refusât les services de ce Simoneau. Je l'avais aperçu
trois ou quatre fois durant ma courte maladie. Il habitait une chambre
voisine et se montrait très serviable. Mme Gabin nous avait raconté
245 qu'il se trouvait simplement de passage à Paris, où il venait recueillir
d'anciennes créances [1] de son père, retiré en province et mort derniè-
rement. C'était un grand garçon, très beau, très fort. Je le détestais,
peut-être parce qu'il se portait bien. La veille, il était encore entré, et
j'avais souffert de le voir assis près de Marguerite. Elle était si jolie, si
250 blanche à côté de lui !

Et il l'avait regardée si profondément, pendant qu'elle lui souriait,
en disant qu'il était bien bon de venir ainsi prendre de mes nouvelles !

« Voici M. Simoneau », murmura Mme Gabin, qui rentrait.

Il poussa doucement la porte, et, dès qu'elle l'aperçut, Marguerite
255 de nouveau éclata en larmes. La présence de cet ami, du seul homme
qu'elle connût, réveillait en elle sa douleur. Il n'essaya pas de la
consoler. Je ne pouvais le voir ; mais, dans les ténèbres qui m'envelop-
paient, j'évoquais sa figure, et je le distinguais nettement, troublé, chagrin de trouver la pauvre femme dans un tel désespoir. Et qu'elle
260 devait être belle pourtant, avec ses cheveux blonds dénoués, sa face
pâle, ses chères petites mains d'enfant brûlantes de fièvre !

« Je me mets à votre disposition, madame, murmura Simoneau. Si
vous voulez bien me charger de tout… »

Elle ne lui répondit que par des paroles entrecoupées. Mais,
265 comme le jeune homme se retirait, Mme Gabin l'accompagna, et je
l'entendis qui parlait d'argent, en passant près de moi. Cela coûtait

---

1. Créances : sommes d'argent.

toujours très cher ; elle craignait bien que la pauvre petite n'eût pas un sou. En tout cas, on pouvait la questionner. Simoneau fit taire la vieille femme. Il ne voulait pas qu'on tourmentât Marguerite. Il allait
270 passer à la mairie et commander le convoi.

Quand le silence recommença, je me demandai si ce cauchemar durerait longtemps ainsi. Je vivais, puisque je percevais les moindres faits extérieurs. Et je commençais à me rendre un compte exact de mon état. Il devait s'agir d'un de ces cas de catalepsie [1] dont j'avais
275 entendu parler. Déjà, quand j'étais enfant, à l'époque de ma grande maladie nerveuse, j'avais eu des syncopes* de plusieurs heures. Évidemment, c'était une crise de cette nature qui me tenait rigide, comme mort, et qui trompait tout le monde autour de moi. Mais le cœur allait reprendre ses battements, le sang circulerait de nouveau
280 dans la détente des muscles ; et je m'éveillerais, et je consolerais Marguerite. En raisonnant ainsi, je m'exhortai à la patience.

Les heures passaient. Mme Gabin avait apporté son déjeuner. Marguerite refusait toute nourriture. Puis, l'après-midi s'écoula. Par la fenêtre laissée ouverte montaient les bruits de la rue Dauphine. À
285 un léger tintement du cuivre du chandelier sur le marbre de la table de nuit, il me sembla qu'on venait de changer la bougie. Enfin, Simoneau reparut.

« Eh bien ? lui demanda à demi-voix la vieille femme.

— Tout est réglé, répondit-il. Le convoi est pour demain onze
290 heures… Ne vous inquiétez de rien et ne parlez pas de ces choses devant cette pauvre femme. »

Mme Gabin reprit quand même :

« Le médecin des morts n'est pas venu encore. »

Simoneau alla s'asseoir près de Marguerite, l'encouragea, et se tut. Le
295 convoi était pour le lendemain onze heures : cette parole retentissait dans mon crâne comme un glas*. Et ce médecin qui ne venait point, ce médecin des morts, comme le nommait Mme Gabin ! Lui, verrait bien tout de suite que j'étais simplement en léthargie [2]. Il ferait le nécessaire, il saurait m'éveiller. Je l'attendais dans une impatience affreuse.

---

1. Catalepsie : arrêt involontaire du mouvement de tous les muscles.
2. Léthargie : sommeil profond et prolongé durant lequel les fonctions vitales semblent suspendues.

300   Cependant, la journée s'écoula. Mme Gabin, pour ne pas perdre son temps, avait fini par apporter ses abat-jour. Même, après en avoir demandé la permission à Marguerite, elle fit venir Dédé, parce que, disait-elle, elle n'aimait guère laisser les enfants longtemps seuls.

     « Allons, entre, murmura-t-elle en amenant la petite, et ne fais pas
305   la bête, ne regarde pas de ce côté, ou tu auras affaire à moi. »

     Elle lui défendait de me regarder, elle trouvait cela plus convenable. Dédé, sûrement, glissait des coups d'œil de temps à autre, car j'entendais sa mère lui allonger des claques sur les bras. Elle lui répétait furieusement :

310   « Travaille, ou je te fais sortir. Et, cette nuit, le monsieur ira te tirer les pieds. »

     Toutes deux, la mère et la fille, s'étaient installées devant notre table. Le bruit de leurs ciseaux découpant les abat-jour me parvenait distinctement ; ceux-là, très délicats, demandaient sans doute un
315   découpage compliqué, car elles n'allaient pas vite : je les comptais un à un, pour combattre mon angoisse croissante.

     Et, dans la chambre, il n'y avait que le petit bruit des ciseaux. Marguerite, vaincue par la fatigue, devait s'être assoupie. À deux reprises, Simoneau se leva. L'idée abominable qu'il profitait du som-
320   meil de Marguerite, pour effleurer des lèvres ses cheveux, me tortu-rait. Je ne connaissais pas cet homme, et je sentais qu'il aimait ma femme. Un rire de la petite Dédé acheva de m'irriter.

     « Pourquoi ris-tu, imbécile ? lui demanda sa mère. Je vais te mettre sur le carré… Voyons, réponds, qu'est-ce qui te fait rire ? »

325   L'enfant balbutiait. Elle n'avait pas ri, elle avait toussé. Moi, je m'imaginais qu'elle devait avoir vu Simoneau se pencher vers Marguerite, et que cela lui paraissait drôle.

     La lampe était allumée, lorsqu'on frappa.

     « Ah ! voici le médecin », dit la vieille femme.

330   C'était le médecin, en effet. Il ne s'excusa même pas de venir si tard. Sans doute, il avait eu bien des étages à monter, dans la journée. Comme la lampe éclairait très faiblement la chambre, il demanda :

     « Le corps est ici ?

     — Oui, monsieur », répondit Simoneau.

335 Marguerite s'était levée, frissonnante. Mme Gabin a[  ]
sur le palier, parce qu'un enfant n'a pas besoin d'assiste[  ]
s'efforçait d'entraîner ma femme vers la fenêtre, afin de [  ]
un tel spectacle.

Pourtant, le médecin venait de s'approcher d'un pas rapide. Je le
340 devinais fatigué, pressé, impatienté. M'avait-il touché la main ? Avait-
il posé la sienne sur mon cœur ? Je ne saurais le dire. Mais il me
sembla qu'il s'était simplement penché d'un air indifférent.

« Voulez-vous que je prenne la lampe pour vous éclairer ? offrit
Simoneau avec obligeance.

345 — Non, inutile », dit le médecin tranquillement.

Comment ! inutile ! Cet homme avait ma vie entre les mains, et il
jugeait inutile de procéder à un examen attentif. Mais je n'étais pas
mort ! J'aurais voulu crier que je n'étais pas mort !

« À quelle heure est-il mort ? reprit-il.

350 — À six heures du matin », répondit Simoneau.

Une furieuse révolte montait en moi, dans les liens terribles qui me
liaient. Oh ! ne pouvoir parler, ne pouvoir remuer un membre !

Le médecin ajouta :

« Ce temps lourd est mauvais… Rien n'est fatigant comme ces pre-
355 mières journées de printemps. »

Et il s'éloigna. C'était ma vie qui s'en allait. Des cris, des larmes, des
injures m'étouffaient, déchiraient ma gorge convulsée, où ne passait
plus un souffle. Ah ! le misérable, dont l'habitude professionnelle avait
fait une machine, et qui venait au lit des morts avec l'idée d'une
360 simple formalité à remplir ! Il ne savait donc rien, cet homme ! Toute
sa science était donc menteuse, puisqu'il ne pouvait d'un coup d'œil
distinguer la vie de la mort ! Et il s'en allait, et il s'en allait !

« Bonsoir, monsieur », dit Simoneau.

Il y eut un silence. Le médecin devait s'incliner devant Marguerite,
365 qui était revenue, pendant que Mme Gabin fermait la fenêtre. Puis, il
sortit de la chambre, j'entendis ses pas qui descendaient l'escalier.

Allons, c'était fini, j'étais condamné. Mon dernier espoir disparaissait avec cet homme. Si je ne m'éveillais pas avant le lendemain
onze heures, on m'enterrait vivant. Et cette pensée était si effroyable,
370 que je perdis conscience de ce qui m'entourait. Ce fut comme un

évanouissement dans la mort elle-même. Le dernier bruit qui me frappa fut le petit bruit des ciseaux de Mme Gabin et de Dédé. La veillée funèbre [1] commençait. Personne ne parlait plus. Marguerite avait refusé de dormir dans la chambre de la voisine. Elle était là,
375 couchée à demi au fond du fauteuil, avec son beau visage pâle, ses yeux clos dont les cils restaient trempés de larmes ; tandis que, silencieux dans l'ombre, assis devant elle, Simoneau la regardait.

### III

Je ne puis dire quelle fut mon agonie, pendant la matinée du lendemain. Cela m'est demeuré comme un rêve horrible, où mes sensa
380 tions étaient si singulières, si troublées, qu'il me serait difficile de les noter exactement. Ce qui rendait ma torture affreuse, c'était que j'espérais toujours un brusque réveil. Et, à mesure que l'heure du convoi* approchait, l'épouvante m'étranglait davantage.

Ce fut vers le matin seulement que j'eus de nouveau conscience des
385 personnes et des choses qui m'entouraient. Un grincement de l'espagnolette [2] me tira de ma somnolence. Mme Gabin avait ouvert la fenêtre. Il devait être environ sept heures, car j'entendais des cris de marchands, dans la rue, la voix grêle d'une gamine qui vendait du mouron [3], une autre voix enrouée criant des carottes. Ce réveil
390 bruyant de Paris me calma d'abord : il me semblait impossible qu'on m'enfouît dans la terre, au milieu de toute cette vie. Un souvenir achevait de me rassurer. Je me rappelais avoir vu un cas pareil au mien, lorsque j'étais employé à l'hôpital de Guérande*. Un homme y avait ainsi dormi pendant vingt-huit heures, son sommeil était même si
395 profond, que les médecins hésitaient à se prononcer ; puis, cet homme s'était assis sur son séant, et il avait pu se lever tout de suite. Moi, il y

---

1. Veillée funèbre : action de veiller un mort. Albert Camus (1913-1960) a donné à la littérature française l'une de ses plus célèbres veillées funèbres dans son roman *L'Étranger* (1942). Les premières pages sont consacrées à Meursault veillant sa mère, récemment morte à l'asile où il l'a placée, en banlieue d'Alger.
2. Espagnolette : poignée tournante pour fermer et ouvrir une fenêtre.
3. Mouron : plante d'Europe, à fleurs rouges ou bleues.

avait déjà vingt-cinq heures que je dormais. Si je m'éveillais vers dix heures, il serait temps encore.

Je tâchai de me rendre compte des personnes qui se trouvaient dans la chambre, et de ce qu'on y faisait. La petite Dédé devait jouer sur le carré, car la porte s'étant ouverte, un rire d'enfant vint du dehors. Sans doute, Simoneau n'était plus là : aucun bruit ne me révélait sa présence. Les savates de Mme Gabin traînaient seules sur le carreau. On parla enfin.

« Ma chère, dit la vieille, vous avez tort de ne pas en prendre pendant qu'il est chaud, ça vous soutiendrait. »

Elle s'adressait à Marguerite, et le léger égouttement du filtre, sur la cheminée, m'apprit qu'elle était en train de faire du café.

« Ce n'est pas pour dire, continua-t-elle, mais j'avais besoin de ça… À mon âge, ça ne vaut rien de veiller. Et c'est si triste, la nuit, quand il y a un malheur dans une maison… Prenez donc du café, ma chère, une larme seulement. »

Et elle força Marguerite à en boire une tasse.

« Hein ? c'est chaud, ça vous remet. Il vous faut des forces pour aller jusqu'au bout de la journée… Maintenant, si vous étiez bien sage, vous passeriez dans ma chambre, et vous attendriez là.

— Non, je veux rester », répondit Marguerite résolument.

Sa voix, que je n'avais plus entendue depuis la veille, me toucha beaucoup. Elle était changée, brisée de douleur. Ah ! chère femme ! je la sentais près de moi, comme une consolation dernière. Je savais qu'elle ne me quittait pas des yeux, qu'elle me pleurait de toutes les larmes de son cœur.

Mais les minutes passaient. Il y eut, à la porte, un bruit que je ne m'expliquai pas d'abord. On aurait dit l'emménagement d'un meuble qui se heurtait contre les murs de l'escalier trop étroit. Puis, je compris, en entendant de nouveau les larmes de Marguerite. C'était la bière [1].

« Vous venez trop tôt, dit Mme Gabin d'un air de mauvaise humeur. Posez ça derrière le lit. »

Quelle heure était-il donc ? Neuf heures peut-être. Ainsi, cette bière était déjà là. Et je la voyais dans la nuit épaisse, toute neuve, avec ses

---

1. Bière : synonyme de cercueil.

planches à peine rabotées. Mon Dieu ! est-ce que tout allait finir ? Est-ce qu'on m'emporterait dans cette boîte, que je sentais à mes pieds ?

J'eus pourtant une suprême joie. Marguerite, malgré sa faiblesse, voulut me donner les derniers soins. Ce fut elle qui, aidée de la vieille
435 femme, m'habilla, avec une tendresse de sœur et d'épouse. Je sentais que j'étais une fois encore entre ses bras, à chaque vêtement qu'elle me passait. Elle s'arrêtait, succombant sous l'émotion ; elle m'étreignait, elle me baignait de ses pleurs. J'aurais voulu pouvoir lui rendre son étreinte, en lui criant : « Je vis ! » et je restais impuissant, je devais
440 m'abandonner comme une masse inerte.

« Vous avez tort, tout ça est perdu », répétait Mme Gabin.

Marguerite répondait de sa voix entrecoupée :

« Laissez-moi, je veux lui mettre ce que nous avons de plus beau. »

Je compris qu'elle m'habillait comme pour le jour de nos noces.
445 J'avais encore ces vêtements, dont je comptais ne me servir à Paris que les grands jours. Puis, elle retomba dans le fauteuil, épuisée par l'effort qu'elle venait de faire.

Alors, tout d'un coup, Simoneau parla. Sans doute, il venait d'entrer.
450 « Ils sont en bas, murmura-t-il.

— Bon, ce n'est pas trop tôt, répondit Mme Gabin, en baissant également la voix. Dites-leur de monter, il faut en finir.

— C'est que j'ai peur du désespoir de cette pauvre femme. »

La vieille parut réfléchir. Elle reprit :
455 « Écoutez, monsieur Simoneau, vous allez l'emmener de force dans ma chambre… Je ne veux pas qu'elle reste ici. C'est un service à lui rendre… Pendant ce temps, en un tour de main, ce sera bâclé. »

Ces paroles me frappèrent au cœur. Et que devins-je, lorsque j'entendis la lutte affreuse qui s'engagea ! Simoneau s'était approché de
460 Marguerite, en la suppliant de ne pas demeurer dans la pièce.

« Par pitié, implorait-il, venez avec moi, épargnez-vous une douleur inutile.

— Non, non, répétait ma femme, je resterai, je veux rester jusqu'au dernier moment. Songez donc que je n'ai que lui au monde, et que,
465 lorsqu'il ne sera plus là, je serai seule. »

Cependant, près du lit, Mme Gabin soufflait à l'oreille du jeune homme :

« Marchez donc, empoignez-la, emportez-la dans vos bras. »

Est-ce que ce Simoneau allait prendre Marguerite et l'emporter
470 ainsi ? Tout de suite, elle cria. D'un élan furieux, je voulus me mettre
debout. Mais les ressorts de ma chair étaient brisés. Et je restais si
rigide, que je ne pouvais même soulever les paupières pour voir ce qui
se passait là, devant moi. La lutte se prolongeait, ma femme s'accro-
chait aux meubles, en répétant :

475 « Oh ! de grâce, de grâce, monsieur… Lâchez-moi, je ne veux pas. »

Il avait dû la saisir dans ses bras vigoureux, car elle ne poussait plus
que des plaintes d'enfant. Il l'emporta, les sanglots se perdirent, et je
m'imaginais les voir, lui grand et solide, l'emmenant sur sa poitrine,
à son cou, et elle, éplorée, brisée, s'abandonnant, le suivant désormais
480 partout où il voudrait la conduire.

« Fichtre ! ça n'a pas été sans peine ! murmura Mme Gabin. Allons,
houp ! maintenant que le plancher est débarrassé ! »

Dans la colère jalouse qui m'affolait, je regardais cet enlèvement
comme un rapt abominable. Je ne voyais plus Marguerite depuis la
485 veille, mais je l'entendais encore. Maintenant, c'était fini ; on venait de
me la prendre ; un homme l'avait ravie, avant même que je fusse dans
la terre. Et il était avec elle, derrière la cloison, seul à la consoler, à
l'embrasser peut-être !

La porte s'était ouverte de nouveau, des pas lourds marchaient
490 dans la pièce.

« Dépêchons, dépêchons, répétait Mme Gabin. Cette petite dame
n'aurait qu'à revenir. »

Elle parlait à des gens inconnus et qui ne lui répondaient que par
des grognements.

495 « Moi, vous comprenez, je ne suis pas une parente, je ne suis qu'une
voisine. Je n'ai rien à gagner dans tout ça. C'est par pure bonté de
cœur que je m'occupe de leurs affaires. Et ce n'est déjà pas si gai…
Oui, oui, j'ai passé la nuit. Même qu'il ne faisait guère chaud, vers
quatre heures. Enfin, j'ai toujours été bête, je suis trop bonne. »

500 À ce moment, on tira la bière* au milieu de la chambre, et je compris. Allons, j'étais condamné, puisque le réveil ne venait pas. Mes

idées perdaient de leur netteté, tout roulait en moi dans une fumée noire ; et j'éprouvais une telle lassitude, que ce fut comme un soulagement, de ne plus compter sur rien.

505    « On n'a pas épargné le bois, dit la voix enrouée d'un croque-mort. La boîte est trop longue.

— Eh bien ! il y sera à l'aise », ajouta un autre en s'égayant.

Je n'étais pas lourd, et ils s'en félicitaient, car ils avaient trois étages à descendre. Comme ils m'empoignaient par les épaules et par les
510    pieds, Mme Gabin tout d'un coup se fâcha.

« Sacrée gamine ! cria-t-elle, il faut qu'elle mette son nez partout… Attends, je vas te faire regarder par les fentes. »

C'était Dédé qui entrebâillait la porte et passait sa tête ébouriffée. Elle voulait voir mettre le monsieur dans la boîte. Deux claques
515    vigoureuses retentirent, suivies d'une explosion de sanglots. Et quand la mère fut rentrée, elle causa de sa fille avec les hommes qui m'arrangeaient dans la bière*.

« Elle a dix ans. C'est un bon sujet ; mais elle est curieuse… Je ne la bats pas tous les jours. Seulement, il faut qu'elle obéisse.

520    — Oh ! vous savez, dit un des hommes, toutes les gamines sont comme ça… Lorsqu'il y a un mort quelque part, elles sont toujours à tourner autour. »

J'étais allongé commodément, et j'aurais pu croire que je me trouvais encore sur le lit, sans une gêne de mon bras gauche, qui était un
525    peu serré contre une planche. Ainsi qu'ils le disaient, je tenais très bien là-dedans, grâce à ma petite taille.

« Attendez, s'écria Mme Gabin, j'ai promis à sa femme de lui mettre un oreiller sous la tête. »

Mais les hommes étaient pressés, ils fourrèrent l'oreiller en me
530    brutalisant. Un d'eux cherchait partout le marteau, avec des jurons. On l'avait oublié en bas, et il fallut descendre. Le couvercle fut posé, je ressentis un ébranlement de tout mon corps, lorsque deux coups de marteau enfoncèrent le premier clou. C'en était fait, j'avais vécu. Puis, les clous entrèrent un à un, rapidement, tandis que le marteau son-
535    nait en cadence. On aurait dit des emballeurs clouant une boîte de fruits secs, avec leur adresse insouciante. Dès lors, les bruits ne m'arrivèrent plus qu'assourdis et prolongés, résonnant d'une étrange

manière, comme si le cercueil de sapin [1] s'était transformé en une grande caisse d'harmonie [2]. La dernière parole qui frappa mes oreilles, dans cette chambre de la rue Dauphine, ce fut cette phrase de Mme Gabin :

« Descendez doucement, et méfiez-vous de la rampe au second, elle ne tient plus. »

On m'emportait, j'avais la sensation d'être roulé dans une mer houleuse. D'ailleurs, à partir de ce moment, mes souvenirs sont très vagues. Je me rappelle pourtant que l'unique préoccupation qui me tenait encore, préoccupation imbécile et comme machinale, était de me rendre compte de la route que nous prenions pour aller au cimetière. Je ne connaissais pas une rue de Paris, j'ignorais la position exacte des grands cimetières, dont on avait parfois prononcé les noms devant moi, et cela ne m'empêchait pas de concentrer les derniers efforts de mon intelligence, afin de deviner si nous tournions à droite ou à gauche. Le corbillard me cahotait [3] sur les pavés. Autour de moi, le roulement des voitures, le piétinement des passants, faisaient une clameur confuse que développait la sonorité du cercueil. D'abord, je suivis l'itinéraire avec assez de netteté. Puis, il y eut une station, on me promena, et je compris que nous étions à l'église. Mais, quand le corbillard s'ébranla de nouveau, je perdis toute conscience des lieux que nous traversions. Une volée de cloches m'avertit que nous passions près d'une église ; un roulement plus doux et continu me fit croire que nous longions une promenade. J'étais comme un condamné mené au lieu du supplice, hébété, attendant le coup suprême qui ne venait pas.

On s'arrêta, on me tira du corbillard. Et ce fut bâclé tout de suite. Les bruits avaient cessé, je sentais que j'étais dans un lieu désert, sous des arbres, avec le large ciel sur ma tête. Sans doute, quelques personnes suivaient le convoi*, les locataires de l'hôtel, Simoneau et d'autres, car des chuchotements arrivaient jusqu'à moi. Il y eut une psalmodie, un prêtre balbutiait du latin. On piétina deux minutes. Puis, brusquement,

---

1. Cercueil de sapin : le sapin est un arbre très commun dans le nord de l'Europe. On s'en sert couramment en menuiserie et en ébénisterie. Ici, allusion au cercueil ordinairement fait de ce bois.
2. Caisse d'harmonie : partie bombée et vide d'un instrument à cordes, pour en amplifier les sons ; synonyme de caisse de résonance.
3. Me cahotait : me secouait, me malmenait.

je sentis que je m'enfonçais ; tandis que des cordes frottaient comme
570 des archets, contre les angles du cercueil, qui rendait un son de contrebasse fêlée. C'était la fin. Un choc terrible, pareil au retentissement
d'un coup de canon, éclata un peu à gauche de ma tête ; un second
choc se produisit à mes pieds ; un autre, plus violent encore, me tomba
sur le ventre, si sonore, que je crus la bière* fendue en deux. Et
575 je m'évanouis.


## IV


Combien de temps restai-je ainsi ? je ne saurais le dire. Une éternité et une seconde ont la même durée dans le néant. Je n'étais plus.
Peu à peu, confusément, la conscience d'être me revint. Je dormais
toujours, mais je me mis à rêver. Un cauchemar se détacha du fond
580 noir qui barrait mon horizon. Et ce rêve que je faisais était une imagination étrange, qui m'avait souvent tourmenté autrefois, les yeux
ouverts, lorsque, avec ma nature prédisposée aux inventions horri-
bles, je goûtais l'atroce plaisir de me créer des catastrophes.
Je m'imaginais donc que ma femme m'attendait quelque part, à
585 Guérande*, je crois, et que j'avais pris le chemin de fer pour aller la
rejoindre. Comme le train passait sous un tunnel, tout à coup, un
effroyable bruit roulait avec un fracas de tonnerre. C'était un double
écroulement qui venait de se produire. Notre train n'avait pas reçu
une pierre, les wagons restaient intacts ; seulement, aux deux bouts du
590 tunnel, devant et derrière nous, la voûte s'était effondrée, et nous
nous trouvions ainsi au centre d'une montagne, murés par des blocs
de rocher. Alors commençait une longue et affreuse agonie. Aucun
espoir de secours ; il fallait un mois pour déblayer le tunnel ; encore ce
travail demandait-il des précautions infinies, des machines puis-
595 santes. Nous étions prisonniers dans une sorte de cave sans issue.
Notre mort à tous n'était plus qu'une question d'heures.
Souvent, je le répète, mon imagination avait travaillé sur cette
donnée terrible. Je variais le drame à l'infini[1]. J'avais pour acteurs des

---

1. Cette réflexion est aussi autobiographique, Zola, enfant, ayant eu la phobie d'être enterré vivant.

hommes, des femmes, des enfants, plus de cent personnes, toute une
600 foule qui me fournissait sans cesse de nouveaux épisodes. Il se trouvait bien quelques provisions dans le train ; mais la nourriture manquait vite, et sans aller jusqu'à se manger entre eux [1], les misérables
affamés se disputaient férocement le dernier morceau de pain. C'était
un vieillard qu'on repoussait à coups de poing et qui agonisait ;
605 c'était une mère qui se battait comme une louve, pour défendre les
trois ou quatre bouchées réservées à son enfant. Dans mon wagon,
deux jeunes mariés râlaient aux bras l'un de l'autre, et ils n'espéraient
plus, ils ne bougeaient plus. D'ailleurs, la voie était libre, les gens descendaient, rôdaient le long du train, comme des bêtes lâchées, en
610 quête d'une proie. Toutes les classes se mêlaient, un homme très riche,
un haut fonctionnaire, disait-on, pleurait au cou d'un ouvrier, en le
tutoyant. Dès les premières heures, les lampes s'étaient épuisées,
les feux de la locomotive avaient fini par s'éteindre. Quand on passait
d'un wagon à un autre, on tâtait les roues de la main pour ne pas se
615 cogner, et l'on arrivait ainsi à la locomotive, que l'on reconnaissait à
sa bielle [2] froide, à ses énormes flancs endormis, force inutile, muette
et immobile dans l'ombre. Rien n'était plus effrayant que ce train,
ainsi muré tout entier sous terre, comme enterré vivant, avec ses voyageurs, qui mouraient un à un.
620 Je me complaisais, je descendais dans l'horreur des moindres
détails. Des hurlements traversaient les ténèbres. Tout d'un coup, un

---

1. Se manger entre eux : devenir anthropophages. Zola n'ose imaginer ici l'anthropophagie des
   prisonniers. Au fil de l'histoire de l'humanité, les récits de cannibalisme « de survie » sont
   pourtant nombreux. Frank Marshall, en 1993, a réalisé un film dans lequel une équipe de
   rugby est victime d'un écrasement d'avion dans les Andes. Isolés au cœur des montagnes
   et dans la neige, les survivants de la catastrophe n'ont d'autre choix que de recourir à
   l'anthropophagie pour rester en vie. Le scénario est basé sur une histoire vraie survenue
   en 1972. *Alive* s'intitule *Les Survivants* en version française.
2. Bielle : tige articulée transmettant le mouvement d'une pièce mobile à une autre.
   Elle a été, avec la chaudière, à l'origine de la locomotive à vapeur.
   Cette courte description de la locomotive n'est pas sans évoquer la mort de la *Lison* dans
   *La Bête humaine* (1890 ; chapitres VII et X) et l'accident virtuel de la « machine 608 » à la fin
   du roman (chapitre XII).
   Plusieurs peintres contemporains d'Émile Zola sont aussi séduits par le thème du chemin de
   fer, dont les Français Claude Monet (1840-1926), Paul Cézanne (1839-1906), Camille Pissarro
   (1830-1903) et Édouard Manet (1832-1883) ainsi que, bien sûr, l'Anglais Joseph Turner (1775-
   1851). Au XXᵉ siècle, au Québec, entre autres, Jean-Paul Lemieux (1904-1990) nous a légué une
   toile magnifique intitulée *Le Rapide* (1968).

voisin qu'on ne savait pas là, qu'on ne voyait pas, s'abattait contre votre épaule. Mais, cette fois, ce dont je souffrais surtout, c'était du froid et du manque d'air. Jamais je n'avais eu si froid ; un manteau de
625 neige me tombait sur les épaules, une humidité lourde pleuvait sur mon crâne. Et j'étouffais avec cela, il me semblait que la voûte de rocher croulait sur ma poitrine, que toute la montagne pesait et m'écrasait. Cependant, un cri de délivrance avait retenti. Depuis longtemps, nous nous imaginions entendre au loin un bruit sourd, et
630 nous nous bercions de l'espoir qu'on travaillait près de nous. Le salut n'arrivait point de là pourtant. Un de nous venait de découvrir un puits dans le tunnel ; et nous courions tous, nous allions voir ce puits d'air, en haut duquel on apercevait une tache bleue, grande comme un pain à cacheter [1]. Oh ! quelle joie, cette tache bleue ! C'était le ciel,
635 nous nous grandissions vers elle pour respirer, nous distinguions nettement des points noirs qui s'agitaient, sans doute des ouvriers en train d'établir un treuil [2], afin d'opérer notre sauvetage. Une clameur furieuse : « Sauvés ! sauvés ! » sortait de toutes les bouches, tandis que des bras tremblants se levaient vers la petite tache d'un bleu pâle.

640 Ce fut la violence de cette clameur qui m'éveilla. Où étais-je ? Encore dans le tunnel sans doute. Je me trouvais couché tout de mon long, et je sentais, à droite et à gauche, de dures parois qui me serraient les flancs. Je voulus me lever, mais je me cognai violemment le crâne. Le roc m'enveloppait donc de toutes parts ? Et la tache bleue
645 avait disparu, le ciel n'était plus là, même lointain. J'étouffais toujours, je claquais des dents, pris d'un frisson.

Brusquement, je me souvins. Une horreur souleva mes cheveux, je sentis l'affreuse vérité couler en moi, des pieds à la tête, comme une glace. Étais-je sorti enfin de cette syncope*, qui m'avait frappé pendant
650 de longues heures d'une rigidité de cadavre ? Oui, je remuais, je promenais les mains le long des planches du cercueil. Une dernière épreuve me restait à faire : j'ouvris la bouche, je parlai, appelant Marguerite, instinctivement. Mais j'avais hurlé, et ma voix, dans cette boîte de sapin, avait pris un son rauque si effrayant, que je m'épouvantai moi-même.

---

1. Pain à cacheter : pain sans levain qu'on appliquait pour sceller une enveloppe.
2. Treuil : cylindre qui tourne sur son axe, qu'on actionne manuellement ou grâce à un moteur, pour faciliter le déplacement d'objets lourds.

655 Mon Dieu! c'était donc vrai? je pouvais marcher, crier que je vivais, et
ma voix ne serait pas entendue, et j'étais enfermé, écrasé sous la terre!

Je fis un effort suprême pour me calmer et réfléchir. N'y avait-il
aucun moyen de sortir de là? Mon rêve recommençait, je n'avais pas
encore le cerveau bien solide, je mêlais l'imagination du puits d'air
660 et de sa tache de ciel avec la réalité de la fosse où je suffoquais.
Les yeux démesurément ouverts, je regardais les ténèbres. Peut-être
apercevrais-je un trou, une fente, une goutte de lumière! Mais des
étincelles de feu passaient seules dans la nuit, des clartés rouges s'élar-
gissaient et s'évanouissaient. Rien, un gouffre noir, insondable. Puis,
665 la lucidité me revenait, j'écartais ce cauchemar imbécile. Il me fallait
toute ma tête, si je voulais tenter le salut.

D'abord, le grand danger me parut être dans l'étouffement qui
augmentait. Sans doute, j'avais pu rester si longtemps privé d'air,
grâce à la syncope qui suspendait en moi les fonctions de l'existence;
670 mais, maintenant que mon cœur battait, que mes poumons souf-
flaient, j'allais mourir d'asphyxie, si je ne me dégageais au plus tôt. Je
souffrais également du froid, et je craignais de me laisser envahir par
cet engourdissement mortel des hommes qui tombent dans la neige,
pour ne plus se relever.

675 Tout en me répétant qu'il me fallait du calme, je sentais des bouffées de folie monter à mon crâne. Alors, je m'exhortais, essayant de
me rappeler ce que je savais sur la façon dont on enterre. Sans doute,
j'étais dans une concession de cinq ans; cela m'ôtait un espoir, car
j'avais remarqué autrefois, à Nantes*, que les tranchées de la fosse
680 commune laissaient passer, dans leur remblaiement continu, les pieds
des dernières bières* enfouies. Il m'aurait suffi alors de briser une
planche pour m'échapper; tandis que, si je me trouvais dans un trou
comblé entièrement, j'avais sur moi toute une couche épaisse de terre,
qui allait être un terrible obstacle. N'avais-je pas entendu dire qu'à
685 Paris on enterrait à six pieds de profondeur? Comment percer cette
masse énorme? Si même je parvenais à fendre le couvercle, la terre
n'allait-elle pas entrer, glisser comme un sable fin, m'emplir les yeux
et la bouche? Et ce serait encore la mort, une mort abominable, une
noyade dans de la boue.

690    Cependant, je tâtai soigneusement autour de moi. La bière* était
grande, je remuais les bras avec facilité. Dans le couvercle, je ne sentis
aucune fente. À droite et à gauche, les planches étaient mal rabotées,
mais résistantes et solides. Je repliai mon bras le long de ma poitrine,
pour remonter vers la tête. Là, je découvris, dans la planche du bout,
695    un nœud qui cédait légèrement sous la pression; je travaillai avec la
plus grande peine, je finis par chasser le nœud, et de l'autre côté, en
enfonçant le doigt, je reconnus la terre, une terre grasse, argileuse et
mouillée. Mais cela ne m'avançait à rien. Je regrettai même d'avoir ôté
ce nœud, comme si la terre avait pu entrer. Une autre expérience
700    m'occupa un instant: je tapai autour du cercueil, afin de savoir si, par
hasard, il n'y aurait pas quelque vide, à droite ou à gauche. Partout, le
son fut le même. Comme je donnais aussi de légers coups de pied, il
me sembla pourtant que le son était plus clair au bout. Peut-être
n'était-ce qu'un effet de la sonorité du bois.

705    Alors, je commençai par des poussées légères, les bras en avant,
avec les poings. Le bois résista. J'employai ensuite les genoux, m'arc-
boutant sur les pieds et sur les reins. Il n'y eut pas un craquement. Je
finis par donner toute ma force, je poussai du corps entier, si violemment, que mes os meurtris criaient. Et ce fut à ce moment que je
710    devins fou.

Jusque-là, j'avais résisté au vertige, aux souffles de rage qui montaient par instants en moi, comme une fumée d'ivresse. Surtout, je
réprimais les cris, car je comprenais que, si je criais, j'étais perdu. Tout
d'un coup, je me mis à crier, à hurler. Cela était plus fort que moi, les
715    hurlements sortaient de ma gorge qui se dégonflait. J'appelai au
secours d'une voix que je ne me connaissais pas, m'affolant davantage
à chaque nouvel appel, criant que je ne voulais pas mourir. Et j'égra-
tignais le bois avec mes ongles, je me tordais dans les convulsions d'un
loup enfermé. Combien de temps dura cette crise? je l'ignore, mais je
720    sens encore l'implacable dureté du cercueil où je me débattais, j'entends encore la tempête de cris et de sanglots dont j'emplissais ces
quatre planches. Dans une dernière lueur de raison, j'aurais voulu me
retenir et je ne pouvais pas.

Un grand accablement suivit. J'attendais la mort au milieu d'une
725    somnolence douloureuse. Ce cercueil était de pierre; jamais je ne

parviendrais à le fendre ; et cette certitude de ma défaite me laissait
inerte, sans courage pour tenter un nouvel effort. Une autre souffrance, la faim, s'était jointe au froid et à l'asphyxie. Je défaillais.
Bientôt, ce supplice fut intolérable. Avec mon doigt, je tâchai d'attirer
730 des pincées de terre, par le nœud que j'avais enfoncé, et je mangeai
cette terre, ce qui redoubla mon tourment. Je mordais mes bras,
n'osant aller jusqu'au sang, tenté par ma chair, suçant ma peau avec
l'envie d'y enfoncer les dents.

Ah ! comme je désirais la mort, à cette heure ! Toute ma vie, j'avais
735 tremblé devant le néant ; et je le voulais, je le réclamais, jamais il ne
serait assez noir. Quel enfantillage que de redouter ce sommeil sans
rêve, cette éternité de silence et de ténèbres ! La mort n'était bonne
que parce qu'elle supprimait l'être d'un coup, pour toujours. Oh !
dormir comme les pierres, rentrer dans l'argile, n'être plus !

740 Mes mains tâtonnantes continuaient machinalement à se pro-
mener contre le bois. Soudain, je me piquai au pouce gauche, et la
légère douleur me tira de mon engourdissement. Qu'était-ce donc ? Je
cherchai de nouveau, je reconnus un clou, un clou que les croque-
morts avaient enfoncé de travers, et qui n'avait pas mordu dans le
745 bord du cercueil. Il était très long, très pointu. La tête tenait dans
le couvercle, mais je sentis qu'il remuait. À partir de cet instant, je
n'eus plus qu'une idée : avoir ce clou. Je passai ma main droite sur
mon ventre, je commençai à l'ébranler. Il ne cédait guère, c'était un
gros travail. Je changeais souvent de main, car la main gauche, mal
750 placée, se fatiguait vite. Tandis que je m'acharnais ainsi, tout un plan
s'était développé dans ma tête. Ce clou devenait le salut. Il me le fallait quand même. Mais serait-il temps encore ? La faim me torturait,
je dus m'arrêter, en proie à un vertige qui me laissait les mains molles,
l'esprit vacillant. J'avais sucé les gouttes qui coulaient de la piqûre de
755 mon pouce. Alors, je me mordis le bras, je bus mon sang, éperonné
par la douleur, ranimé par ce vin tiède et âcre qui mouillait ma
bouche. Et je me remis au clou des deux mains, je réussis à l'arracher.

Dès ce moment, je crus au succès. Mon plan était simple. J'enfonçai
la pointe du clou dans le couvercle et je traçai une ligne droite, la plus
760 longue possible, où je promenai le clou, de façon à pratiquer une
entaille. Mes mains se roidissaient, je m'entêtais furieusement. Quand

je pensai avoir assez entamé le bois, j'eus l'idée de me retourner, de me
mettre sur le ventre, puis, en me soulevant sur les genoux et sur les
coudes, de pousser des reins. Mais, si le couvercle craqua, il ne se fendit
765 pas encore. L'entaille n'était pas assez profonde. Je dus me replacer sur
le dos et reprendre la besogne, ce qui me coûta beaucoup de peine.
Enfin, je tentai un nouvel effort, et cette fois le couvercle se brisa, d'un
bout à l'autre.

Certes, je n'étais pas sauvé, mais l'espérance m'inondait le cœur.
770 J'avais cessé de pousser, je ne bougeais plus, de peur de déterminer
quelque éboulement qui m'aurait enseveli. Mon projet était de me
servir du couvercle comme d'un abri, tandis que je tâcherais de pratiquer une sorte de puits dans l'argile. Malheureusement, ce travail
présentait de grandes difficultés : les mottes épaisses qui se déta-
775 chaient embarrassaient les planches que je ne pouvais manœuvrer ;
jamais je n'arriverais au sol, déjà des éboulements partiels me pliaient
l'échine et m'enfonçaient la face dans la terre. La peur me reprenait,
lorsqu'en m'allongeant pour trouver un point d'appui, je crus sentir
que la planche qui fermait la bière*, aux pieds, cédait sous la pression.
780 Je tapai alors vigoureusement du talon, songeant qu'il pouvait y avoir,
à cet endroit, une fosse qu'on était en train de creuser.

Tout d'un coup, mes pieds enfoncèrent dans le vide. La prévision
était juste : une fosse nouvellement ouverte se trouvait là. Je n'eus
qu'une mince cloison de terre à trouer pour rouler dans cette fosse.
785 Grand Dieu ! j'étais sauvé !

Un instant, je restai sur le dos, les yeux en l'air, au fond du trou. Il
faisait nuit. Au ciel, les étoiles luisaient dans un bleuissement de
velours. Par moments, un vent qui se levait m'apportait une tiédeur
de printemps, une odeur d'arbres. Grand Dieu ! j'étais sauvé, je respi-
790 rais, j'avais chaud, et je pleurais, et je balbutiais, les mains dévotement
tendues vers l'espace. Oh ! que c'était bon de vivre !

## V

Ma première pensée fut de me rendre chez le gardien du cimetière, pour qu'il me fît reconduire chez moi. Mais des idées, vagues encore, m'arrêtèrent. J'allais effrayer tout le monde. Pourquoi me presser, lorsque j'étais le maître de la situation ? Je me tâtai les membres, je n'avais que la légère morsure de mes dents au bras gauche ; et la petite fièvre qui en résultait, m'excitait, me donnait une force inespérée. Certes, je pourrais marcher sans aide.

Alors, je pris mon temps. Toutes sortes de rêveries confuses me traversaient le cerveau. J'avais senti près de moi, dans la fosse, les outils des fossoyeurs, et j'éprouvai le besoin de réparer le dégât que je venais de faire, de reboucher le trou, pour qu'on ne pût s'apercevoir de ma résurrection. À ce moment, je n'avais aucune idée nette ; je trouvais seulement inutile de publier l'aventure, éprouvant une honte à vivre, lorsque le monde entier me croyait mort. En une demi-heure de travail, je parvins à effacer toute trace. Et je sautai hors de la fosse.

Quelle belle nuit ! Un silence profond régnait dans le cimetière. Les arbres noirs faisaient des ombres immobiles, au milieu de la blancheur des tombes. Comme je cherchais à m'orienter, je remarquai que toute une moitié du ciel flambait d'un reflet d'incendie. Paris était là. Je me dirigeai de ce côté, filant le long d'une avenue, dans l'obscurité des branches. Mais, au bout de cinquante pas, je dus m'arrêter, essoufflé déjà. Et je m'assis sur un banc de pierre. Alors seulement je m'examinai : j'étais complètement habillé, chaussé même, et seul un chapeau me manquait. Combien je remerciai ma chère Marguerite du pieux sentiment qui l'avait fait me vêtir ! Le brusque souvenir de Marguerite me remit debout. Je voulais la voir.

Au bout de l'avenue, une muraille m'arrêta. Je montai sur une tombe, et quand je fus pendu au chaperon[1], de l'autre côté du mur, je me laissai aller. La chute fut rude. Puis, je marchai quelques minutes dans une grande rue déserte, qui tournait autour du cimetière. J'ignorais complètement où j'étais ; mais je me répétais, avec

---

1. Chaperon : sommet d'un mur façonné en gouttière, pour permettre l'écoulement des eaux.

l'entêtement de l'idée fixe, que j'allais rentrer dans Paris et que je saurais bien trouver la rue Dauphine. Des gens passèrent, je ne les ques-
825 tionnai même pas, saisi de méfiance, ne voulant me confier à
personne. Aujourd'hui, j'ai conscience qu'une grosse fièvre me
secouait déjà et que ma tête se perdait. Enfin, comme je débouchais
sur une grande voie, un éblouissement me prit, et je tombai lourdement sur le trottoir.

830    Ici, il y a un trou dans ma vie. Pendant trois semaines, je demeurai
sans connaissance. Quand je m'éveillai enfin, je me trouvais dans une
chambre inconnue. Un homme était là, à me soigner. Il me raconta
simplement que, m'ayant ramassé un matin, sur le boulevard
Montparnasse[1], il m'avait gardé chez lui. C'était un vieux docteur, qui
835 n'exerçait plus. Lorsque je le remerciais, il me répondait avec brus-
querie que mon cas lui avait paru curieux et qu'il avait voulu l'étudier.
D'ailleurs, dans les premiers jours de ma convalescence, il ne me
permit de lui adresser aucune question. Plus tard, il ne m'en fit
aucune. Durant huit jours encore, je gardai le lit, la tête faible, ne
840 cherchant pas même à me souvenir, car le souvenir était une fatigue
et un chagrin. Je me sentais plein de pudeur et de crainte. Lorsque je
pourrais sortir, j'irais voir. Peut-être, dans le délire de la fièvre, avais-
je laissé échapper un nom ; mais jamais le médecin ne fit allusion à ce
que j'avais pu dire. Sa charité resta discrète.

845    Cependant, l'été était venu. Un matin de juin, j'obtins enfin la permission de faire une courte promenade. C'était une matinée superbe,
un de ces gais soleils qui donnent une jeunesse aux rues du vieux
Paris. J'allais doucement, questionnant les promeneurs à chaque carrefour, demandant la rue Dauphine. J'y arrivai, et j'eus de la peine à
850 reconnaître l'hôtel meublé où nous étions descendus. Une peur d'enfant m'agitait. Si je me présentais brusquement à Marguerite, je craignais de la tuer. Le mieux peut-être serait de prévenir d'abord cette
vieille femme, Mme Gabin, qui logeait là. Mais il me déplaisait de

---

1. Montparnasse : sur ce boulevard se succédaient le cimetière du Montparnasse (créé en 1824),
   la gare (démolie en 1967), des communautés religieuses et des hôpitaux. La sculpture de Balzac
   (1799-1850) réalisée en 1890 par Rodin (1840-1917) se trouve à l'angle des boulevards Raspail
   et Montparnasse.

mettre quelqu'un entre nous. Je ne m'arrêtais à rien. Tout au fond de
855 moi, il y avait comme un grand vide, comme un sacrifice accompli
depuis longtemps.

La maison était toute jaune de soleil. Je l'avais reconnue à un restaurant borgne*, qui se trouvait au rez-de-chaussée, et d'où l'on nous
montait la nourriture. Je levai les yeux, je regardai la dernière fenêtre
860 du troisième étage, à gauche. Elle était grande ouverte. Tout à coup,
une jeune femme, ébouriffée, la camisole de travers, vint s'accouder ;
et, derrière elle, un jeune homme qui la poursuivait, avança la tête et
la baisa au cou. Ce n'était pas Marguerite. Je n'éprouvai aucune surprise. Il me sembla que j'avais rêvé cela et d'autres choses encore que
865 j'allais apprendre.

Un instant, je demeurai dans la rue, indécis, songeant à monter et
à questionner ces amoureux qui riaient toujours, au grand soleil. Puis,
je pris le parti d'entrer dans le petit restaurant, en bas. Je devais être
méconnaissable : ma barbe avait poussé pendant ma fièvre cérébrale[1],
870 mon visage s'était creusé. Comme je m'asseyais à une table, je vis justement Mme Gabin qui apportait une tasse, pour acheter deux sous
de café ; et elle se planta devant le comptoir, elle entama avec la dame
de l'établissement les commérages de tous les jours. Je tendis l'oreille.

« Eh bien ! demandait la dame, cette pauvre petite du troisième a
875 donc fini par se décider ?

— Que voulez-vous ? répondit Mme Gabin, c'était ce qu'elle avait
de mieux à faire. M. Simoneau lui témoignait tant d'amitié !… Il
avait heureusement terminé ses affaires, un gros héritage, et il lui
offrait de l'emmener là-bas, dans son pays, vivre chez une tante à
880 lui, qui a besoin d'une personne de confiance. »

La dame du comptoir eut un léger rire. J'avais enfoncé ma face
dans un journal, très pâle, les mains tremblantes.

« Sans doute, ça finira par un mariage, reprit Mme Gabin. Mais je
vous jure sur mon honneur que je n'ai rien vu de louche. La petite
885 pleurait son mari, et le jeune homme se conduisait parfaitement

---

1. Fièvre cérébrale : terme vague qui n'est plus dans le langage médical, et qui indiquait toute
fièvre intense avec du délire et des accidents cérébraux (Littré).

bien… Enfin, ils sont partis hier. Quand elle ne sera plus en deuil, n'est-ce pas ? ils feront ce qu'ils voudront. »

À ce moment, la porte qui menait du restaurant dans l'allée s'ouvrit toute grande, et Dédé entra.

890 « Maman, tu ne montes pas ?… J'attends, moi. Viens vite.

— Tout à l'heure, tu m'embêtes ! » dit la mère.

L'enfant resta, écoutant les deux femmes, de son air précoce de gamine poussée sur le pavé de Paris.

« Dame ! après tout, expliquait Mme Gabin, le défunt ne valait pas 895 M. Simoneau… Il ne me revenait guère, ce gringalet. Toujours à geindre ! Et pas le sou ! Ah ! non, vrai ! un mari comme ça, c'est désagréable pour une femme qui a du sang… Tandis que M. Simoneau, un homme riche, fort comme un Turc…

— Oh ! interrompit Dédé, moi, je l'ai vu, un jour qu'il se débar- 900 bouillait. Il en a, du poil sur les bras !

— Veux-tu t'en aller ! cria la vieille en la bousculant. Tu fourres toujours ton nez où il ne doit pas être. »

Puis, pour conclure :

« Tenez ! l'autre a bien fait de mourir. C'est une fière chance. »

905 Quand je me retrouvai dans la rue, je marchai lentement, les jambes cassées. Pourtant, je ne souffrais pas trop. J'eus même un sourire, en apercevant mon ombre au soleil. En effet, j'étais bien chétif, j'avais eu une singulière idée d'épouser Marguerite. Et je me rappelais ses ennuis de Guérande*, ses impatiences, sa vie morne et fatiguée. La 910 chère femme se montrait bonne. Mais je n'avais jamais été son amant, c'était un frère qu'elle venait de pleurer. Pourquoi aurais-je de nouveau dérangé sa vie ? Un mort n'est pas jaloux. Lorsque je levai la tête, je vis que le jardin du Luxembourg[1] était devant moi. J'y entrai et je m'assis au soleil, rêvant avec une grande douceur. La pensée de 915 Marguerite m'attendrissait, maintenant. Je me l'imaginais en province, dame dans une petite ville, très heureuse, très aimée, très fêtée ; elle embellissait, elle avait trois garçons et deux filles. Allons ! j'étais

---

1. Jardin du Luxembourg : beau parc à la française d'une composition harmonieuse, situé sur la rive gauche de la Seine, à Paris. Avec son bassin et ses parterres, ce jardin offre une vaste perspective vers l'Observatoire (fondé en 1667 par Louis XIV), affecté à l'astronomie et à la météorologie.

un brave homme d'être mort, et je ne ferais certainement pas la bêtise cruelle de ressusciter.

920    Depuis ce temps, j'ai beaucoup voyagé, j'ai vécu un peu partout. Je suis un homme médiocre, qui a travaillé et mangé comme tout le monde. La mort ne m'effraie plus ; mais elle semble ne pas vouloir de moi, à présent que je n'ai aucune raison de vivre, et je crains qu'elle ne m'oublie.

## NANTAS

I

La chambre que Nantas habitait depuis son arrivée de Marseille se trouvait au dernier étage d'une maison de la rue de Lille, à côté de l'hôtel du baron Danvilliers, membre du conseil d'État. Cette maison appartenait au baron, qui l'avait fait construire sur d'anciens communs. Nantas, en se penchant, pouvait apercevoir un coin du jardin de l'hôtel, où des arbres superbes jetaient leur ombre. Au delà, par-dessus les cimes vertes, une échappée s'ouvrait sur Paris, on voyait la trouée de la Seine, les Tuileries, le Louvre, l'enfilade des quais, toute une mer de toitures, jusqu'aux lointains perdus du Père-Lachaise.

C'était une étroite chambre mansardée, avec une fenêtre taillée dans les ardoises. Nantas l'avait simplement meublée d'un lit, d'une table et d'une chaise. Il était descendu là, cherchant le bon marché, décidé

IL S'ARRÊTA PLUSIEURS MINUTES
DEVANT LA BOUTIQUE
D'UN CHANGEUR...

« Il s'arrêta plusieurs minutes devant la boutique d'un changeur [...] »

Lignes 77 et 78.

ILLUSTRATION DE MAURICE TOUSSAINT (1882-1974)
POUR L'ÉDITION CALMAN-LÉVY DE 1911.

# NANTAS

## I

La chambre que Nantas habitait depuis son arrivée de Marseille\*
se trouvait au dernier étage d'une maison de la rue de Lille, à côté
de l'hôtel du baron Danvilliers[1], membre du Conseil d'État[2]. Cette
maison appartenait au baron, qui l'avait fait construire sur d'anciens communs[3]. Nantas, en se penchant, pouvait apercevoir un
coin du jardin de l'hôtel, où des arbres superbes jetaient leur ombre.
Au-delà, par-dessus les cimes vertes, une échappée s'ouvrait sur
Paris, on voyait la trouée de la Seine[4], les Tuileries[5], le Louvre[6], l'enfilade des quais, toute une mer de toitures, jusqu'aux lointains
perdus du Père-Lachaise[7].

C'était une étroite chambre mansardée[8], avec une fenêtre taillée
dans les ardoises\*. Nantas l'avait simplement meublée d'un lit, d'une

---

1. Hôtel du baron Danvilliers : dans la suite du texte, l'hôtel Danvilliers. Il s'agit d'un hôtel
   particulier, c'est-à-dire une grande demeure appartenant à un notable ou à un riche.
2. Conseil d'État : corps qui a la charge de préparer les lois, ordonnances et règlements, de
   résoudre les difficultés administratives et de juger les appels de contentieux administratifs.
3. Communs : dans les grandes maisons, bâtiments affectés aux cuisines, aux écuries et aux remises.
4. Seine : fleuve de France qui traverse Paris et se jette dans la Manche.
5. Tuileries : résidence jadis édifiée à Paris sur la rive droite de la Seine, entre le Louvre et les
   Champs-Élysées. Habitée par les souverains sous l'Empire (1804-1814), résidence officielle
   de Napoléon III, elle fut partiellement incendiée pendant la Commune (1871) avant d'être
   démolie en 1882. Les jardins des Tuileries contiennent l'Orangerie et le Jeu de paume, établis
   sous le Second Empire (1852-1870) et devenus musées.
6. Louvre : ancienne résidence royale, à Paris, devenue en 1793 l'un des plus riches musées
   du monde.
7. Père-Lachaise : cimetière situé sur l'ancienne propriété de campagne des Jésuites, à l'est de
   Paris, où Louis XIV avait fait installer un séjour au père François d'Aix de La Chaise, qui fut
   son conseiller spirituel et son confesseur.
8. Chambre mansardée : chambre placée directement sous le toit, dont un des murs est incliné.

table et d'une chaise. Il était descendu là, cherchant le bon marché,
décidé à camper tant qu'il n'aurait pas trouvé une situation quel-
15 conque. Le papier sali, le plafond noir, la misère et la nudité de ce
cabinet où il n'y avait pas de cheminée, ne le blessaient point. Depuis
qu'il s'endormait en face du Louvre* et des Tuileries*, il se comparait
à un général qui couche dans quelque misérable auberge, au bord
d'une route, devant la ville riche et immense, qu'il doit prendre
20 d'assaut le lendemain.

L'histoire de Nantas était courte. Fils d'un maçon de Marseille*, il
avait commencé ses études au lycée de cette ville, poussé par l'ambi-
tieuse tendresse de sa mère, qui rêvait de faire de lui un monsieur. Les
parents s'étaient saignés pour le mener jusqu'au baccalauréat. Puis, la
25 mère étant morte, Nantas dut accepter un petit emploi chez un négo-
ciant, où il traîna pendant douze années une vie dont la monotonie
l'exaspérait. Il se serait enfui vingt fois, si son devoir de fils ne l'avait
cloué à Marseille, près de son père tombé d'un échafaudage et devenu
impotent. Maintenant, il devait suffire à tous les besoins. Mais un soir,
30 en rentrant, il trouva le maçon mort, sa pipe encore chaude à côté de
lui. Trois jours plus tard, il vendait les quatre nippes[1] du ménage, et
partait pour Paris, avec deux cents francs dans sa poche.

Il y avait, chez Nantas, une ambition entêtée de fortune, qu'il tenait
de sa mère. C'était un garçon de décision prompte, de volonté froide.
35 Tout jeune, il disait être une force. On avait souvent ri de lui, lorsqu'il
s'oubliait à faire des confidences et à répéter sa phrase favorite : « Je
suis une force », phrase qui devenait comique, quand on le voyait avec
sa mince redingote noire, craquée aux épaules, et dont les manches lui
remontaient au-dessus des poignets. Peu à peu, il s'était ainsi fait une
40 religion de la force, ne voyant qu'elle dans le monde, convaincu que
les forts sont quand même les victorieux. Selon lui, il suffisait de vouloir et de pouvoir. Le reste n'avait pas d'importance.

Le dimanche, lorsqu'il se promenait seul dans la banlieue brûlée de
Marseille, il se sentait du génie ; au fond de son être, il y avait comme
45 une impulsion instinctive qui le jetait en avant ; et il rentrait manger
quelque platée de pommes de terre avec son père infirme, en se disant

---

1. Nippes : des vêtements qui ne valent pas cher, des hardes.

qu'un jour il saurait bien se tailler sa part, dans cette société où il n'était rien encore à trente ans. Ce n'était point une envie basse, un appétit des jouissances vulgaires ; c'était le sentiment très net d'une
50 intelligence et d'une volonté qui, n'étant pas à leur place, entendaient monter tranquillement à cette place, par un besoin naturel de logique.

Dès qu'il toucha le pavé de Paris, Nantas crut qu'il lui suffirait d'allonger les mains pour trouver une situation digne de lui. Le jour même, il se mit en campagne [1]. On lui avait donné des lettres de
55 recommandation, qu'il porta à leur adresse ; en outre, il frappa chez quelques compatriotes, espérant leur appui. Mais, au bout d'un mois, il n'avait obtenu aucun résultat : le moment était mauvais, disait-on ; ailleurs, on lui faisait des promesses qu'on ne tenait point. Cependant, sa petite bourse se vidait, il lui restait une vingtaine de francs, au plus.
60 Et ce fut avec ces vingt francs qu'il dut vivre tout un mois encore, ne mangeant que du pain, battant Paris du matin au soir, et revenant se coucher sans lumière, brisé de fatigue, toujours les mains vides. Il ne se décourageait pas ; seulement, une sourde colère montait en lui. La destinée lui semblait illogique et injuste.

65 Un soir, Nantas rentra sans avoir mangé. La veille, il avait fini son dernier morceau de pain. Plus d'argent et pas un ami pour lui prêter vingt sous. La pluie était tombée toute la journée, une de ces pluies grises de Paris qui sont si froides. Un fleuve de boue coulait dans les rues. Nantas, trempé jusqu'aux os, était allé à Bercy [2], puis à Montmartre [3], où
70 on lui avait indiqué des emplois ; mais, à Bercy, la place était prise, et l'on n'avait pas trouvé son écriture assez belle, à Montmartre. C'étaient ses deux dernières espérances. Il aurait accepté n'importe quoi, avec la certitude qu'il taillerait sa fortune dans la première situation venue. Il ne demandait d'abord que du pain, de quoi vivre à Paris, un terrain

---

1. Se mit en campagne (expression figurée, familière) : se mit en mouvement pour découvrir ou obtenir quelque chose.
2. Bercy : ancienne commune parisienne.
3. Montmartre : ancienne commune de la Seine, devenue quartier de Paris en 1860. Au sommet de la butte Montmartre, point culminant de Paris, s'élève la basilique du Sacré-Cœur (commencée en 1876), qui n'est pas sans rappeler l'oratoire Saint-Joseph de Montréal. Montmartre a longtemps conservé ses allures de village, abritant des vignes et des moulins. Avec ses boîtes de nuit et ses cabarets, le quartier est aujourd'hui un des grands pôles touristiques de Paris.

75  quelconque pour bâtir ensuite pierre à pierre. De Montmartre* à la rue
de Lille, il marcha lentement, le cœur noyé d'amertume. La pluie avait
cessé, une foule affairée le bousculait sur les trottoirs. Il s'arrêta plusieurs
minutes devant la boutique d'un changeur : cinq francs lui auraient
peut-être suffi pour être un jour le maître de tout ce monde ; avec cinq
80  francs on peut vivre huit jours, et en huit jours on fait bien des choses.
Comme il rêvait ainsi, une voiture l'éclaboussa, il dut s'essuyer le front,
qu'un jet de boue avait souffleté. Alors, il marcha plus vite, serrant les
dents, pris d'une envie féroce de tomber à coups de poing sur la foule qui
barrait les rues : cela l'aurait vengé de la bêtise du destin. Un omnibus
85  faillit l'écraser, rue Richelieu. Au milieu de la place du Carrousel[1], il jeta
aux Tuileries* un regard jaloux. Sur le pont des Saints-Pères[2], une petite
fille bien mise l'obligea à s'écarter de son droit chemin, qu'il suivait avec
la raideur d'un sanglier traqué par une meute ; et ce détour lui parut une
suprême humiliation : jusqu'aux enfants qui l'empêchaient de passer !
90  Enfin, quand il se fut réfugié dans sa chambre, ainsi qu'une bête blessée
revient mourir au gîte, il s'assit lourdement sur sa chaise, assommé, examinant son pantalon que la crotte avait raidi, et ses souliers éculés qui
laissaient couler une mare sur le carreau.

Cette fois, c'était bien la fin. Nantas se demandait comment il se
95  tuerait. Son orgueil restait debout, il jugeait que son suicide allait
punir Paris. Être une force, sentir en soi une puissance, et ne pas
trouver une personne qui vous devine, qui vous donne le premier écu
dont vous avez besoin ! Cela lui semblait d'une sottise monstrueuse,
son être entier se soulevait de colère. Puis, c'était en lui un immense
100  regret, lorsque ses regards tombaient sur ses bras inutiles. Aucune
besogne pourtant ne lui faisait peur ; du bout de son petit doigt, il
aurait soulevé un monde ; et il demeurait là, rejeté dans son coin,
réduit à l'impuissance, se dévorant comme un lion en cage. Mais,
bientôt, il se calmait, il trouvait la mort plus grande. On lui avait
105  conté, quand il était petit, l'histoire d'un inventeur qui, ayant

---

1. Place du Carrousel : place de Paris face au Louvre et à la cour du palais des Tuileries. Elle tient
son nom d'un type de spectacle équestre militaire.
2. Pont des Saints-Pères : construit dans le prolongement de la rue des Saints-Pères, ce pont
commencé en 1831 devait s'appeler pont des Saints-Pères, mais le roi Louis-Philippe le baptisa
pont du Carrousel. On le dénomme aussi pont du Louvre, car il débouche sur le palais du Louvre.

construit une merveilleuse machine, la cassa un jour à coups de marteau, devant l'indifférence de la foule. Eh bien ! il était cet homme,
il apportait en lui une force nouvelle, un mécanisme rare d'intelligence et de volonté, et il allait détruire cette machine, en se brisant le
110 crâne sur le pavé de la rue.

Le soleil se couchait derrière les grands arbres de l'hôtel Danvilliers*,
un soleil d'automne dont les rayons d'or allumaient les feuilles jaunies.
Nantas se leva comme attiré par cet adieu de l'astre. Il allait mourir, il
avait besoin de lumière. Un instant, il se pencha. Souvent, entre les
115 masses des feuillages, au détour d'une allée, il avait aperçu une jeune
fille blonde, très grande, marchant avec un orgueil princier. Il n'était
point romanesque, il avait passé l'âge où les jeunes hommes rêvent,
dans les mansardes, que des demoiselles du monde viennent leur
apporter de grandes passions et de grandes fortunes. Pourtant, il
120 arriva, à cette heure suprême du suicide, qu'il se rappela tout d'un
coup cette belle fille blonde, si hautaine. Comment pouvait-elle se
nommer ? Mais, au même instant, il serra les poings, car il ne sentait
que de la haine pour les gens de cet hôtel dont les fenêtres entrouvertes
lui laissaient apercevoir des coins de luxe sévère, et il murmura dans
125 un élan de rage :

« Oh ! je me vendrais, je me vendrais, si l'on me donnait les premiers cent sous de ma fortune future ! »

Cette idée de se vendre l'occupa un moment. S'il y avait eu quelque
part un Mont-de-Piété où l'on prêtât sur la volonté et l'énergie, il
130 serait allé s'y engager. Il imaginait des marchés, un homme politique
venait l'acheter pour faire de lui un instrument, un banquier le prenait pour user à toute heure de son intelligence ; et il acceptait, ayant
le dédain de l'honneur, se disant qu'il suffisait d'être fort et de triompher un jour. Puis, il eut un sourire. Est-ce qu'on trouve à se vendre ?
135 Les coquins, qui guettent les occasions, crèvent de misère, sans mettre
jamais la main sur un acheteur. Il craignit d'être lâche, il se dit qu'il
inventait là des distractions. Et il s'assit de nouveau, en jurant qu'il se
précipiterait de la fenêtre, lorsqu'il ferait nuit noire.

Cependant, sa fatigue était telle, qu'il s'endormit sur sa chaise.
140 Brusquement, il fut réveillé par un bruit de voix. C'était sa concierge
qui introduisait chez lui une dame.

« Monsieur, commença-t-elle, je me suis permis de faire monter... »

Et, comme elle s'aperçut qu'il n'y avait pas de lumière dans la chambre, elle redescendit vivement chercher une bougie. Elle paraissait connaître la personne qu'elle amenait, à la fois complaisante et respectueuse.

« Voilà, reprit-elle en se retirant. Vous pouvez causer, personne ne vous dérangera. »

Nantas, qui s'était éveillé en sursaut, regardait la dame avec surprise. Elle avait levé sa voilette. C'était une personne de quarante-cinq ans, petite, très grasse, d'une figure poupine [1] et blanche de vieille dévote [2]. Il ne l'avait jamais vue. Lorsqu'il lui offrit l'unique chaise, en l'interrogeant du regard, elle se nomma :

« Mlle Chuin... Je viens, monsieur, pour vous entretenir d'une affaire importante. »

Lui, avait dû s'asseoir sur le bord du lit. Le nom de Mlle Chuin ne lui apprenait rien. Il prit le parti d'attendre qu'elle voulût bien s'expliquer. Mais elle ne se pressait pas ; elle avait fait d'un coup d'œil le tour de l'étroite pièce, et semblait hésiter sur la façon dont elle entamerait l'entretien. Enfin, elle parla, d'une voix très douce, en appuyant d'un sourire les phrases délicates.

« Monsieur, je viens en amie... On m'a donné sur votre compte les renseignements les plus touchants. Certes, ne croyez pas à un espionnage. Il n'y a, dans tout ceci, que le vif désir de vous être utile. Je sais combien la vie vous a été rude jusqu'à présent, avec quel courage vous avez lutté pour trouver une situation, et quel est aujourd'hui le résultat fâcheux de tant d'efforts... Pardonnez-moi une fois encore, monsieur, de m'introduire ainsi dans votre existence. Je vous jure que la sympathie seule... »

Nantas ne l'interrompait pas, pris de curiosité, pensant que sa concierge avait dû fournir tous ces détails. Mlle Chuin pouvait continuer, et pourtant elle cherchait de plus en plus des compliments, des façons caressantes de dire les choses.

---

1. Figure poupine : qui rappelle la face d'une poupée.
2. Vieille dévote : attachée aux pratiques religieuses. L'expression « vieille dévote », ici, pourrait se dire par dénigrement ou évoquer soit de la mauvaise dévotion, soit de l'hypocrisie qui feint la dévotion.

«Vous êtes un garçon d'un grand avenir, monsieur. Je me suis
175 permis de suivre vos tentatives et j'ai été vivement frappée par votre
louable fermeté dans le malheur. Enfin, il me semble que vous iriez
loin, si quelqu'un vous tendait la main.»

Elle s'arrêta encore. Elle attendait un mot. Le jeune homme crut que
cette dame venait lui offrir une place. Il répondit qu'il accepterait tout.
180 Mais elle, maintenant que la glace était rompue, lui demanda carrément :

«Éprouveriez-vous quelque répugnance à vous marier ?

— Me marier ! s'écria Nantas. Eh ! bon Dieu ! qui voudrait de moi,
madame ?... Quelque pauvre fille que je ne pourrais seulement
pas nourrir.

185 — Non, une jeune fille très belle, très riche, magnifiquement apparentée[1], qui vous mettra d'un coup dans la main les moyens d'arriver
à la situation la plus haute.»

Nantas ne riait plus.

«Alors, quel est le marché ? demanda-t-il, en baissant instinctive-
190 ment la voix.

— Cette jeune fille est enceinte, et il faut reconnaître l'enfant», dit
nettement Mlle Chuin, qui oubliait ses tournures onctueuses pour
aller plus vite en affaire.

Le premier mouvement de Nantas fut de jeter l'entremetteuse à
195 la porte.

«C'est une infamie que vous me proposez là, murmura-t-il.

— Oh ! une infamie, s'écria Mlle Chuin, retrouvant sa voix miel-
leuse, je n'accepte pas ce vilain mot... La vérité, monsieur, est que
vous sauverez une famille du désespoir. Le père ignore tout, la gros-
200 sesse n'est encore que peu avancée ; et c'est moi qui ai conçu l'idée de
marier le plus tôt possible la pauvre fille, en présentant le mari
comme l'auteur de l'enfant. Je connais le père, il en mourrait. Ma
combinaison amortira le coup, il croira à une réparation... Le malheur est que le véritable séducteur est marié. Ah ! monsieur, il y a des
205 hommes qui manquent vraiment de sens moral...»

Elle aurait pu aller longtemps ainsi. Nantas ne l'écoutait plus.
Pourquoi donc refuserait-il ? Ne demandait-il pas à se vendre tout à
l'heure ? Eh bien ! on venait l'acheter. Donnant, donnant. Il donnait

---

1. Magnifiquement apparentée : dont la parenté est en bonne position.

son nom, on lui donnait une situation. C'était un contrat comme un
210 autre. Il regarda son pantalon crotté par la boue de Paris, il sentit qu'il
n'avait pas mangé depuis la veille, toute la colère de ses deux mois de
recherches et d'humiliations lui revint au cœur. Enfin ! il allait donc
mettre le pied sur ce monde qui le repoussait et le jetait au suicide !

« J'accepte », dit-il crûment.

215 Puis, il exigea de Mlle Chuin des explications claires. Que voulait-elle
pour son entremise ? Elle se récria, elle ne voulait rien. Pourtant,
elle finit par demander vingt mille francs, sur l'apport que l'on consti-
tuerait au jeune homme. Et, comme il ne marchandait pas, elle se
montra expansive.

220 « Écoutez, c'est moi qui ai songé à vous. La jeune personne n'a pas
dit non, lorsque je vous ai nommé… Oh ! c'est une bonne affaire,
vous me remercierez plus tard. J'aurais pu trouver un homme titré,
j'en connais un qui m'aurait baisé les mains. Mais j'ai préféré choisir
en dehors du monde de cette pauvre enfant. Cela paraîtra plus roma-
225 nesque… Puis, vous me plaisez. Vous êtes gentil, vous avez la tête
solide. Oh ! vous irez loin. Ne m'oubliez pas, je suis tout à vous. »

Jusque-là, aucun nom n'avait été prononcé. Sur une interrogation
de Nantas, la vieille fille se leva et dit en se présentant de nouveau :

« Mlle Chuin… Je suis chez le baron Danvilliers depuis la mort de la
230 baronne, en qualité de gouvernante. C'est moi qui ai élevé Mlle Flavie,
la fille de M. le baron… Mlle Flavie est la jeune personne en question. »

Et elle se retira, après avoir discrètement déposé sur la table une
enveloppe qui contenait un billet de cinq cents francs. C'était
une avance faite par elle, pour subvenir aux premiers frais. Quand il
235 fut seul, Nantas alla se mettre à la fenêtre. La nuit était très noire ; on
ne distinguait plus que la masse des arbres, à l'épaississement de
l'ombre ; une fenêtre luisait sur la façade sombre de l'hôtel*. Ainsi,
c'était cette grande fille blonde, qui marchait d'un pas de reine et qui
ne daignait point l'apercevoir. Elle ou une autre, qu'importait d'ail-
240 leurs ! La femme n'entrait pas dans le marché. Alors, Nantas leva les
yeux plus haut, sur Paris grondant dans les ténèbres, sur les quais,
les rues, les carrefours de la rive gauche, éclairés des flammes dansantes du gaz ; et il tutoya Paris, il devint familier et supérieur.

« Maintenant, tu es à moi ! »

## II

245 Le baron Danvilliers était dans le salon qui lui servait de cabinet, une haute pièce sévère, tendue de cuir, garnie de meubles antiques. Depuis l'avant-veille, il restait comme foudroyé par l'histoire que Mlle Chuin lui avait contée du déshonneur de Flavie. Elle avait eu beau amener les faits de loin, les adoucir, le vieillard était tombé sous le coup, et seule la
250 pensée que le séducteur pouvait offrir une suprême réparation le tenait debout encore. Ce matin-là, il attendait la visite de cet homme qu'il ne connaissait point et qui lui prenait ainsi sa fille. Il sonna.

« Joseph, il va venir un jeune homme que vous introduirez… Je n'y suis pour personne d'autre. »

255 Et il songeait amèrement, seul au coin de son feu. Le fils d'un maçon, un meurt-de-faim qui n'avait aucune situation avouable ! Mlle Chuin le donnait bien comme un garçon d'avenir, mais que de honte, dans une famille où il n'y avait pas eu une tache jusque-là ! Flavie s'était accusée avec une sorte d'emportement, pour épargner à
260 sa gouvernante le moindre reproche. Depuis cette explication pénible, elle gardait la chambre, le baron avait refusé de la revoir. Il voulait, avant de pardonner, régler lui-même cette abominable affaire. Toutes ses dispositions étaient prises. Mais ses cheveux avaient achevé de blanchir, un tremblement sénile agitait sa tête.

265 « M. Nantas », annonça Joseph.

Le baron ne se leva pas. Il tourna seulement la tête et regarda fixement Nantas qui s'avançait. Celui-ci avait eu l'intelligence de ne pas céder au désir de s'habiller de neuf ; il avait acheté une redingote et un pantalon noir encore propres, mais très râpés ; et cela lui donnait l'ap-
270 parence d'un étudiant pauvre et soigneux, ne sentant en rien l'aventurier. Il s'arrêta au milieu de la pièce, et attendit, debout, sans humilité pourtant.

« C'est donc vous, monsieur », bégaya le vieillard.

Mais il ne put continuer, l'émotion l'étranglait ; il craignait de
275 céder à quelque violence. Après un silence, il dit simplement :

« Monsieur, vous avez commis une mauvaise action. »

Et, comme Nantas allait s'excuser, il répéta avec plus de force :

« Une mauvaise action… Je ne veux rien savoir, je vous prie de ne pas chercher à m'expliquer les choses. Ma fille se serait jetée à votre
280 cou, que votre crime resterait le même… Il n'y a que les voleurs qui s'introduisent ainsi violemment dans les familles. »

Nantas avait de nouveau baissé la tête.

« C'est une dot gagnée aisément, c'est un guet-apens où vous étiez certain de prendre la fille et le père…
285     — Permettez, monsieur », interrompit le jeune homme qui se révoltait.

Mais le baron eut un geste terrible.

« Quoi ? que voulez-vous que je permette ?… Ce n'est pas à vous de parler ici. Je vous dis ce que je dois vous dire et ce que vous devez
290 entendre, puisque vous venez à moi comme un coupable… Vous m'avez outragé. Voyez cette maison, notre famille y a vécu pendant plus de trois siècles sans une souillure ; n'y sentez-vous pas un honneur séculaire, une tradition de dignité et de respect ? Eh bien ! monsieur, vous avez souffleté tout cela. J'ai failli en mourir, et aujourd'hui
295 mes mains tremblent, comme si j'avais brusquement vieilli de dix ans… Taisez-vous et écoutez-moi. »

Nantas était devenu très pâle. Il avait accepté là un rôle bien lourd. Pourtant, il voulut prétexter l'aveuglement de la passion.

« J'ai perdu la tête, murmura-t-il en tâchant d'inventer un roman.
300 Je n'ai pu voir Mlle Flavie… »

Au nom de sa fille, le baron se leva et cria d'une voix de tonnerre :

« Taisez-vous ! Je vous ai dit que je ne voulais rien savoir. Que ma fille soit allée vous chercher, ou que ce soit vous qui soyez venu à elle, cela ne me regarde pas. Je ne lui ai rien demandé, je ne vous demande
305 rien. Gardez tous les deux vos confessions, c'est une ordure où je n'entrerai pas. »

Il se rassit, tremblant, épuisé. Nantas s'inclinait, troublé profondément, malgré l'empire qu'il avait sur lui-même. Au bout d'un silence, le vieillard reprit de la voix sèche d'un homme qui traite une affaire :
310     « Je vous demande pardon, monsieur. Je m'étais promis de garder mon sang-froid. Ce n'est pas vous qui m'appartenez, c'est moi qui

vous appartiens, puisque je suis à votre discrétion. Vous êtes ici pour m'offrir une transaction devenue nécessaire. Transigeons, monsieur. »

Et il affecta dès lors de parler comme un avoué[1] qui arrange à
315 l'amiable quelque procès honteux, où il ne met les mains qu'avec dégoût. Il disait posément :

« Mlle Flavie Danvilliers a hérité, à la mort de sa mère, d'une somme de deux cent mille francs, qu'elle ne devait toucher que le jour de son mariage. Cette somme a déjà produit des intérêts. Voici, d'ail-
320 leurs, mes comptes de tutelle[2], que je veux vous communiquer. »

Il avait ouvert un dossier, il lut des chiffres. Nantas tenta vainement de l'arrêter. Maintenant, une émotion le prenait, en face de ce vieillard, si droit et si simple, qui lui paraissait très grand, depuis qu'il était calme.

« Enfin, conclut celui-ci, je vous reconnais dans le contrat que mon
325 notaire a dressé ce matin un apport de deux cent mille francs. Je sais que vous n'avez rien. Vous toucherez les deux cent mille francs chez mon banquier, le lendemain du mariage.

— Mais, monsieur, dit Nantas, je ne vous demande pas votre argent, je ne veux que votre fille… »
330 Le baron lui coupa la parole.

« Vous n'avez pas le droit de refuser, et ma fille ne saurait épouser un homme moins riche qu'elle… Je vous donne la dot que je lui desti-nais, voilà tout. Peut-être aviez-vous compté trouver davantage, mais on me croit plus riche que je ne le suis réellement, monsieur. »
335 Et, comme le jeune homme restait muet sous cette dernière cruauté, le baron termina l'entrevue, en sonnant le domestique.

« Joseph, dites à Mademoiselle que je l'attends tout de suite dans mon cabinet. »

Il s'était levé, il ne prononça plus un mot, marchant lentement.
340 Nantas demeurait debout et immobile. Il trompait ce vieillard, il se sentait petit et sans force devant lui. Enfin, Flavie entra.

« Ma fille, dit le baron, voici cet homme. Le mariage aura lieu dans le délai légal. »

---

1. Avoué : officier ministériel accomplissant les actes de procédure et représentant les différentes parties.

2. Comptes de tutelle : comptes avec lesquels on a soin de la personne et des biens d'un mineur.

Et il s'en alla, il les laissa seuls, comme si, pour lui, le mariage était
345 conclu. Quand la porte se fut refermée, un silence régna. Nantas et
Flavie se regardaient. Ils ne s'étaient point vus encore. Elle lui parut
très belle, avec son visage pâle et hautain, dont les grands yeux gris ne
se baissaient pas. Peut-être avait-elle pleuré depuis trois jours qu'elle
n'avait pas quitté sa chambre ; mais la froideur de ses joues devait
350 avoir glacé ses larmes. Ce fut elle qui parla la première.

« Alors, monsieur, cette affaire est terminée ?

— Oui, madame », répondit simplement Nantas.

Elle eut une moue involontaire, en l'enveloppant d'un long regard,
qui semblait chercher en lui sa bassesse.

355 « Allons, tant mieux, reprit-elle. Je craignais de ne trouver personne pour un tel marché. »

Nantas sentit, à sa voix, tout le mépris dont elle l'accablait. Mais il
releva la tête. S'il avait tremblé devant le père, en sachant qu'il le
trompait, il entendait être solide et carré en face de la fille, qui était
360 sa complice.

« Pardon, madame, dit-il tranquillement, avec une grande politesse,
je crois que vous vous méprenez sur la situation que nous fait à tous
deux ce que vous venez d'appeler très justement un marché. J'entends
que, dès aujourd'hui, nous nous mettions sur un pied d'égalité…

365 — Ah ! vraiment, interrompit Flavie, avec un sourire dédaigneux.

— Oui, sur un pied d'égalité complète… Vous avez besoin d'un nom
pour cacher une faute que je ne me permets pas de juger, et je vous
donne le mien. De mon côté, j'ai besoin d'une mise de fonds, d'une certaine position sociale, pour mener à bien de grandes entreprises, et vous
370 m'apportez ces fonds. Nous sommes dès aujourd'hui deux associés
dont les apports se balancent, nous avons seulement à nous remercier
pour le service que nous nous rendons mutuellement. »

Elle ne souriait plus. Un pli d'orgueil irrité lui barrait le front.
Pourtant elle ne répondit pas. Au bout d'un silence, elle reprit :

375 « Vous connaissez mes conditions ?

— Non, madame, dit Nantas, qui conservait un calme parfait.
Veuillez me les dicter, et je m'y soumets d'avance. »

Alors, elle s'exprima nettement, sans une hésitation ni une rougeur.

« Vous ne serez jamais que mon mari de nom. Nos vies resteront
380 complètement distinctes et séparées. Vous abandonnerez tous vos
droits sur moi, et je n'aurai aucun devoir envers vous. »

À chaque phrase, Nantas acceptait d'un signe de tête. C'était bien
là ce qu'il désirait. Il ajouta :

« Si je croyais devoir être galant, je vous dirais que des conditions
385 si dures me désespèrent. Mais nous sommes au-dessus de compliments aussi fades. Je suis très heureux de vous voir le courage de nos
situations respectives. Nous entrons dans la vie par un sentier où l'on
ne cueille pas de fleurs… Je ne vous demande qu'une chose, madame,
c'est de ne point user de la liberté que je vous laisse, de façon à rendre
390 mon intervention nécessaire.

— Monsieur ! » dit violemment Flavie, dont l'orgueil se révolta.

Mais il s'inclina respectueusement, en la suppliant de ne point se
blesser. Leur position était délicate, ils devaient tous deux tolérer certaines allusions, sans quoi la bonne entente devenait impossible. Il
395 évita d'insister davantage. Mlle Chuin, dans une seconde entrevue, lui
avait conté la faute de Flavie. Son séducteur était un certain M. des
Fondettes, le mari d'une de ses amies de couvent. Comme elle passait
un mois chez eux, à la campagne, elle s'était trouvée un soir entre les
bras de cet homme, sans savoir au juste comment cela avait pu se faire
400 et jusqu'à quel point elle était consentante. Mlle Chuin parlait
presque d'un viol.

Brusquement, Nantas eut un mouvement amical. Ainsi que tous
les gens qui ont conscience de leur force, il aimait à être bonhomme.

« Tenez ! madame, s'écria-t-il, nous ne nous connaissons pas ; mais
405 nous aurions vraiment tort de nous détester ainsi, à première vue.
Peut-être sommes-nous faits pour nous entendre… Je vois bien que
vous me méprisez ; c'est que vous ignorez mon histoire. »

Et il parla avec fièvre, se passionnant, disant sa vie dévorée d'ambition, à Marseille*, expliquant la rage de ses deux mois de démarches
410 inutiles dans Paris. Puis, il montra son dédain de ce qu'il nommait
les conventions sociales, où patauge le commun des hommes.
Qu'importait le jugement de la foule, quand on posait le pied sur elle !
Il s'agissait d'être supérieur. La toute-puissance excusait tout. Et, à
grands traits, il peignit la vie souveraine qu'il saurait se faire. Il ne

415 craignait plus aucun obstacle, rien ne prévalait contre la force. Il serait fort, il serait heureux.

« Ne me croyez pas platement intéressé, ajouta-t-il. Je ne me vends pas pour votre fortune. Je ne prends votre argent que comme un moyen de monter très haut… Oh! si vous saviez tout ce qui gronde 420 en moi, si vous saviez les nuits ardentes que j'ai passées à refaire toujours le même rêve, sans cesse emporté par la réalité du lendemain, vous me comprendriez, vous seriez peut-être fière de vous appuyer à mon bras, en vous disant que vous me fournissez enfin les moyens d'être quelqu'un! »

425 Elle l'écoutait toute droite, pas un trait de son visage ne remuait. Et lui se posait une question qu'il retournait depuis trois jours, sans pouvoir trouver la réponse: l'avait-elle remarqué à sa fenêtre, pour avoir accepté si vite le projet de Mlle Chuin, lorsque celle-ci l'avait nommé? Il lui vint la pensée singulière qu'elle se serait peut-être mise 430 à l'aimer d'un amour romanesque, s'il avait refusé avec indignation le marché que la gouvernante était venue lui offrir.

Il se tut, et Flavie resta glacée. Puis, comme s'il ne lui avait pas fait sa confession, elle répéta sèchement:

« Ainsi, mon mari de nom seulement, nos vies complètement dis-435 tinctes, une liberté absolue. »

Nantas reprit aussitôt son air cérémonieux, sa voix brève d'homme qui discute un traité.

« C'est signé, madame. »

Et il se retira, mécontent de lui. Comment avait-il pu céder à 440 l'envie bête de convaincre cette femme? Elle était très belle, il valait mieux qu'il n'y eût rien de commun entre eux, car elle pouvait le gêner dans la vie.

## III

Dix années s'étaient écoulées. Un matin, Nantas se trouvait dans le cabinet où le baron Danvilliers l'avait autrefois si rudement accueilli, 445 lors de leur première entrevue. Maintenant, ce cabinet était le sien; le baron, après s'être réconcilié avec sa fille et son gendre, leur avait

abandonné l'hôtel*, en ne se réservant qu'un pavillon situé à l'autre bout du jardin, sur la rue de Beaune[1]. En dix ans, Nantas venait de conquérir une des plus hautes situations financières et industrielles.
450 Mêlé à toutes les grandes entreprises de chemins de fer, lancé dans toutes les spéculations sur les terrains qui signalèrent les premières années de l'Empire[2], il avait réalisé rapidement une fortune immense. Mais son ambition ne se bornait pas là, il voulait jouer un rôle politique, et il avait réussi à se faire nommer député, dans un département
455 où il possédait plusieurs fermes. Dès son arrivée au Corps législatif[3], il s'était posé en futur ministre des Finances. Par ses connaissances spéciales et sa facilité de parole, il y prenait de jour en jour une place plus importante. Du reste, il montrait adroitement un dévouement absolu à l'Empire, tout en ayant en matière de finances des théories
460 personnelles, qui faisaient grand bruit et qu'il savait préoccuper beaucoup l'empereur.

Ce matin-là, Nantas était accablé d'affaires. Dans les vastes bureaux qu'il avait installés au rez-de-chaussée de l'hôtel, régnait une activité prodigieuse. C'était un monde d'employés, les uns immobiles
465 derrière des guichets, les autres allant et venant sans cesse, faisant battre les portes ; c'était un bruit d'or continu, des sacs ouverts et coulant sur les tables, la musique toujours sonnante d'une caisse dont le flot semblait devoir noyer les rues. Puis, dans l'antichambre, une cohue se pressait, des solliciteurs, des hommes d'affaires, des hommes
470 politiques, tout Paris à genoux devant la puissance. Souvent, de grands personnages attendaient là patiemment pendant une heure. Et lui, assis à son bureau, en correspondance avec la province et l'étranger, pouvant de ses bras étendus étreindre le monde, réalisait enfin son ancien rêve de force, se sentait le moteur intelligent d'une
475 colossale machine qui remuait les royaumes et les empires.

Nantas sonna l'huissier[4] qui gardait sa porte. Il paraissait soucieux.
« Germain, demanda-t-il, savez-vous si Madame est rentrée ? »

---

1. Beaune : ancienne rue de Paris. Voltaire (1694-1778) mourut sur la rue de Beaune dans une maison historique, l'hôtel du Colysée.
2. Voir « Présentation de l'œuvre » (p. 136).
3. Corps législatif : qu'on appelle aussi la Chambre des députés.
4. Huissier : officier dont la principale responsabilité est d'ouvrir et de fermer une porte.

Et, comme l'huissier* répondait qu'il l'ignorait, il lui commanda de faire descendre la femme de chambre de Madame. Mais Germain
480 ne se retirait pas.

« Pardon, monsieur, murmura-t-il, il y a là M. le président du Corps législatif* qui insiste pour entrer. »

Alors, il eut un geste d'humeur, en disant :

« Eh bien ! introduisez-le, et faites ce que je vous ai ordonné. »

485 La veille, sur une question capitale du budget, un discours de Nantas avait produit une impression telle que l'article en discussion avait été envoyé à la commission, pour être amendé dans le sens indiqué par lui. Après la séance, le bruit s'était répandu que le ministre des Finances allait se retirer, et l'on désignait déjà dans les groupes le
490 jeune député comme son successeur. Lui, haussait les épaules : rien n'était fait, il n'avait eu avec l'empereur qu'un entretien sur des points spéciaux. Pourtant, la visite du président du Corps législatif pouvait être grosse de signification. Il parut secouer la préoccupation qui l'assombrissait, il se leva et alla serrer les mains du président.

495 « Ah ! monsieur le duc, dit-il, je vous demande pardon. J'ignorais que vous fussiez là… Croyez que je suis bien touché de l'honneur que vous me faites. »

Un instant, ils causèrent à bâtons rompus, sur un ton de cordialité. Puis, le président, sans rien lâcher de net, lui fit entendre qu'il était
500 envoyé par l'empereur, pour le sonder. Accepterait-il le portefeuille des Finances, et avec quel programme ? Alors, lui, superbe de sang-froid, posa ses conditions. Mais, sous l'impassibilité de son visage, un grondement de triomphe montait. Enfin, il gravissait le dernier échelon, il était au sommet. Encore un pas, il allait avoir toutes les
505 têtes au-dessous de lui. Comme le président concluait, en disant qu'il se rendait à l'instant même chez l'empereur, pour lui communiquer le programme débattu, une petite porte donnant sur les appartements s'ouvrit, et la femme de chambre de Madame parut.

Nantas, tout d'un coup redevenu blême, n'acheva pas la phrase
510 qu'il prononçait. Il courut à cette femme, en murmurant :

« Excusez-moi, monsieur le duc… »

Et, tout bas, il l'interrogea. Madame était donc sortie de bonne heure ? Avait-elle dit où elle allait ? Quand devait-elle rentrer ? La

femme de chambre répondait par des paroles vagues, en fille intelli-
515 gente qui ne veut pas se compromettre. Ayant compris la naïveté de
cet interrogatoire, il finit par dire simplement:

« Dès que Madame rentrera, prévenez-la que je désire lui parler. »

Le duc, surpris, s'était approché d'une fenêtre et regardait dans la
cour. Nantas revint à lui, en s'excusant de nouveau. Mais il avait perdu
520 son sang-froid, il balbutia, il l'étonna par des paroles peu adroites.

« Allons, j'ai gâté mon affaire, laissa-t-il échapper tout haut, lorsque
le président ne fut plus là. Voilà un portefeuille qui va m'échapper. »

Et il resta dans un état de malaise, coupé d'accès de colère.
Plusieurs personnes furent introduites. Un ingénieur avait à lui pré-
525 senter un rapport qui annonçait des bénéfices énormes dans une exploitation de mine. Un diplomate l'entretint d'un emprunt qu'une
puissance voisine voulait ouvrir à Paris. Des créatures défilèrent, lui
rendirent des comptes sur vingt affaires considérables. Enfin, il reçut
un grand nombre de ses collègues de la Chambre[1]; tous se répan-
530 daient en éloges outrés[2] sur son discours de la veille. Lui, renversé au
fond de son fauteuil, acceptait cet encens, sans un sourire. Le bruit de
l'or continuait dans les bureaux voisins, une trépidation d'usine faisait trembler les murs, comme si on eût fabriqué là tout cet or qui
sonnait. Il n'avait qu'à prendre une plume pour expédier des dépêches
535 dont l'arrivée aurait réjoui ou consterné les marchés de l'Europe; il
pouvait empêcher ou précipiter la guerre, en appuyant ou en combat-
tant l'emprunt dont on lui avait parlé; même il tenait le budget de la
France dans sa main, il saurait bientôt s'il serait pour ou contre
l'Empire. C'était le triomphe, sa personnalité développée outre
540 mesure devenait le centre autour duquel tournait un monde. Et il ne
goûtait point ce triomphe, ainsi qu'il se l'était promis. Il éprouvait
une lassitude, l'esprit autre part, tressaillant au moindre bruit.
Lorsqu'une flamme, une fièvre d'ambition satisfaite montait à ses
joues, il se sentait tout de suite pâlir comme si par-derrière, brusque-
545 ment, une main froide l'eût touché à la nuque.

Deux heures s'étaient passées, et Flavie n'avait pas encore
paru. Nantas appela Germain pour le charger d'aller chercher

---

1. Chambre: la Chambre des députés, qu'on appelle aussi le Corps législatif.
2. Éloges outrés: éloges excessifs.

M. Danvilliers, si le baron se trouvait chez lui. Resté seul, il marcha dans son cabinet, en refusant de recevoir davantage ce jour-là. Peu à
550 peu, son agitation avait grandi. Évidemment, sa femme était à quelque rendez-vous. Elle devait avoir renoué avec M. des Fondettes, qui était veuf depuis six mois. Certes, Nantas se défendait d'être jaloux ; pendant dix années, il avait strictement observé le traité conclu ; seulement, il entendait, disait-il, ne pas être ridicule. Jamais il
555 ne permettrait à sa femme de compromettre sa situation, en le rendant la moquerie de tous. Et sa force l'abandonnait, ce sentiment de mari qui veut simplement être respecté l'envahissait d'un tel trouble, qu'il n'en avait pas éprouvé de pareil, même lorsqu'il jouait les coups de cartes les plus hasardés, dans les commencements de sa fortune.

560      Flavie entra, encore en toilette de ville ; elle n'avait retiré que son chapeau et ses gants. Nantas, dont la voix tremblait, lui dit qu'il serait monté chez elle, si elle lui avait fait savoir qu'elle était rentrée. Mais elle, sans s'asseoir, de l'air pressé d'une cliente, eut un geste pour l'inviter à se hâter.

565      « Madame, commença-t-il, une explication est devenue nécessaire entre nous… Où êtes-vous allée ce matin ? »

     La voix frémissante de son mari, la brutalité de sa question, la surprirent extrêmement.

     « Mais, répondit-elle d'un ton froid, où il m'a plu d'aller.

570      — Justement, c'est ce qui ne saurait me convenir désormais, reprit-il en devenant très pâle. Vous devez vous souvenir de ce que je vous ai dit, je ne tolérerai pas que vous usiez de la liberté que je vous laisse, de façon à déshonorer mon nom. »

     Flavie eut un sourire de souverain mépris.

575      « Déshonorer votre nom, monsieur, mais cela vous regarde, c'est une besogne qui n'est plus à faire. »

     Alors, Nantas, dans un emportement fou, s'avança comme s'il voulait la battre, bégayant :

     « Malheureuse, vous sortez des bras de M. des Fondettes… Vous
580 avez un amant, je le sais.

     — Vous vous trompez, dit-elle sans reculer devant sa menace, je n'ai jamais revu M. des Fondettes… Mais j'aurais un amant que vous

n'auriez pas à me le reprocher. Qu'est-ce que cela pourrait vous faire ?
Vous oubliez donc nos conventions. »

585   Il la regarda un instant de ses yeux hagards ; puis, secoué de sanglots, mettant dans son cri une passion longtemps contenue, il
s'abattit à ses pieds.

« Oh ! Flavie, je vous aime ! »

Elle, toute droite, s'écarta, parce qu'il avait touché le coin de sa
590   robe. Mais le malheureux la suivait en se traînant sur les genoux, les
mains tendues.

« Je vous aime, Flavie, je vous aime comme un fou… Cela est venu
je ne sais comment. Il y a des années déjà. Et peu à peu cela m'a pris
tout entier. Oh ! j'ai lutté, je trouvais cette passion indigne de moi, je
595   me rappelais notre premier entretien… Mais, aujourd'hui, je souffre
trop, il faut que je vous parle… »

Longtemps, il continua. C'était l'effondrement de toutes ses
croyances. Cet homme qui avait mis sa foi dans la force, qui soutenait
que la volonté est le seul levier capable de soulever le monde, tombait
600   anéanti, faible comme un enfant, désarmé devant une femme. Et son
rêve de fortune réalisé, sa haute situation conquise, il eût tout donné,
pour que cette femme le relevât d'un baiser au front. Elle lui gâtait son
triomphe. Il n'entendait plus l'or qui sonnait dans ses bureaux, il ne
songeait plus au défilé des courtisans qui venaient de le saluer, il
605   oubliait que l'empereur, en ce moment, l'appelait peut-être au pouvoir. Ces choses n'existaient pas. Il avait tout, et il ne voulait que
Flavie. Si Flavie se refusait, il n'avait rien.

« Écoutez, continua-t-il, ce que j'ai fait, je l'ai fait pour vous…
D'abord, c'est vrai, vous ne comptiez pas, je travaillais pour la satis-
610   faction de mon orgueil. Puis, vous êtes devenue l'unique but de
toutes mes pensées, de tous mes efforts. Je me disais que je devais
monter le plus haut possible, afin de vous mériter. J'espérais vous fléchir, le jour où je mettrais à vos pieds ma puissance. Voyez où je suis
aujourd'hui. N'ai-je pas gagné votre pardon ? Ne me méprisez plus,
615   je vous en conjure ! »

Elle n'avait pas encore parlé. Elle dit tranquillement :

« Relevez-vous, monsieur, on pourrait entrer. »

Il refusa, il la supplia encore. Peut-être aurait-il attendu, s'il n'avait pas été jaloux de M. des Fondettes. C'était un tourment qui l'affolait.
620 Puis, il se fit très humble.

« Je vois bien que vous me méprisez toujours. Eh bien ! attendez, ne donnez votre amour à personne. Je vous promets de si grandes choses, que je saurai bien vous fléchir. Il faut me pardonner, si j'ai été brutal tout à l'heure. Je n'ai plus la tête à moi… Oh ! laissez-moi
625 espérer que vous m'aimerez un jour !

— Jamais ! » prononça-t-elle avec énergie.

Et, comme il restait par terre, écrasé, elle voulut sortir. Mais, lui, la tête perdue, pris d'un accès de rage, se leva et la saisit aux poignets. Une femme le braverait ainsi, lorsque le monde était à ses
630 pieds ! Il pouvait tout, bouleverser les États, conduire la France à son gré, et il ne pourrait obtenir l'amour de sa femme ! Lui, si fort, si puissant, lui dont les moindres désirs étaient des ordres, il n'avait plus qu'un désir, et ce désir ne serait jamais contenté, parce qu'une créature, d'une faiblesse d'enfant, refusait ! Il lui serrait les bras, il
635 répétait d'une voix rauque :

« Je veux… Je veux…

— Et moi je ne veux pas », disait Flavie toute blanche et raidie dans sa volonté.

La lutte continuait, lorsque le baron Danvilliers ouvrit la porte. À
640 sa vue, Nantas lâcha Flavie et s'écria :

« Monsieur, voici votre fille qui revient de chez son amant… Dites-lui donc qu'une femme doit respecter le nom de son mari, même lorsqu'elle ne l'aime pas et que la pensée de son propre honneur ne l'arrête plus. »

645 Le baron, très vieilli, restait debout sur le seuil, devant cette scène de violence. C'était pour lui une surprise douloureuse. Il croyait le ménage uni, il approuvait les rapports cérémonieux des deux époux, pensant qu'il n'y avait là qu'une tenue de convenance. Son gendre et lui étaient de deux générations différentes ; mais, s'il était blessé par
650 l'activité peu scrupuleuse du financier, s'il condamnait certaines entreprises qu'il traitait de casse-cou, il avait dû reconnaître la force de sa volonté et sa vive intelligence. Et, brusquement, il tombait dans ce drame, qu'il ne soupçonnait pas.

Lorsque Nantas accusa Flavie d'avoir un amant, le baron, qui trai-
655 tait encore sa fille mariée avec la sévérité qu'il avait pour elle à dix ans,
s'avança de son pas de vieillard solennel.

« Je vous jure qu'elle sort de chez son amant, répétait Nantas, et
vous la voyez ! elle est là qui me brave. »

Flavie, dédaigneuse, avait tourné la tête. Elle arrangeait ses man-
660 chettes, que la brutalité de son mari avait froissées. Pas une rougeur
n'était montée à son visage. Cependant, son père lui parlait.

« Ma fille, pourquoi ne vous défendez-vous pas ? Votre mari dirait-
il la vérité ? Auriez-vous réservé cette dernière douleur à ma vieillesse ?... L'affront serait aussi pour moi ; car, dans une famille, la faute
665 d'un seul membre suffit à salir tous les autres. »

Alors, elle eut un mouvement d'impatience. Son père prenait bien
son temps pour l'accuser ! Un instant encore, elle supporta son interrogatoire, voulant lui épargner la honte d'une explication. Mais,
comme il s'emportait à son tour, en la voyant muette et provocante,
670 elle finit par dire :

« Eh ! mon père, laissez cet homme jouer son rôle... Vous ne le
connaissez pas. Ne me forcez point à parler par respect pour vous.

— Il est votre mari, reprit le vieillard. Il est le père de votre enfant. »

Flavie s'était redressée, frémissante.

675 « Non, non, il n'est pas le père de mon enfant... À la fin, je vous
dirai tout. Cet homme n'est pas même un séducteur, car ce serait une
excuse au moins, s'il m'avait aimée. Cet homme s'est simplement
vendu et a consenti à couvrir la faute d'un autre. »

Le baron se tourna vers Nantas, qui, livide, reculait.

680 « Entendez-vous, mon père ! reprenait Flavie avec plus de force, il
s'est vendu, vendu pour de l'argent... Je ne l'ai jamais aimé, il ne m'a
jamais touchée du bout de ses doigts... J'ai voulu vous épargner une
grande douleur, je l'ai acheté afin qu'il vous mentît... Regardez-le,
voyez si je dis la vérité. »

685 Nantas se cachait la face entre les mains.

« Et, aujourd'hui, continua la jeune femme, voilà qu'il veut que je
l'aime... Il s'est mis à genoux et il a pleuré. Quelque comédie sans
doute. Pardonnez-moi de vous avoir trompé, mon père ; mais, vraiment, est-ce que j'appartiens à cet homme ?... Maintenant que vous

690 savez tout, emmenez-moi. Il m'a violentée tout à l'heure, je ne resterai
    pas ici une minute de plus. »

    Le baron redressa sa taille courbée. Et, silencieux, il alla donner le
    bras à sa fille. Tous deux traversèrent la pièce, sans que Nantas fît un
    geste pour les retenir. Puis, à la porte, le vieillard ne laissa tomber que
695 cette parole :

    « Adieu, monsieur. »

    La porte s'était refermée. Nantas restait seul, écrasé, regardant fol-
    lement le vide autour de lui. Comme Germain venait d'entrer et de
    poser une lettre sur le bureau, il l'ouvrit machinalement et la par-
700 courut des yeux. Cette lettre, entièrement écrite de la main de l'empe-
    reur, l'appelait au ministère des Finances, en termes très obligeants. Il
    comprit à peine. La réalisation de toutes ses ambitions ne le touchait
    plus. Dans les caisses voisines, le bruit de l'or avait augmenté ; c'était
    l'heure où la maison Nantas ronflait, donnant le branle [1] à tout un
705 monde. Et lui, au milieu de ce labeur colossal qui était son œuvre,
    dans l'apogée de sa puissance, les yeux stupidement fixés sur l'écriture
    de l'empereur, poussa cette plainte d'enfant, qui était la négation de
    sa vie entière :

    « Je ne suis pas heureux… Je ne suis pas heureux… »

710 Il pleurait, la tête tombée sur son bureau, et ses larmes chaudes
    effaçaient la lettre qui le nommait ministre.


                              IV


    Depuis dix-huit mois que Nantas était ministre des Finances, il
    semblait s'étourdir par un travail surhumain. Au lendemain de la scène
    de violence qui s'était passée dans son cabinet, il avait eu avec le baron
715 Danvilliers une entrevue ; et, sur les conseils de son père, Flavie avait
    consenti à rentrer au domicile conjugal. Mais les époux ne s'adres-
    saient plus la parole, en dehors de la comédie qu'ils devaient jouer
    devant le monde. Nantas avait décidé qu'il ne quitterait pas son hôtel*.
    Le soir, il amenait ses secrétaires et expédiait chez lui la besogne.

    ―――――――――――――――――――――――――――――――――――――――――――――
    1. Donnant le branle : donnant le mouvement, tout le va-et-vient qu'on peut avoir.

720 Ce fut l'époque de son existence où il fit les plus grandes choses. Une voix lui soufflait des inspirations hautes et fécondes. Sur son passage, un murmure de sympathie et d'admiration s'élevait. Mais lui restait insensible aux éloges. On eût dit qu'il travaillait sans espoir de récompense, avec la pensée d'entasser les œuvres dans le 725 but unique de tenter l'impossible. Chaque fois qu'il montait plus haut, il consultait le visage de Flavie. Est-ce qu'elle était touchée enfin? Est-ce qu'elle lui pardonnait son ancienne infamie, pour ne plus voir que le développement de son intelligence? Et il ne surprenait toujours aucune émotion sur le visage muet de cette femme, et 730 il se disait, en se remettant au travail: «Allons! je ne suis point assez haut pour elle, il faut monter encore, monter sans cesse.» Il entendait forcer le bonheur, comme il avait forcé la fortune. Toute sa croyance en sa force lui revenait, il n'admettait pas d'autre levier en ce monde, car c'est la volonté de la vie qui a fait l'humanité. Quand 735 le découragement le prenait parfois, il s'enfermait pour que personne ne pût se douter des faiblesses de sa chair. On ne devinait ses luttes qu'à ses yeux plus profonds, cerclés de noir, et où brûlait une flamme intense.

La jalousie le dévorait maintenant. Ne pas réussir à se faire aimer 740 de Flavie était un supplice; mais une rage l'affolait, lorsqu'il songeait qu'elle pouvait se donner à un autre. Pour affirmer sa liberté, elle était capable de s'afficher avec M. des Fondettes. Il affectait donc de ne point s'occuper d'elle, tout en agonisant d'angoisse à ses moindres absences. S'il n'avait pas craint le ridicule, il l'aurait suivie lui-même 745 dans les rues. Ce fut alors qu'il voulut avoir près d'elle une personne dont il achèterait le dévouement.

On avait conservé Mlle Chuin dans la maison. Le baron était habitué à elle. D'autre part, elle savait trop de choses pour qu'on pût s'en débarrasser. Un moment, la vieille fille avait eu le projet de se 750 retirer avec les vingt mille francs que Nantas lui avait comptés, au lendemain de son mariage. Mais sans doute elle s'était dit que la maison devenait bonne pour y pêcher en eau trouble. Elle attendait donc une nouvelle occasion, ayant fait le calcul qu'il lui fallait encore une vingtaine de mille francs, si elle voulait acheter à Roinville, son 755 pays, la maison du notaire, qui avait fait l'admiration de sa jeunesse.

Nantas n'avait pas à se gêner avec cette vieille fille, dont les mines confites en dévotion ne pouvaient plus le tromper. Pourtant, le matin où il la fit venir dans son cabinet et où il lui proposa nettement de le tenir au courant des moindres actions de sa femme, elle feignit de se
760 révolter, en lui demandant pour qui il la prenait.

« Voyons, mademoiselle, dit-il impatienté, je suis très pressé, on m'attend. Abrégeons, je vous prie. »

Mais elle ne voulait rien entendre, s'il n'y mettait des formes. Ses principes étaient que les choses ne sont pas laides en elles-mêmes,
765 qu'elles le deviennent ou cessent de l'être, selon la façon dont on les présente.

« Eh bien ! reprit-il, il s'agit, mademoiselle, d'une bonne action… Je crains que ma femme ne me cache certains chagrins. Je la vois triste depuis quelques semaines, et j'ai songé à vous, pour obtenir
770 des renseignements.

— Vous pouvez compter sur moi, dit-elle alors avec une effusion maternelle. Je suis dévouée à Madame, je ferai tout pour son honneur et le vôtre… Dès demain, nous veillerons sur elle. »

Il lui promit de la récompenser de ses services. Elle se fâcha
775 d'abord. Puis, elle eut l'habileté de le forcer à fixer une somme : il lui donnerait dix mille francs, si elle lui fournissait une preuve formelle de la bonne ou de la mauvaise conduite de Madame. Peu à peu, ils en étaient venus à préciser les choses.

Dès lors, Nantas se tourmenta moins. Trois mois s'écoulèrent, il se
780 trouvait engagé dans une grosse besogne, la préparation du budget. D'accord avec l'empereur, il avait apporté au système financier d'importantes modifications. Il savait qu'il serait vivement attaqué à la Chambre*, et il lui fallait préparer une quantité considérable de documents. Souvent il veillait des nuits entières. Cela l'étourdissait et le
785 rendait patient. Quand il voyait Mlle Chuin, il l'interrogeait d'une voix brève. Savait-elle quelque chose ? Madame avait-elle fait beaucoup de visites ? S'était-elle particulièrement arrêtée dans certaines maisons ? Mlle Chuin tenait un journal détaillé. Mais elle n'avait encore recueilli que des faits sans importance. Nantas se rassurait,
790 tandis que la vieille clignait les yeux parfois, en répétant que, bientôt peut-être, elle aurait du nouveau.

La vérité était que Mlle Chuin avait fortement réfléchi. Dix mille francs ne faisaient pas son compte, il lui en fallait vingt mille, pour acheter la maison du notaire. Elle eut d'abord l'idée de se vendre à la
795 femme, après s'être vendue au mari. Mais elle connaissait Madame, elle craignit d'être chassée au premier mot. Depuis longtemps, avant même qu'on la chargeât de cette besogne, elle l'avait espionnée pour son compte, en se disant que les vices des maîtres sont la fortune des valets ; et elle s'était heurtée à une de ces honnêtetés d'autant plus
800 solides, qu'elles s'appuient sur l'orgueil. Flavie gardait de sa faute une rancune à tous les hommes. Aussi Mlle Chuin se désespérait-elle, lorsqu'un jour elle rencontra M. des Fondettes. Il la questionna si vivement sur sa maîtresse, qu'elle comprit tout d'un coup qu'il la désirait follement, brûlé par le souvenir de la minute où il l'avait tenue
805 dans ses bras. Et son plan fut arrêté : servir à la fois le mari et l'amant, là était la combinaison de génie.

Justement, tout venait à point. M. des Fondettes, repoussé, désormais sans espoir, aurait donné sa fortune pour posséder encore cette femme qui lui avait appartenu. Ce fut lui qui, le premier, tâta
810 Mlle Chuin. Il la revit, joua le sentiment, en jurant qu'il se tuerait, si elle ne l'aidait pas. Au bout de huit jours, après une grande dépense de sensibilité et de scrupules, l'affaire était faite : il donnerait dix mille francs, et elle, un soir, le cacherait dans la chambre de Flavie.

Le matin, Mlle Chuin alla trouver Nantas.

815 « Qu'avez-vous appris ? » demanda-t-il en pâlissant.

Mais elle ne précisa rien d'abord. Madame avait pour sûr une liaison. Même elle donnait des rendez-vous.

« Au fait, au fait », répétait-il, furieux d'impatience.

Enfin, elle nomma M. des Fondettes.

820 « Ce soir, il sera dans la chambre de Madame.

— C'est bien, merci », balbutia Nantas.

Il la congédia du geste, il avait peur de défaillir devant elle. Ce brusque renvoi l'étonnait et l'enchantait, car elle s'était attendue à un long interrogatoire, et elle avait même préparé ses réponses, pour ne
825 pas s'embrouiller. Elle fit une révérence, elle se retira, en prenant une figure dolente.

Nantas s'était levé. Dès qu'il fut seul, il parla tout haut.

« Ce soir… Dans sa chambre… »

Et il portait les mains à son crâne, comme s'il l'avait entendu craquer. Ce rendez-vous, donné au domicile conjugal, lui semblait monstrueux d'impudence[1]. Il ne pouvait se laisser outrager ainsi. Ses poings de lutteur se serraient, une rage le faisait rêver d'assassinat. Pourtant, il avait à finir un travail. Trois fois, il se rassit devant son bureau, et trois fois un soulèvement de tout son corps le remit debout ; tandis que, derrière lui, quelque chose le poussait, un besoin de monter sur-le-champ chez sa femme, pour la traiter de catin[2]. Enfin, il se vainquit, il se remit à la besogne, en jurant qu'il les étranglerait, le soir. Ce fut la plus grande victoire qu'il remporta jamais sur lui-même.

L'après-midi, Nantas alla soumettre à l'empereur le projet définitif du budget. Celui-ci lui ayant fait quelques objections, il les discuta avec une lucidité parfaite. Mais il lui fallut promettre de modifier toute une partie de son travail. Le projet devait être déposé le lendemain.

« Sire, je passerai la nuit », dit-il.

Et, en revenant, il pensait : « Je les tuerai à minuit, et j'aurai ensuite jusqu'au jour pour terminer ce travail. »

Le soir, au dîner, le baron Danvilliers causa précisément de ce projet de budget, qui faisait grand bruit. Lui, n'approuvait pas toutes les idées de son gendre en matière de finances. Mais il les trouvait très larges, très remarquables. Pendant qu'il répondait au baron, Nantas, à plusieurs reprises, crut surprendre les yeux de sa femme fixés sur les siens. Souvent, maintenant, elle le regardait ainsi. Son regard ne s'attendrissait pas, elle l'écoutait simplement et semblait chercher à lire au-delà de son visage. Nantas pensa qu'elle craignait d'avoir été trahie. Aussi fit-il un effort pour paraître d'esprit dégagé : il causa beaucoup, s'éleva très haut, finit par convaincre son beau-père, qui céda devant sa grande intelligence. Flavie le regardait toujours ; et une mollesse à peine sensible avait un instant passé sur sa face.

Jusqu'à minuit, Nantas travailla dans son cabinet. Il s'était passionné peu à peu, plus rien n'existait que cette création, ce mécanisme financier qu'il avait lentement construit, rouage à rouage, au travers d'obstacles sans nombre. Quand la pendule sonna minuit, il leva

---

1. Impudence : effronterie empreinte d'audace et de cynisme, faite dans le dessein de choquer.
2. Catin : prostituée.

instinctivement la tête. Un grand silence régnait dans l'hôtel*. Tout d'un coup, il se souvint, l'adultère était là, au fond de cette ombre et de ce silence. Mais ce fut pour lui une peine que de quitter son fau-
865 teuil : il posa la plume à regret, fit quelques pas comme pour obéir à une volonté ancienne, qu'il ne retrouvait plus. Puis, une chaleur lui empourpra la face, une flamme alluma ses yeux. Et il monta à l'appartement de sa femme.

Ce soir-là, Flavie avait congédié de bonne heure sa femme de
870 chambre. Elle voulait être seule. Jusqu'à minuit, elle resta dans le petit salon qui précédait sa chambre à coucher. Allongée sur une causeuse, elle avait pris un livre ; mais, à chaque instant, le livre tombait de ses mains, et elle songeait, les yeux perdus. Son visage s'était encore adouci, un sourire pâle y passait par moments.
875 Elle se leva en sursaut. On avait frappé.

« Qui est là ?

— Ouvrez », répondit Nantas.

Ce fut pour elle une si grande surprise, qu'elle ouvrit machinalement. Jamais son mari ne s'était ainsi présenté chez elle. Il entra, bou-
880 leversé ; sa colère l'avait repris, en montant. Mlle Chuin, qui le guettait sur le palier, venait de lui murmurer à l'oreille que M. des Fondettes était là depuis deux heures. Aussi ne montra-t-il aucun ménagement.

« Madame, dit-il, un homme est caché dans votre chambre. »

Flavie ne répondit pas tout de suite, tellement sa pensée était loin.
885 Enfin, elle comprit.

« Vous êtes fou, monsieur », murmura-t-elle.

Mais, sans s'arrêter à discuter, il marchait déjà vers la chambre. Alors, d'un bond, elle se mit devant la porte, en criant :

« Vous n'entrerez pas... Je suis ici chez moi, et je vous défends
890 d'entrer ! »

Frémissante, grandie, elle gardait la porte. Un instant, ils restèrent immobiles, sans une parole, les yeux dans les yeux. Lui, le cou tendu, les mains en avant, allait se jeter sur elle, pour passer.

« Ôtez-vous de là, murmura-t-il d'une voix rauque. Je suis plus fort
895 que vous, j'entrerai quand même. »

— Non, vous n'entrerez pas, je ne veux pas. »

Follement, il répétait :

« Il y a un homme, il y a un homme… »

Elle, ne daignant même pas lui donner un démenti, haussait les
900 épaules. Puis, comme il faisait encore un pas :

« Eh bien ! mettons qu'il y ait un homme, qu'est-ce que cela peut
vous faire ? Ne suis-je pas libre ? »

Il recula devant ce mot qui le cinglait comme un soufflet. En effet,
elle était libre. Un grand froid le prit aux épaules, il sentit nettement
905 qu'elle avait le rôle supérieur, et que lui jouait là une scène d'enfant
malade et illogique. Il n'observait pas le traité, sa stupide passion le rendait odieux. Pourquoi n'était-il pas resté à travailler dans son cabinet ? Le
sang se retirait de ses joues, une ombre d'indicible souffrance blêmit son
visage. Lorsque Flavie remarqua le bouleversement qui se faisait en lui,
910 elle s'écarta de la porte, tandis qu'une douceur attendrissait ses yeux.

« Voyez », dit-elle simplement.

Et elle-même entra dans la chambre, une lampe à la main, tandis
que Nantas demeurait sur le seuil. D'un geste, il lui avait dit que c'était
inutile, qu'il ne voulait pas voir. Mais elle, maintenant, insistait.
915 Comme elle arrivait devant le lit, elle souleva les rideaux, et M. des
Fondettes apparut, caché derrière. Ce fut pour elle une telle stupeur,
qu'elle eut un cri d'épouvante.

« C'est vrai, balbutia-t-elle éperdue, c'est vrai, cet homme était là…
Je l'ignorais, oh ! sur ma vie, je vous le jure ! »
920    Puis, par un effort de volonté, elle se calma, elle parut même
regretter ce premier mouvement qui venait de la pousser à se défendre.

« Vous aviez raison, monsieur, et je vous demande pardon », dit-
elle à Nantas, en tâchant de retrouver sa voix froide.

Cependant, M. des Fondettes se sentait ridicule. Il faisait une mine
925 sotte, il aurait donné beaucoup pour que le mari se fâchât. Mais
Nantas se taisait. Il était simplement devenu très pâle. Quand il eut
reporté ses regards de M. des Fondettes à Flavie, il s'inclina devant
cette dernière, en prononçant cette seule phrase :

« Madame, excusez-moi, vous êtes libre. »
930    Et il tourna le dos, il s'en alla. En lui, quelque chose venait de se
casser, seul, le mécanisme des muscles et des os fonctionnait encore.
Lorsqu'il se retrouva dans son cabinet, il marcha droit à un tiroir où

il cachait un revolver. Après avoir examiné cette arme, il dit tout haut, comme pour prendre un engagement formel vis-à-vis de lui-même :

935 « Allons, c'est assez, je me tuerai tout à l'heure. »

Il remonta la lampe qui baissait, il s'assit devant son bureau et se remit tranquillement à la besogne. Sans une hésitation, au milieu du grand silence, il continua la phrase commencée. Un à un, méthodiquement, les feuillets s'entassaient. Deux heures plus tard, lorsque

940 Flavie, qui avait chassé M. des Fondettes, descendit pieds nus pour écouter à la porte du cabinet, elle n'entendit que le petit bruit de la plume craquant sur le papier. Alors, elle se pencha, elle mit un œil au trou de la serrure. Nantas écrivait toujours avec le même calme, son visage exprimait la paix et la satisfaction du travail tandis qu'un rayon

945 de la lampe allumait le canon du revolver, près de lui.

## V

La maison attenante au jardin de l'hôtel* était maintenant la propriété de Nantas, qui l'avait achetée à son beau-père. Par un caprice, il défendait d'y louer l'étroite mansarde, où, pendant deux mois, il s'était débattu contre la misère, lors de son arrivée à Paris. Depuis sa grande

950 fortune, il avait éprouvé, à diverses reprises, le besoin de monter s'y enfermer pour quelques heures. C'était là qu'il avait souffert, c'était là qu'il voulait triompher. Lorsqu'un obstacle se présentait, il aimait aussi à y réfléchir, à y prendre les grandes déterminations de sa vie. Il y redevenait ce qu'il était autrefois. Aussi, devant la nécessité du suicide,

955 était-ce dans cette mansarde qu'il avait résolu de mourir.

Le matin, Nantas n'eut fini son travail que vers huit heures. Craignant que la fatigue ne l'assoupît, il se lava à grande eau. Puis, il appela successivement plusieurs employés, pour leur donner des ordres. Lorsque son secrétaire fut arrivé, il eut avec lui un entretien :

960 le secrétaire devait porter sur-le-champ le projet de budget aux Tuileries*, et fournir certaines explications, si l'empereur soulevait des objections nouvelles. Dès lors, Nantas crut avoir assez fait. Il laissait tout en ordre, il ne partirait pas comme un banqueroutier frappé

de démence. Enfin, il s'appartenait, il pouvait disposer de lui, sans
965 qu'on l'accusât d'égoïsme et de lâcheté.

Neuf heures sonnèrent. Il était temps. Mais, comme il allait quitter
son cabinet, en emportant le revolver, il eut une dernière amertume à
boire. Mlle Chuin se présenta pour toucher les dix mille francs
promis. Il la paya, et dut subir sa familiarité. Elle se montrait mater-
970 nelle, elle le traitait un peu comme un élève qui a réussi. S'il avait
encore hésité, cette complicité honteuse l'aurait décidé au suicide. Il
monta vivement et, dans sa hâte, laissa la clé sur la porte.

Rien n'était changé. Le papier avait les mêmes déchirures, le lit, la
table et la chaise se trouvaient toujours là, avec leur odeur de pauvreté
975 ancienne. Il respira un moment cet air qui lui rappelait les luttes d'autrefois. Puis, il s'approcha de la fenêtre et il aperçut la même échappée
de Paris, les arbres de l'hôtel*, la Seine*, les quais, tout un coin de la
rive droite, où le flot des maisons roulait, se haussait, se confondait,
jusqu'aux lointains du Père-Lachaise*.
980 Le revolver était sur la table boiteuse*, à portée de sa main. Maintenant, il n'avait plus de hâte, il était certain que personne ne viendrait
et qu'il se tuerait à sa guise. Il songeait et se disait qu'il se retrouvait au
même point que jadis, ramené au même lieu, dans la même volonté du
suicide. Un soir déjà, à cette place, il avait voulu se casser la tête ; il était
985 trop pauvre alors pour acheter un pistolet, il n'avait que le pavé de la
rue, mais la mort était quand même au bout. Ainsi, dans l'existence, il
n'y avait donc que la mort qui ne trompât pas, qui se montrât toujours
sûre et toujours prête. Il ne connaissait qu'elle de solide, il avait beau
chercher, tout s'était continuellement effondré sous lui, la mort seule
990 restait une certitude. Et il éprouva le regret d'avoir vécu dix ans de
trop. L'expérience qu'il avait faite de la vie, en montant à la fortune et
au pouvoir, lui paraissait puérile. À quoi bon cette dépense de volonté,
à quoi bon tant de force produite, puisque, décidément, la volonté et
la force n'étaient pas tout ? Il avait suffi d'une passion pour le détruire,
995 il s'était pris sottement à aimer Flavie, et le monument qu'il bâtissait,
craquait, s'écroulait comme un château de cartes, emporté par l'haleine d'un enfant. C'était misérable, cela ressemblait à la punition d'un

écolier maraudeur[1], sous lequel la branche casse, et qui périt par où il
a péché. La vie était bête, les hommes supérieurs y finissaient aussi pla-
1000 tement que les imbéciles.

Nantas avait pris le revolver sur la table et l'armait lentement. Un
dernier regret le fit mollir une seconde, à ce moment suprême. Que
de grandes choses il aurait réalisées, si Flavie l'avait compris ! Le jour
où elle se serait jetée à son cou, en lui disant : « Je t'aime ! » ce jour-là,
1005 il aurait trouvé un levier pour soulever le monde. Et sa dernière
pensée était un grand dédain de la force, puisque la force, qui devait
tout lui donner, n'avait pu lui donner Flavie.

Il leva son arme. La matinée était superbe. Par la fenêtre grande
ouverte, le soleil entrait, mettant un éveil de jeunesse dans la man-
1010 sarde. Au loin, Paris commençait son labeur de ville géante. Nantas
appuya le canon sur sa tempe.

Mais la porte s'était violemment ouverte, et Flavie entra. D'un
geste, elle détourna le coup, la balle alla s'enfoncer dans le plafond.
Tous deux se regardaient. Elle était si essoufflée, si étranglée, qu'elle
1015 ne pouvait parler. Enfin, tutoyant Nantas pour la première fois,
elle trouva le mot qu'il attendait, le seul mot qui pût le décider à vivre :

« Je t'aime ! cria-t-elle à son cou, sanglotante, arrachant cet aveu à
son orgueil, à tout son être dompté, je t'aime parce que tu es fort ! »

---

1. Maraudeur : celui qui commet le délit de maraudage (vol des produits de la terre avant
   leur récolte).

ÉMILE ZOLA PRENANT UNE PHOTOGRAPHIE.
PHOTOGRAPHE FRANÇAIS, XIX^e SIÈCLE.

# Présentation
# de l'œuvre

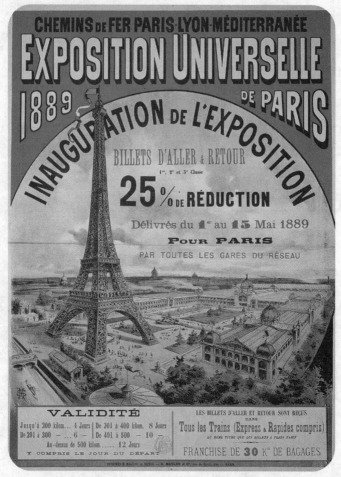

AFFICHE PUBLICITAIRE PROPOSANT UN RABAIS SUR
UN BILLET DE TRAIN AFIN D'ASSISTER À
L'EXPOSITION UNIVERSELLE EN 1889.
ARTISTE DE L'ÉCOLE FRANÇAISE, XIXe SIÈCLE.

## ZOLA ET SON ÉPOQUE

### Le réalisme naturaliste de la deuxième moitié du xixe siècle

Le xixe siècle est une époque particulièrement instable et tumultueuse de l'histoire de France. On sait que la Révolution française de 1789 instaure la Première République. L'Ancien Régime (la monarchie héréditaire de droit divin et l'organisation sociale pyramidale qui en découle) est aboli. Toute l'évolution du xixe siècle puise aux sources de ce grand bouleversement historique mis en place, sur le plan de la pensée, au siècle précédent (l'époque des Lumières). Le modèle d'action fourni par la guerre d'Indépendance américaine que soutient la France, conflit qui oppose les 13 colonies britanniques au Royaume-Uni (1776-1783) et qui se solde par la naissance des États-Unis d'Amérique, alimente aussi l'opposition à un système de valeurs séculaires. La Première République est déclarée en 1792 et restera bien en place jusqu'en 1804.

Puis se succèdent l'Empire de Napoléon Bonaparte[1] dit Napoléon Ier, les monarchies constitutionnelles de 1814[2], de 1824[3] et de 1830[4]. S'installent ensuite la Deuxième République, le Second Empire et, enfin, la Troisième République. Le réalisme et le naturalisme s'inscrivent dans la période qui va de la Deuxième République aux dernières années du xixe siècle. Les pages qui suivent présentent un bref rappel du cadre historique, économique, scientifique et culturel dans lequel se développèrent ces deux courants artistiques et littéraires en France.

---

1. Après le coup d'État de 1799 et un bref Consulat (1799-1804), Bonaparte forme le Premier Empire français en 1804. L'épopée impériale prend fin avec la célèbre défaite de Waterloo (1815).

2. De 1814 à 1824, sous le roi Louis XVIII. Une monarchie constitutionnelle désigne un régime politique qui reconnaît un monarque élu ou héréditaire comme chef d'État et dont les pouvoirs sont limités par une constitution — laquelle est la loi qui unit et régit l'ensemble des rapports entre gouvernants et gouvernés.

3. De 1824 à 1830, sous le roi Charles X (frère de Louis XVI, guillotiné en 1793 avec la reine Marie-Antoinette).

4. Dite monarchie de Juillet, de 1830 à 1848, sous le roi Louis-Philippe Ier.

## La Deuxième République (1848-1851)

La révolution de février 1848, sous l'impulsion des libéraux et des républicains, triomphe presque sans combattre de la monarchie de Juillet et signe, en France, la fin de la royauté. Se met alors en place la Deuxième République où l'on instaure le suffrage universel ainsi que la liberté de presse et de réunion. À la fin de la même année, après de multiples remous et émeutes opposant révolutionnaires et conservateurs, le prince conservateur Louis Napoléon Bonaparte, neveu de l'empereur Napoléon Ier, est élu président de la République. L'année suivante se forme le parti de l'Ordre, qui défend la propriété, la famille et la religion. Les républicains, traqués, passent dans la clandestinité. Le suffrage universel est aboli. Le 2 décembre 1851, Louis Napoléon Bonaparte, en conflit ouvert avec la majorité monarchiste à l'Assemblée, s'empare du pouvoir par un coup d'État. De nombreuses tentatives de résistance armée sont noyées dans le sang à Paris[1] et dans plusieurs régions de France. Mais la masse des électeurs fait largement confiance au nouveau maître.

## Le Second Empire (1852-1870)

En décembre 1852, un an après le coup d'État, Louis Napoléon Bonaparte est devenu l'empereur Napoléon III. C'est le Second Empire. Le nouveau César se réserve le pouvoir exécutif et partage le pouvoir législatif avec le Sénat et le Corps législatif, seule assemblée élue au suffrage universel. Des tribunaux d'exception condamnent au bagne ou à la déportation quiconque passe pour un opposant actif. Beaucoup de républicains se résignent à l'exil. C'est la période de l'Empire autoritaire : l'empereur et le gouvernement considèrent la plupart des gens de lettres comme des propagateurs d'idées subversives ; on veut retirer des bibliothèques populaires les ouvrages

---

1. C'est contre Napoléon III que Victor Hugo, farouche résistant, rédige le pamphlet *Napoléon-le-Petit* (1852) et son recueil de poèmes *Les Châtiments* (1853). Il s'exilera dans les îles anglo-normandes — Jersey d'abord, Guernesey ensuite — jusqu'à la chute du Second Empire et la proclamation de la Troisième République (1870).

des historiens Ernest Renan (1823-1892) et Jules Michelet (1798-1874), lequel a refusé de prêter serment à l'Empire; on bâillonne la liberté d'expression dans la presse. En janvier 1857, Gustave Flaubert (1821-1880) est poursuivi pour « outrage à la morale publique et à la morale religieuse » à cause de son roman *Madame Bovary* (1857). En août, Charles Baudelaire (1821-1867) est incriminé pour « offense à la morale publique et aux bonnes mœurs » : six pièces des *Fleurs du mal* (1857) sont supprimées par l'autorité judiciaire. L'administration, la police et les tribunaux correctionnels exercent un contrôle de tous les instants.

Mais, après 1860, une évolution libérale se dessine, l'opposition républicaine se fait entendre et fait élire des députés. Napoléon III devient plus tolérant : le droit de grève et de réunion est accordé aux ouvriers, les lois de la presse s'assouplissent, les condamnés politiques sont amnistiés. Mais les désastres militaires de la guerre franco-allemande et, surtout, la défaite de Sedan en 1870 provoquent l'effondrement de l'Empire[1].

Au cours de ces années, Zola traduit son engagement politique dans la presse de l'opposition républicaine (*La Tribune, La Cloche, Le Rappel*) où il prend position contre la politique militaire de Napoléon III, le pouvoir absolu d'un homme et l'absence de liberté. Il s'associe aux campagnes républicaines qui reprochent à l'Église d'être une force d'oppression et il défend l'école laïque[2]. Enfin, Zola commence à publier *Les Rougon-Macquart* au lendemain de la défaite de 1870 — il a 30 ans. Ce cycle romanesque (une suite de 20 romans) raconte l'*Histoire naturelle et sociale d'une famille sous le Second Empire*. Le sous-titre est éloquent : le récit suit une famille dans les limites historiques et sociales d'un régime politique, le Second

---

1. Répondant à Bismarck (1815-1898), chef d'État prussien qui veut rassembler plusieurs États en un Empire allemand, Napoléon III déclare la guerre à la Prusse en juillet 1870. Les troupes françaises sont battues à Sedan. Cette défaite provoque une grande poussée patriotique en France dont les effets se répercuteront jusque dans l'affaire Dreyfus, au tournant du xxe siècle.

2. Il présente clairement sa pensée laïque dans *Les Trois Villes* (1894-1898). Ces trois romans décrivent l'itinéraire d'un prêtre qui se détache progressivement de la foi, revient à la vie laïque, puis fonde une famille.

*La Gare Saint-Lazare* (1877).
Claude Monet (1840-1926).

Empire, et en dépeint les structures et caractéristiques profondes — la «loi de réalité» excluant l'imagination onirique, l'évasion historique ou l'idéalisation.

## L'essor de la machine, la révolution industrielle

Le Second Empire est par ailleurs une ère d'intense activité économique. Les affaires de toutes sortes, industrielles, commerciales, financières, connaissent un prodigieux développement. Paris devient la première place financière du monde[1]. Des fortunes s'y font et s'y défont selon les spéculations, faillites, fraudes, escroqueries en tout genre. La prospérité de la France se mesure aussi à l'évolution des moyens de transport : les trains sortent des mines et des usines pour devenir l'un des moyens de transport favoris des voyageurs. Le réseau de chemins de fer passe de 3000 à 18 000 kilomètres en 1870, les gares deviennent «les cathédrales de l'humanité nouvelle[2]». Devant ce spectacle progressiste, curieux et fasciné par l'innovation, Zola écrit : «Nos artistes doivent trouver la poésie des gares, comme leurs pères ont trouvé celle des forêts et des fleuves[3].» Ces paroles font référence, en fait, au tableau de Monet montrant *La Gare Saint-Lazare* (1877), la plus ancienne de Paris.

En outre, le nombre de bateaux à vapeur augmente et, avec eux, les compagnies de navigation. On perce des tunnels ferroviaires[4], on creuse le canal de Suez, qui permettra aux navires d'Europe de se rendre en Asie sans devoir contourner l'Afrique, on propage le télégraphe grâce à l'électricité et aux câbles sous-marins, ce qui facilite l'expédition des dépêches. Ingénieurs et industriels deviennent des figures de proue, des «rois du fer», participant aux métamorphoses de la capitale désirées par l'empereur et conduites par le baron Georges Eugène Haussmann : le Paris ancien disparaît avec la construction des Halles et des grands magasins comme

---

1. *Nantas* et le personnage éponyme de cette nouvelle (p. 101) décrivent bien le Paris prospère du Second Empire. Le thème de l'argent est central dans ce récit.
2. Théophile Gautier, cité dans Georges Bafaro, *Le Roman réaliste et naturaliste*, p. 12.
3. Dans *Le Sémaphore de Marseille*, le 19 avril 1877.
4. Voir à ce sujet le rêve de catastrophe ferroviaire que fait le personnage principal dans la nouvelle *La Mort d'Olivier Bécaille* de Zola (p. 88-90).

*L'Homme au balcon* (1880).
Gustave Caillebotte (1848-1894).

Le Bon Marché[1], un réseau d'égouts assainit la ville. Les Expositions universelles de 1855 et de 1867, vitrines d'un Empire exprimant l'enthousiasme pour le progrès et la modernité, offrent à des millions de visiteurs les produits du monde entier. L'expansion industrielle, commerciale, coloniale aussi, la croissance des villes, l'apparition de la culture de masse, bref « l'air du temps », portent à croire que la science est toute-puissante, que les secrets de l'univers finiront par être percés un jour, que la machine est perfectible à l'infini et, pour pousser la bêtise humaine jusqu'en ses ultimes retranchements, que le vieillissement et la mort ne seront, demain, que de vieux souvenirs.

## La Troisième République (1870 et au-delà)

La Troisième République est proclamée en 1870. Mais, après la défaite de la guerre franco-allemande, le gouvernement multiplie les maladresses. L'insurrection gagne Paris : c'est la Commune (de mars à mai 1871), pendant laquelle on supprime la peine de mort, on sépare l'Église et l'État, on confisque les biens du clergé. La guerre civile se termine par des combats de rue acharnés, des exécutions sommaires et l'incendie d'une partie de la capitale. La Commune écrasée, le régime républicain se consolide et restera en place jusqu'en 1940, début de l'occupation allemande. En 1880, le 14 juillet devient jour de fête nationale.

Les années 1880 qui s'ouvrent feront une grande place à la réalité ouvrière. Les paysans, certes, forment encore la classe la plus nombreuse, mais les usines, les manufactures et les mines emploient de plus en plus d'ouvriers, dont les conditions de travail sont rudes et la qualité de vie réduite au minimum : promiscuité, alcoolisme, prostitution, analphabétisme, maladies. C'est l'heure des grands mouvements ouvriers, de la syndicalisation et des idées socialistes : celles du comte de Saint-Simon (1760-1825), de Charles Fourier (1772-1837), de Pierre Joseph Proudhon (1809-1865), de Karl Marx (1818-1883).

---

1. Fondé en 1852 par le commerçant Aristide Boucicaut et rapidement copié : le Bazar de l'Hôtel de Ville (1856), le Printemps (1864), la Samaritaine (1869), qui tous existent encore.

L'USINE DE RIME ET RENARD À ORLÉANS.
LAURENT-VICTOR ROSE, XIXᵉ SIÈCLE.

Le socialisme de Zola est plus humaniste que politique, l'auteur n'ayant jamais adhéré à l'idée d'une révolution violente pour transformer les conditions de travail et de vie du prolétariat urbain.

## L'âge de la science

Nous sommes en 1880. Depuis que le peuple a chassé l'Empire et rétabli la République, Zola accorde à l'idée de nation, à l'idée de patriotisme, une valeur nouvelle et positive. Il ne les sépare pas des concepts de « méthode », de « science », de « naturalisme », ce qui, pour lui, revient au même. S'appuyant solidement sur le positivisme d'Auguste Comte[1] et sur les sciences qui s'élaborent au XIXe siècle avec, entre autres, Claude Bernard[2], Louis Pasteur[3], Charles Darwin[4], Gregor Mendel[5] et Prosper Lucas[6], Zola pense que l'attitude scientifique doit gagner les esprits, tant dans la conduite de la guerre que dans l'écriture d'un roman. Le Roman expérimental, publié en 1880, est un recueil d'articles dans lesquels Zola travaille à définir le naturalisme. Dans la « Lettre à la jeunesse », évoquant la défaite de 1870 qui a été pour lui une salutaire leçon sur la façon dont il convenait de

---

1. Comte (1798-1857), auteur du Cours de philosophie positive (1830-1842), formule la « loi des trois états » : l'humanité, sortie des états théologique et métaphysique, est entrée dans l'état scientifique où l'on cherche à énoncer les lois qui régissent les rapports entre les phénomènes pour en comprendre l'origine et la nature physique.
2. Bernard (1813-1878), médecin et physiologiste français, est le fondateur de la médecine expérimentale, l'auteur d'Introduction à l'étude de la médecine expérimentale (1865) et l'un des précurseurs de la sociologie.
3. Pasteur (1822-1895), pionnier de la microbiologie, a inventé les premiers vaccins.
4. Le naturaliste anglais Darwin (1809-1882) a écrit De l'origine des espèces (1859), un ouvrage où il renouvelle la conception de l'adaptation du vivant à son milieu. Les théories darwiniennes de l'évolution et de la sélection naturelle sont le paradigme d'après lequel la biologie moderne pense encore le vivant.
5. Mendel (1822-1884), moine autrichien, est le fondateur de la génétique. Il a pensé les mécanismes de l'hérédité ; les « lois de Mendel » (1865) expliquent la transmission des gènes de génération en génération.
6. Médecin français spécialiste de l'hérédité, Lucas (1805-1885) a écrit le Traité philosophique et physiologique de l'hérédité naturelle dans les états de santé et de maladie du système nerveux (1847 et 1850) dont s'est servi Zola pour Les Rougon-Macquart.

> c'est l'engagement formel que je puis prendre de m'acquitter de ma dette à une époque fixe. En somme, je vous le répète, je vous prie simplement de m'avancer ce que Lacroix et Kératry doivent me verser prochainement. Lacroix est parti brusquement pour Bruxelles, sans m'avertir, en me faisant dire qu'il réimprimerait Thérèse à son retour, dans une quinzaine. Quant à Kératry, je n'ai pas osé lui demander une avance, j'ai préféré encore m'adresser à vous.
>
> Dans le cas où vous pourriez me rendre le service que je vous demande, veuillez donc me rassurer demain matin, en m'écrivant un petit mot. Dans ce cas, je prendrai la somme jeudi soir chez vous, à moins qu'il ne vous faille quelque temps pour la réaliser.
>
> Pardonnez-moi, et croyez-moi votre bien dévoué,
>
> Émile Zola
>
> 1, rue Moncey, Batignolles.

LETTRE DE ZOLA À ÉDOUARD MANET (1868).

repenser l'histoire, Zola énonce clairement sa conception du naturalisme, son amour de la méthode scientifique :

> « Ce qu'il faut confesser très haut, c'est qu'en 1870, nous avons été battus par l'esprit scientifique. [...] Nous nous sommes brisés contre la méthode d'un peuple plus lourd et moins brave que nous, nous avons été écrasés par des masses manœuvrées avec logique, nous nous sommes débandés devant une application de la formule scientifique à l'art de la guerre ; sans parler d'une artillerie plus puissante que la nôtre, d'un armement mieux approprié, d'une discipline plus grande, d'un emploi plus intelligent des voies ferrées. [...] Nous n'avons qu'à nous mettre résolument à l'école de la science. Plus de lyrisme, plus de grands mots vides, mais des faits, des documents. L'empire du monde va être à la nation qui aura l'observation la plus nette et l'analyse la plus puissante. Nous serons d'autant plus forts, que nous aurons la science pour arme, que nous l'emploierons au triomphe de la liberté, avec la générosité de tempérament qui nous est propre. Que la jeunesse française m'entende, le patriotisme est là. C'est en appliquant la formule scientifique qu'elle reprendra un jour l'Alsace et la Lorraine[1]. »

Zola, étudiant le mouvement littéraire depuis le commencement du XIXe siècle, estime que le romantisme, maintenant dépassé, correspond au début logique de la grande évolution naturaliste. Selon lui, la force des poètes romantiques, de Victor Hugo en l'occurrence, fut de renouveler la langue. Certes, les romantiques tiennent le siècle par les mots, mais « les idées du siècle, celles qui le conduisent, ce sont la méthode scientifique, l'analyse expérimentale, le naturalisme[2] ». Ce sera là l'essentiel de sa bataille littéraire : appliquer la formule scientifique à la littérature.

---

1. « Lettre à la jeunesse », dans *Le Roman expérimental,* p. 129-135.
2. *Ibid.,* p. 109.

*L'Angelus* (1857-1859).
Jean-François Millet (1814-1875).

Zola a écrit sur la peinture et pratiqué la photographie. Cette sensibilité et cet intérêt pour d'autres arts se manifestent jusque dans ses nouvelles où de larges pans de l'écriture relèvent du « tableau » offert au regard du lecteur qui expérimente, lui aussi, les effets d'optique, de mouvement et de lumière. Littérature et peinture, loin de se repousser, se font signe et s'enlacent, rendant les nouvelles mobiles et vivantes, presque fondues à l'espace réel des formes et des objets, comme en constant transit entre l'art et la vie, comme une suite naturelle.

## La peinture au XIXᵉ siècle : naturalisme, réalisme, l'affaire Manet

La première moitié du XIXᵉ siècle est romantique. Les chefs de file français de ce mouvement sont Victor Hugo (1802-1885) en littérature, Eugène Delacroix (1798-1863) en peinture [1], Hector Berlioz (1803-1869) en musique. Après 1848, la faillite de l'idéal a tourné les esprits vers le réalisme. Celui-ci, avant d'être un mouvement littéraire, a été une école de peinture, comme le naturalisme fut le premier nom donné à l'impressionnisme, un mouvement pictural consacré à l'étude des effets changeants de la lumière. La peinture réaliste se place chronologiquement après le romantisme contre lequel elle réagit, et ouvre la voie à l'impressionnisme dont elle est une composante essentielle.

De la découverte du plein air faite après 1830 — grâce à « l'atelier transportable », c'est-à-dire les tubes de couleur — par des artistes de l'école de Barbizon, un village à la lisière de la forêt de Fontainebleau, on retient surtout deux noms. Le premier est Jean-François Millet (1814-1875), fils de paysans, attaché à la vie de la terre, aux habitants de la campagne et aux travaux des champs — *Les Glaneuses* (1857) et *L'Angélus* (1857-1859) sont deux de ses plus célèbres tableaux. Le second est Camille Corot (1796-1875), rompu à l'observation directe de la nature. Il peint entre autres des paysages intimes saisis tôt le matin ou au crépuscule. Ses tableaux, en représentant la réalité la plus

---

1. *La Liberté guidant le peuple* (1830) est une huile sur toile célèbre de Delacroix, un pamphlet politique.

*Les Casseurs de pierres* (1851).
Gustave Courbet (1819-1877).

précise qui soit, montrent en même temps le contexte social, qui reprend souvent le thème du travail.

Parallèlement à cette ouverture au réalisme pictural, de nombreux illustrateurs et caricaturistes jouent un rôle dans l'avancée réaliste. Honoré Daumier (1808-1879) est le grand dessinateur de l'époque; ses virulents portraits de Louis-Philippe I$^{er}$ lui valent poursuites et condamnations.

La peinture réaliste française atteint son apogée avec l'œuvre de Gustave Courbet (1819-1877) à qui, d'ailleurs, on doit le terme de «réalisme». Né à Ornans dans une famille de propriétaires terriens, il conserva toute sa vie l'amour du pays natal. En 1855, ses toiles sont refusées à l'Exposition universelle de Paris. Courbet construit alors son propre pavillon d'exposition et cloue, au-dessus de la porte, un panneau qui indique: «Le réalisme — G. Courbet». Autodidacte, socialiste convaincu, Courbet aime traiter des sujets de la vie quotidienne auxquels il donne une dimension noble et monumentale d'études sociales. Il affirme qu'il peint essentiellement ce qu'il voit: ainsi, le tableau *Les Casseurs de pierres* (1851) montre le dur labeur d'un jeune homme et d'un vieillard sous la chaleur accablante du soleil. En 1850, la vaste composition *Un enterrement à Ornans* provoque un scandale. Le tableau montre un cortège de villageois s'apprêtant à inhumer un cercueil, représentation fidèle de la réalité, sans modification ni adoucissement: figures reconnaissables, exactitude des costumes et respect de la topographie du cimetière. Par son esthétique, Courbet ouvre une voie nouvelle: «faire de l'art vivant», qui rompt aussi bien avec les peintres d'Histoire qu'avec les tenants de l'art académique et les conservateurs.

Entre l'œuvre de Courbet et celle des impressionnistes surgit celle d'Édouard Manet (1832-1883). Son œuvre provoque plusieurs scandales, comme pour Courbet. Manet innove par les sujets traités, par la couleur et par les volumes. Ses toiles sont lumineuses, couvertes de taches colorées et brillantes. Avec lui, le monde moderne entre dans la peinture: cafés, jardins publics et privés, scènes de rue. *Le Déjeuner*

*Le Déjeuner sur l'herbe* (1862).
Édouard Manet (1832-1883).

*sur l'herbe* (1862) et *Olympia* (1863) [1] choquent les critiques d'art et le public qui voient là un réalisme licencieux. En 1866, Zola devenu chroniqueur à *L'Événement* est chargé de rendre compte du Salon officiel et déclenche une offensive en faveur du peintre rejeté. C'est l'« affaire Manet ». Les passages suivants témoignent de sa véhémence.

« Songez à tout ce qu'a dû souffrir hier un tempérament bâti comme le mien, égaré dans la vaste et morne nullité du Salon. [...] Jamais je n'ai vu un tel amas de médiocrités. [...] Le vent est à la science ; nous sommes poussés malgré nous vers l'étude exacte des faits et des choses. Aussi, toutes les fortes individualités qui se révèlent s'affirment-elles dans le sens de la vérité. Le mouvement de l'époque est certainement réaliste, ou plutôt positiviste [2]. »

« En 1865, Édouard Manet est encore reçu au Salon ; il expose un *Christ insulté par les soldats* et son chef-d'œuvre, son *Olympia*. J'ai dit chef-d'œuvre, et je ne retire pas le mot. Je prétends que cette toile est véritablement la chair et le sang du peintre. Elle le contient tout entier et ne contient que lui [3]. »

En 1884, Zola écrit encore, à propos de Manet : « Après Courbet, il est la dernière force qui se soit révélée, j'entends par force une nouvelle expansion dans la manière de voir et de rendre [4]. »

Celui qui a peut-être le mieux compris la signification d'*Olympia* de Manet est le peintre Paul Cézanne (1839-1906). Sa toile *Une moderne Olympia* (vers 1874), exposée au Salon et plus mal accueillie encore que son modèle, est une parodie. En effet, elle introduit le regardeur à l'intérieur de la composition suggérée par Manet. Son chapeau haut de forme posé derrière lui, un bourgeois bedonnant est assis sur le bord d'un sofa. Il contemple le spectacle d'une femme noire découvrant une femme blanche allongée sur un lit. Le tableau est peint de façon telle qu'il est impossible de savoir si la scène

---

1. Voir en annexe un extrait de Zola à propos d'*Olympia* (p. 263).
2. « Mon Salon » (1866), dans *Le Bon Combat*, p. 63-65.
3. *Une nouvelle manière en peinture : Édouard Manet.* (Voir l'extrait, annexes, p. 263.)
4. « Préface du catalogue de l'exposition Édouard Manet » (1884), dans *Le Bon Combat,* p. 224. Il est à noter que Manet fit en 1868 un *Portrait d'Émile Zola.*

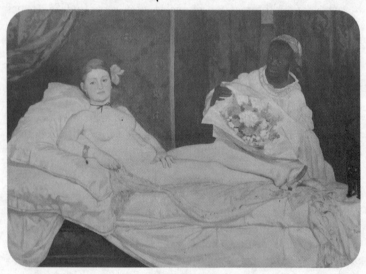

*OLYMPIA* (1863).
ÉDOUARD MANET (1832-1883).

contemplée est réelle ou s'il s'agit d'une peinture dans la peinture. Autrement dit, le personnage représenté est-il réellement assis dans un musée ou est-il en train de se projeter un fantasme érotique?

Un mot, ici, sur les Salons au XIXe siècle. À partir de 1737, des expositions d'œuvres d'artistes se tiennent au Salon carré du Louvre, d'où le nom de «Salons» qui sert ensuite à les désigner. Chaque année, le Salon officiel est le lieu de passage obligé pour exposer, se faire connaître et obtenir des commandes de l'État. Il est tenu par les pontes [1] de l'«art officiel», l'art académique qui promeut des œuvres répondant au goût de l'État et du système en place, des œuvres conservatrices, traditionnelles: portraits de souverains, thèmes religieux et mythologiques, scènes d'intérieur ou champêtres. Ce sont les tableaux «pompiers» de Cabanel, Gérôme, Bouguereau, Gervex, Meissonier. Quant au Salon des indépendants (fondé en 1884), il est l'héritier direct du Salon des refusés que Napoléon III consent à créer, en 1863, afin d'accueillir, en marge du Salon officiel, les artistes écartés par le jury. Ainsi s'explique le geste de Courbet d'ouvrir pavillon et, plus tard, celui du photographe Nadar de prêter son studio afin que les impressionnistes puissent exposer leurs toiles, l'un et l'autre inaugurant un système de promotion et de diffusion de l'art délivré des critères du Salon officiel.

### La révolution impressionniste

En 1873, sous l'impulsion de l'écrivain Paul Alexis (1847-1901), ami de Zola [2], une coopérative d'artistes anonymes se constitue. À l'initiative du peintre Edgar Degas (1834-1917), le photographe Nadar (de son vrai nom, Gaspard-Félix Tournachon; 1820-1910) organise, en 1874, dans son studio, une exposition des œuvres du groupe. On y vient voir des toiles de Renoir, Monet, Pissarro, Cézanne, Degas, Boudin, Sisley, Morisot. Auguste Renoir (1841-1919), chargé de préparer le catalogue, intitule une toile de Claude Monet (1840-1926) *Impression, soleil levant* (1873). Et voilà lancé avec dérision par un journaliste le

---

1. Pontes: décideurs, membres du jury.
2. Cézanne les a réunis dans un tableau: *La Lecture de Paul Alexis chez Zola* (1869).

*NATURE MORTE AUX OIGNONS* (VERS 1895).
PAUL CÉZANNE (1839-1906).

mot «impressionnistes» — mot qui remplacera définitivement «naturalistes» pour désigner les peintres en pleine nature avec leur chevalet et leurs tubes de couleur.

L'exposition soulève un tollé, mais le style qui se dégage de ce groupe, les paysages et spectacles familiers de la vie quotidienne et, surtout, la *lumière,* le véritable sujet du tableau, finissent par s'imposer. L'action de la lumière sur les objets et ses variations selon l'heure[1] et la saison (neige, pluie, vapeur, écume), les effets d'atmosphère, le motif brouillé par les conditions d'éclairage, les reflets sur l'eau, tout cela donne des tableaux saisissants, nouveaux. On désigne donc par «impressionnisme» le courant pictural qui se déploie en France entre 1860 et la fin du XIXe siècle; l'écrivain David Haziot en parle comme d'une «surconscience de la splendeur colorée du monde[2]». L'un des thèmes explorés est la ville, en particulier Paris alors en pleine transformation: les grands boulevards, le quartier neuf de la gare Saint-Lazare avec le pont de l'Europe[3], les immeubles et les intérieurs haussmanniens. On peint aussi les lieux que le chemin de fer permet d'atteindre, comme les berges de la Seine et de l'Oise, la côte normande ou bretonne[4]. L'intérêt se porte également aux loisirs des citadins: flâneries dans les parcs urbains, conversations aux terrasses des cafés, baignades, parties de canotage et bals populaires en banlieue de Paris. Toulouse-Lautrec (1864-1901), que l'on considère comme un post-impressionniste, montre sans fard différentes formes de réjouissances sociales (maisons closes, cabarets, alcool), tandis que les plaisirs du théâtre, de la danse, de l'opéra et des courses retiennent Degas.

## Paul Cézanne ou la sphère, le cône, le cylindre

Par l'intermédiaire de son ami Émile Zola, Cézanne rencontre les impressionnistes, avec lesquels il expose en 1874 et en 1877. Contrairement aux impressionnistes, Cézanne fixe la réalité visible de

---

1. Les impressionnistes procèdent quelquefois par séries, tel Claude Monet avec *Les Meules* (1890) et *La Cathédrale de Rouen* (1892-1904).

2. *Van Gogh,* p. 69.

3. Que Zola a décrit dans les premières pages de *La Bête humaine* (1890) et que Caillebotte (1848-1894) a peint en 1876 (*Le Pont de l'Europe*).

4. La nouvelle *Les Coquillages de M. Chabre* fourmille de descriptions impressionnistes.

façon figée avec peu d'effets de profondeur. Il réduit les objets représentés à des formes élémentaires telles que la sphère, le cône et le cylindre — posant ainsi les bases du cubisme et de l'art abstrait du xxᵉ siècle. Fasciné par la montagne Sainte-Victoire, massif qui domine le val d'Arc près d'Aix, il s'efforce de fixer le paysage environnant en divers points de vue, sans se conformer à une justesse naturaliste (*La Montagne Sainte-Victoire,* 1896-1898, et *La Montagne Sainte-Victoire vue des Lauves,* 1902-1904) [1]. Dans ses nombreuses natures mortes, les objets de la vie quotidienne sont dissociés de leur fonction ordinaire pour être monumentalisés (*Nature morte aux oignons,* vers 1895). La fidélité au détail y est secondaire, de même que la justesse de la perspective. Pour avoir réinventé la peinture, entre autres par la fragmentation en éléments géométriques, Cézanne est considéré comme le «père de l'art moderne», un peintre post-impressionniste ayant frayé la voie aux artistes ultérieurs, cubistes, fauves, expressionnistes.

C'est probablement en 1886 que Cézanne reçoit un exemplaire du nouveau roman de Zola, *L'Œuvre* (1886). Tragédie de l'artiste incompris et impuissant, *L'Œuvre* raconte l'histoire du peintre Claude Lantier [2], qui poursuit un idéal esthétique exigeant et novateur, mais se heurte à des échecs successifs. Ni l'amour ni les relations amicales qui l'attachent au romancier Sandoz ne l'empêchent de se laisser sombrer dans le doute et la folie. Impuissant à terminer les grandes compositions dont il rêve, Lantier finit par se suicider devant un tableau symbolique inachevé. Il y a un peu de Zola dans la figure de Lantier et dans celle de son ami Sandoz. Voyant dans *L'Œuvre* divers épisodes de la vie des peintres et des sculpteurs que Zola connaissait, la critique littéraire et l'histoire de l'art lui ont reproché d'avoir méconnu le génie de Cézanne. Ce peintre crut se reconnaître dans le personnage du roman, et se brouilla avec son ami d'enfance. Ce procès d'intention paraît toutefois peu fondé.

---

1. René Richard (1895-1982), peintre suisse émigré dans Charlevoix, au Québec, trappeur et fervent du Grand Nord canadien, eut lui aussi l'obsession de peindre une montagne. Cet artiste est immortalisé sous le nom de Pierre Cadorai dans *La Montagne secrète* (1961) de Gabrielle Roy (1909-1983).

2. Personnage déjà apparu dans *Le Ventre de Paris* (1873).

En effet, Claude Lantier, un être composite qui combine les traits de plusieurs peintres des années 1860 à 1870, est le double inquiet de Zola lui-même plutôt que le portrait ressemblant de Cézanne.

## Le siècle de la photographie

Au cours de la seconde moitié du XIXe siècle, la propagation de la photographie suscite l'engouement de la population dans toute l'Europe. Elle devient rapidement un moyen d'expression à part entière. De nombreux artistes la pratiquent parallèlement à d'autres modes d'appréhension du réel : Hugo, Flaubert, Zola… Celui-ci prend ses premiers clichés à l'occasion de vacances à Royan en 1888 et se dit, dès 1895, amateur passionné, déclarant qu'il faut photographier les êtres et les choses si l'on veut vraiment les connaître. À ses yeux, la photographie révèle « un tas de détails qui, autrement, ne pourraient même pas être discernés [1] ». Zola possède une dizaine d'appareils, se fait installer des laboratoires (dont un à Paris et un à Médan) pour développer ses épreuves et faire des agrandissements. Il essaie divers papiers de couleurs différentes, met au point un déclencheur à retardement pour se photographier lui-même à distance. Son style photographique doit sans doute beaucoup à ce qu'il a appris des peintres, entre 1860 et 1870, sur la lumière et le cadrage. Certaines de ses photos évoquent les toiles de Monet. Comme lui, Zola travaille par séries : le même paysage urbain photographié avec le même cadrage à différentes saisons, sous le soleil, la neige, la pluie, la brume… Il fait des photos intimes (amis, famille, animaux familiers), des portraits de « type » (il fait venir des gitans à Médan pour les photographier), saisit des scènes du quotidien, le pittoresque des métiers, les aspects de Médan. Lors de son exil en Angleterre, à la suite de l'affaire Dreyfus, il en immortalise la vie quotidienne : rues, maisons, paysages. Il s'intéresse aux sujets d'actualité : à l'Exposition universelle de 1900, il prend quelque 700 clichés dont une succession de vues captées des premier et deuxième étages de la tour Eiffel, lesquelles, mises bout à bout, donnent une vision panoramique du paysage sur 360 degrés.

---

1. Paroles de Zola extraites d'une interview accordée à la revue anglaise *The King* en 1900.

Zola indique ainsi que la photographie permet d'étendre au maximum les possibilités du regard humain.

La photographie au xixe siècle, considérée comme une reproduction on ne peut plus parfaite de la réalité, lui confère l'aura de la vérité. Elle tient cette capacité mimétique de sa nature technique même, de son procédé mécanique qui fait apparaître une image de manière « automatique », « objective »[1], presque « naturelle », sans qu'intervienne la main de l'artiste. En cela, cette image s'oppose à l'œuvre d'art, produit du travail, du génie et du talent manuel de l'artiste. Il faut mesurer en quoi la photographie, *écriture de la lumière*, a valeur de traumatisme chez les artistes et dans toute la société du xixe siècle : elle a volé, en quelque sorte, le portrait à la peinture et l'a libérée du sujet, ouvrant de la sorte, conjointement avec l'œuvre de Cézanne, la voie à l'abstraction.

## La théorie des écrans (1864) et la campagne naturaliste (1875-1880)

En 1864, le réalisme zolien se formule par le biais de la théorie des écrans que Zola élabore dans une lettre à son ami Antony Valabrègue[2]. Cette lettre est très intéressante, car elle relativise l'idée selon laquelle on peut traduire la réalité exacte dans une œuvre d'art. Par ailleurs, Zola y évoque la création par une métaphore, celle de l'*écran* s'interposant entre l'écrivain et la réalité. On est tout près ici de la métaphore photographique[3], et de l'écran entendu comme filtre, neutre ou coloré, utilisé en photographie argentique. Chaque filtre coloré sélectionne une longueur d'onde particulière dans le spectre lumineux. Le photographe peut alors mettre en valeur, par exemple dans le ciel ou sur un mur, certains détails peu contrastés. Zola, passionné et connaisseur, employait sans doute différents filtres et lentilles.

---

1. Le groupe de lentilles qui constitue l'œil de l'appareil photo ne s'appelle-t-il pas précisément l'« objectif » ?
2. Reprise dans *Le Bon Combat*, p. 297-303.
3. Également employée par Freud, dans *L'Interprétation des rêves* (d'abord publiée en 1900), pour expliquer le fonctionnement de l'appareil psychique : « Essayons seulement de nous représenter l'instrument qui sert aux productions psychiques comme une sorte de microscope compliqué, d'appareil photographique » (p. 455).

Présentée dans sa métaphore de l'écran, sa théorie définit trois esthétiques : classique, romantique et réaliste. Toute œuvre d'art serait, selon lui, comme une fenêtre ouverte sur la création ; enchâssée dans l'embrasure, passant par une sorte d'écran transparent qui déforme plus ou moins les objets, la création exacte et réelle est modifiée par le milieu où passe son image. Il y a déformation, il y a mensonge, essentiellement à cause de la nature de l'écran. « Nous voyons la création dans une œuvre, à travers un homme, à travers un tempérament, une personnalité. » Selon cette idée, comme la création est relativement la même pour chacun, renvoyant à tous une image similaire, l'écran seul prête à l'étude et à la discussion.

Zola évoque ensuite l'écran classique (« un verre grandissant qui développe les lignes et arrête les couleurs au passage ») et l'écran romantique (« un prisme qui brise tout rayon lumineux et le décompose en un spectre solaire éblouissant »). Quant à l'écran réaliste, c'est un simple verre à vitre, mince, clair, quasi transparent. Il n'en a pas moins une couleur propre, teignant et réfractant les objets comme n'importe quel autre. Une fine poussière grise trouble sa limpidité tout en donnant des images aussi fidèles qu'un écran peut en donner. Zola détermine ensuite l'écran qu'il préfère : « Je préfère l'Écran qui, serrant de plus près la réalité, se contente de mentir juste assez pour me faire sentir un homme dans une image de la création[1]. »

On croirait entendre ici l'écrivain Louis Aragon (1897-1982) et son *Mentir-vrai*. Le *Mentir-vrai* est une nouvelle de 1980, conçue comme une poétique, c'est-à-dire une réflexion sur les traits qui caractérisent la création littéraire. Parti d'un souvenir d'enfance, l'auteur y illustre ceci : la narration consiste en la transformation de faits réels gardés en mémoire dans une composition fictionnelle qui, bien que produit d'un mensonge et donc « menteuse », transporte une vérité s'approchant plus de la réalité que la reproduction directe et immédiate de la réalité telle quelle. Un siècle après *Le Roman expérimental*, cette nouvelle d'Aragon, tout en s'écartant du naturalisme zolien, notamment par le recours à la mémoire, dont Zola ne parle nulle part dans ses textes théoriques sur le naturalisme, offre un mot poétique sous lequel ranger, somme toute, l'aventure réaliste-naturaliste.

---

1. *Le Bon Combat*, p. 302.

La seconde moitié du xixᵉ siècle, positiviste, s'installe dans une posture, une vision du monde rationaliste et matérialiste où l'objectivité, opposée à la subjectivité, à la sensibilité et aux tourments intérieurs, est centrale : on la cerne à travers les progrès des sciences naturelles, les réalisations techniques, la révolution industrielle, le prolétariat urbain, les mouvements ouvriers, la reconstruction haussmannienne de Paris, la peinture des Millet, Courbet, Manet, la révolution impressionniste et post-impressionniste, le déploiement des communications de masse par les journaux et les images infiniment reproduites. Tout ce grouillement, tous ces miroirs du réel, tout ce discours de la mimesis et de la trace, qui veulent donner un accès aussi direct que possible au réel, participent de l'abandon du romantisme du début du siècle au profit du réalisme.

Le réalisme est une conception de l'art et de l'écriture fondée sur l'observation des réalités. L'« école du vrai » ne refuse aucun sujet. Toute réalité peut être mise en mots afin de présenter la vie matérielle, physique, physiologique dans la variété de ses manifestations. Les lettres cessent d'être « belles », tentent de traduire le laid, le nauséabond, le sale, le putride.

« Faire vrai consiste à donner l'illusion complète du vrai […] Pour décrire un feu qui flambe et un arbre dans une plaine, demeurons en face de ce feu et de cet arbre jusqu'à ce qu'ils ne ressemblent plus, pour nous, à aucun autre arbre et à aucun autre feu [1]. » L'illusion de la réalité, dans l'écriture réaliste [2], est atteinte par la description détaillée de personnages de toutes provenances et de toutes classes sociales (« princes ou bergers, grandes dames ou gardeuses de vaches [3] »). L'écrivain va parfois jusqu'à reproduire leur accent pour faire résonner le chant de leurs origines ou de leur milieu. Le réalisme présente ces personnages comme prisonniers de déterminismes sociaux [4],

---

1. Guy de Maupassant, « Le Roman », préface à *Pierre et Jean*, p. 16 et 25.
2. Stendhal, Balzac (*La Comédie humaine* témoigne d'un immense travail d'observateur), Flaubert, Maupassant sont quelques illustres représentants du réalisme littéraire.
3. *Le Roman expérimental*, p. 292.
4. L'humain, selon Zola, ne peut être séparé de son milieu, étant complété par son vêtement, sa maison, sa ville, sa province.

héréditaires, physiologiques[1]. Il place l'histoire dans un contexte réel en offrant des repères spatiotemporels précis (évènements politiques, faits sociaux, lieux, dates). Il privilégie l'observation rigoureuse, le récit construit à partir de la réalité, souvent précédé d'enquêtes sur le terrain, de cas documentés, de spécialistes consultés, de centaines d'heures de lecture patiente, de notes, fiches et dossiers accumulés, de plans d'œuvre — généraux et détaillés.

En 1880, poussant le réalisme à l'extrême, Zola définit le naturalisme dont il est le théoricien et chef de file comme «la formule de la science moderne appliquée à la littérature[2]». L'écrivain tente d'employer dans son travail littéraire les méthodes de la science expérimentale et ses modes de raisonnement; il est observateur et expérimentateur:

> «En somme, toute l'opération consiste à prendre les faits dans la nature, puis à étudier le mécanisme des faits, en agissant sur eux par les modifications des circonstances et des milieux, sans jamais s'écarter des lois de la nature. Au bout, il y a la connaissance de l'homme, la connaissance scientifique, dans son action individuelle et sociale. [...] L'homme métaphysique est mort, tout notre terrain se transforme avec l'homme physiologique. [...] Le point de vue est nouveau, il devient expérimental au lieu d'être philosophique[3].»

L'écrivain naturaliste conçoit des œuvres vraies avec rigueur, la méthode expérimentale recoupant, en quelque sorte, les étapes du schéma narratif: observation de départ, description de la crise, analyse du conflit, résolution ou non, constat.

---

1. Le xxᵉ siècle verra naître un vaste mouvement de distanciation critique par rapport à l'esthétique réaliste (abstraction, structuralisme, Nouveau roman, psychanalyse, sémiologie, déconstruction).
2. *Le Roman expérimental*, p. 63.
3. *Ibid.*, p. 97.

ÉMILE ZOLA ET SES PARENTS EN 1846.
ARTISTE DE L'ÉCOLE FRANÇAISE, XIXᵉ SIÈCLE.

## ZOLA ET SON ŒUVRE

### La vie de Zola, sa formation intellectuelle et morale

#### LA PLACE DU PÈRE

Le père d'Émile, François Zola, né en 1795 à Venise, émigré en France (à Marseille d'abord, à Paris, puis à Aix), a été officier d'artillerie, ingénieur hydraulique, constructeur et entrepreneur. Il est mort le 27 mars 1847 sur le chantier du barrage et du canal qui devaient alimenter en eau la ville d'Aix-en-Provence, où le couple Zola était déménagé en 1843. Sa veuve se débattit sans succès dans le règlement des affaires de la Société du canal Zola. La famille, désargentée, connut le dénuement. Ces difficultés financières ont profondément marqué Émile Zola ; il n'a eu cure d'insister, dans ses romans, sur la nécessité vitale de l'argent. Deux titres du cycle des *Rougon-Macquart* font paraître ce leitmotiv : *La Fortune des Rougon* (1871) et *L'Argent* (1891).

François Zola a laissé à son fils l'image fortement valorisée d'un personnage moderne, conquérant, actif, énergique et, aussi, l'idée d'une création à continuer, d'un nom à imposer. À la suite de sa disparition prématurée, le fils a peut-être éprouvé un sentiment inconscient de culpabilité et une hantise de la mort. Dans une lettre du 28 mars 1867, il compare sa Provence natale à « une marâtre que j'aime encore et qui cependant m'a ruiné et m'a fait orphelin[1] ». D'ailleurs, *La Mort d'Olivier Bécaille* et *Nantas* présentent, quoique discrètement, le thème des relations père-fils et mère-fils, ainsi que celui de la mort. Peut-être ces récits ont-ils quelque dimension biographique.

#### LES FEMMES QUI L'ONT MARQUÉ

Tout au long de son enfance et de son adolescence, Émile Zola semble avoir été choyé par deux femmes : sa mère, Émilie, et sa grand-mère maternelle, Henriette Aubert, décédée en 1857. Jusqu'à sa mort en 1880, sa mère vécut dans le voisinage immédiat de l'écrivain et Gabrielle-Alexandrine Meley, couple formé en 1866 et marié en 1870.

---

1. Cité dans Marie-Aude de Langenhagen, *Zola : biographie, analyse littéraire, étude détaillée des principales œuvres*, p. 19.

*LES TROIS BAIGNEUSES* (1879-1882).
PAUL CÉZANNE (1839-1906).

La mort d'Émilie laissa le romancier désemparé, brisé, anxieux pour des années. S'étant relevé de cette catastrophe intime, Zola rencontra Jeanne Rozerot, lingère de sa femme, avec qui il connut une nouvelle jeunesse sentimentale. Il installa sa maîtresse dans un appartement non loin de son domicile parisien. Avec cette femme aimée, Zola eut deux enfants, Denise[1] et Jacques, et découvrit les joies de la paternité.

## LES ÉTUDES

Elles ont été brèves, médiocres. Au collège Bourbon d'Aix-en-Provence (où il devint l'ami de Paul Cézanne, le futur peintre des *Trois Baigneuses* et de la *Nature morte aux oignons*), puis au lycée Louis-le-Grand à Paris, Zola reçut une solide formation littéraire qu'il poursuivit au cours des trois années suivantes par une boulimie de lectures. En 1859, il échoua au baccalauréat et décida de ne pas aller à l'université.

## LA BOHÈME

Venu à Paris en 1860, Émile écrit, se promène au jardin du Luxembourg et dans les bois de Verrières, à quelques kilomètres au sud de Paris, fréquente les musées et les ateliers d'artistes. Il a une tendance à la cyclothymie, son élan vital alternant entre l'esprit d'entreprise et la dépression. Pendant ces deux années de bohème, il vit une grande misère matérielle, mais emmagasine des expériences et des images contrastées de Paris, des types humains, des femmes, de l'amour, de la société. Il est curieux de ce qui se dit et s'écrit dans la Ville lumière, à l'affût des formes modernes de la vie littéraire et artistique. La découverte des écrits de Michelet l'initie à des curiosités plus modernes que celles dont il se nourrissait auparavant (les romantiques et les classiques). Par la suite, il se passionne pour Taine, Balzac, Stendhal.

---

1. Denise Leblond-Zola a laissé à la postérité un ouvrage sur son père, *Émile Zola raconté par sa fille.*

## LE MÉTIER D'ÉCRIVAIN

En 1862, Zola entre par la petite porte, celle du service des expéditions, à la librairie de Louis Hachette. De commis, il devient rapidement chef de la publicité, poste qui lui permet de nouer, entre 1862 et 1866, de nombreuses relations dans le milieu des lettres. Ce séjour à la librairie de M. Hachette — qui est aussi un éditeur, un intellectuel ouvert à l'encyclopédisme, au positivisme, à la liberté de pensée — lui sera profitable de trois manières. D'abord, dans son métier d'écrivain : il ne suffit pas d'écrire des livres, encore faut-il savoir en négocier l'édition au meilleur coût, leur assurer un succès public en utilisant le relais de la presse, susciter des comptes rendus nombreux et favorables. Ensuite, Zola se fait un réseau d'amitiés et de sympathies dans la presse littéraire, qui lui ouvrira la voie du journalisme. Dès 1863, il se taille une place dans un journal de Lille, deux ans plus tard dans un courrier littéraire lyonnais ; en 1866, il attire l'attention d'Hippolyte de Villemessant, fondateur du *Figaro* et de *L'Événement*[1]. Enfin, le passage à la librairie lui permet d'approfondir sa culture idéologique et esthétique, puisque Louis Hachette édite de multiples chercheurs, auteurs et écrivains, contribuant ainsi à la diffusion du savoir et à l'éducation des masses qui caractérisent ces années d'expansion industrielle et commerciale du Second Empire.

Pendant quatre ans, la librairie Hachette — un milieu extrêmement vivant, vivifiant, revitalisant — remplace l'université pour Zola. Elle joue le rôle d'école professionnelle, de séminaire philosophique et méthodologique, d'institut de formation politique, de tremplin vers le journalisme. De cette époque datent les deux premiers ouvrages de Zola, *Contes à Ninon* (1864) et *La Confession de Claude,* roman épistolaire et autobiographique (1865). À 24 ans, il est déjà romancier. En 1872, après avoir publié les deux premiers des *Rougon-Macquart, La Fortune des Rougon* et *La Curée,* Zola signe un contrat avec l'éditeur Georges Charpentier : pour 500 francs par mois, il s'engage à écrire deux romans par an. C'est le début de sa vraie carrière littéraire.

---

1. Cézanne a réalisé un portrait de son père lisant ce journal : *Portrait de Louis-Auguste Cézanne lisant « L'Événement »* (1866).

## LE JOURNALISME

Après sa courte mais intense carrière dans l'édition chez Hachette, Zola devient journaliste. Il s'imposera dans l'écriture romanesque la même discipline que dans le journalisme : *Nulla dies sine linea* (« Pas un jour sans une ligne »). Zola s'est construit sur cette habitude de la rédaction quotidienne. Entre 1871 et 1877, il produit pour *Le Sémaphore de Marseille,* le plus ancien journal de Marseille, de haute tenue, plus de 1700 articles ; il en rédige plusieurs centaines d'autres pour différents journaux et revues dont *Le Messager de l'Europe*[1].

Selon les circonstances, il exerce cinq métiers : chroniqueur de la vie quotidienne, chroniqueur politique (reportages sur les travaux parlementaires, articles contre le régime impérial, diatribes contre les leaders de la République conservatrice), critique littéraire, critique dramatique et critique d'art. Chacun de ces métiers lui fournit une somme de connaissances et d'expériences dont bénéficieront *Les Rougon-Macquart* et, dans une moindre mesure, les nouvelles des années 1870.

## L'ASSOMMOIR

À partir de 1876, Zola fait paraître en feuilleton *L'Assommoir* dans le journal républicain *Le Bien public.* Il se sert du journal pour défendre ce roman qui montre le milieu populaire, explique les mœurs du peuple, la soûlerie, la débandade de la famille, les coups, l'acceptation de toutes les hontes et de toutes les misères qui viennent des conditions mêmes de l'existence ouvrière. Le scandale provoqué par *L'Assommoir* est immense, le succès aussi. En quelques semaines, Zola devient une sommité littéraire. Publié en librairie, le roman lui rapporte assez de droits d'auteur pour qu'il puisse acheter sa villa de Médan. En 1880, après l'avoir fait connaître en feuilleton dans *Le Voltaire* (titre qui a remplacé celui du *Bien public*), l'éditeur Charpentier publie *Nana* ; nouveau scandale, ce qui n'empêche pas la vente de milliers d'exemplaires dès le premier jour !

---

1. Revue mensuelle de Saint-Pétersbourg, en Russie, dans laquelle Zola a publié les nouvelles du présent ouvrage.

Après la mort de Flaubert et de sa mère, en 1880, Zola traverse des années difficiles de deuil et de dépression. Il retrouve ses forces, la plume à la main. Paraissent l'un après l'autre : *Pot-Bouille* (1882), *Au bonheur des dames* (1883), *La Joie de vivre* (1884), *Germinal* (1885), *L'Œuvre* (1886), *La Terre* (1887), *Le Rêve* (1888), *La Bête humaine* (1890), *L'Argent* (1891), *La Débâcle* (1892) et *Le Docteur Pascal* (1893), vingtième et dernier volet des *Rougon-Macquart*.

## LE NATURALISME

Ce mouvement littéraire dont Zola porte le drapeau idéologique et qu'il définit comme « un coin de la nature vu à travers un tempérament » se caractérise par une méthode partiellement empruntée à la science expérimentale, à la médecine (étude de cas) et à l'enquête sociologique (étude des milieux), voire journalistique (rapport de faits divers). L'œuvre naturaliste de Zola, qui a voulu tout voir et tout peindre, met au jour les tares, les névroses sociales et individuelles, les crimes et les malheurs d'un monde moderne à la fois révéré et condamné.

En 1880 et en 1881, Zola écrit des articles théoriques, institutionnalise le naturalisme : *Le Roman expérimental* (1880), *Le Naturalisme au théâtre, Les Romanciers naturalistes, Nos auteurs dramatiques, Documents littéraires* (1881). L'histoire littéraire et sociale soude désormais son nom au naturalisme, alors que lui-même en parlait comme d'un mouvement qui ne s'incarnait ni dans le génie d'un homme, ni dans le coup de folie d'un groupe, ni dans les idées de maîtres à penser. « Dans le naturalisme, il ne saurait y avoir ni de novateurs ni de chefs d'école. Il y a simplement des travailleurs plus puissants les uns que les autres[1]. »

---

1. *Le Roman expérimental*, p. 90. Certes, Zola fait partie des travailleurs les plus puissants du xixe siècle quand on regarde l'œuvre qu'il a produite en moins de 40 ans (1864-1901). Hugo, Balzac, Flaubert, Zola : la France peut s'enorgueillir de ce patrimoine littéraire.

## La musique

Libéré des *Rougon-Macquart,* Zola voyage en Italie, pays de son père. Il rédige quelques articles, prépare la trilogie des *Trois Villes.* Il rencontre le musicien Alfred Bruneau avec qui il fait l'adaptation en drame lyrique, pour l'Opéra-Comique, de « L'Attaque du moulin », nouvelle publiée dans *Les Soirées de Médan* (1880). Zola rédige les livrets d'autres œuvres lyriques : *Messidor* (1897), *L'Ouragan* (1901) et *L'Enfant roi* (1905). Puis, il s'attelle aux *Quatre Évangiles (Fécondité, Travail, Vérité, Justice),* pour clamer sa foi dans le progrès, l'avenir, la raison, la libération de l'homme, l'instruction et la connaissance. Les trois premiers paraîtront[1], mais Zola mourra avant d'avoir achevé le dernier, *Justice,* dont on ne sait rien.

## « [...] LA VÉRITÉ EST EN MARCHE ET RIEN NE L'ARRÊTERA »

L'élan, le rythme, la charge de « J'accuse ! » (1898) marquent un point d'orgue dans l'immense entreprise d'écriture zolienne, élaborée sur une trentaine d'années. En 1902, son cortège funèbre est le plus imposant depuis l'enterrement de Victor Hugo, en 1885. En 1904, il entre au Panthéon, où l'on honore les grands personnages de la nation française.

---

1. Les autorités catholiques s'offusquent et mettent à l'index toutes les œuvres de Zola. Le public, lui, accueille bien ces œuvres.

ÉMILE ZOLA À LA COUR D'ASSISES EN FÉVRIER 1898.
TIRÉ D'UN RECUEIL FACTICE D'ESTAMPES ET DE CARICATURES
RELATIVES À L'AFFAIRE DREYFUS.

## L'affaire Dreyfus [1]

Pour mieux comprendre cette « affaire », il importe de rappeler quelques faits liés aux années post-1870, en France. Depuis la défaite des Français dans la guerre franco-allemande, les relations entre ces deux peuples sont tendues. La France n'a pas admis les conséquences de sa défaite, ni la perte de l'Alsace-Lorraine. Toute une génération de jeunes Français grandit dans le culte de la revanche à venir et le respect envers l'armée. Une nouvelle guerre est inévitable à plus ou moins brève échéance. Des deux côtés du Rhin, on la prépare activement en ayant recours, entre autres, à l'espionnage afin d'être au courant des dernières innovations militaires de l'ennemi.

Après l'annexion de l'Alsace-Lorraine en 1871, les Alsaciens ont pu choisir entre la nationalité française ou allemande. C'est ainsi qu'une riche famille juive alsacienne, la famille Dreyfus, opta pour la nationalité française et quitta l'Alsace pour Paris. Souhaitant voir l'Alsace revenir à la France, Alfred Dreyfus (né en 1859), convaincu des valeurs civilisatrices de la grande armée française, décide, en 1878, de s'engager dans l'armée. Il reçoit le titre d'officier d'artillerie et se retrouve à 34 ans capitaine stagiaire à l'état-major de l'armée, au ministère de la Guerre.

Le 26 septembre 1894, le service des renseignements français [2] découvre, à l'ambassade d'Allemagne, un bordereau écrit en français, adressé à l'attaché militaire de l'ambassade d'Allemagne, Schwartzkoppen, un espion notoire. Ce bordereau annonce l'envoi de documents français confidentiels contenant notamment des renseignements sur l'artillerie. Alfred Dreyfus est immédiatement suspecté d'avoir rédigé ce bordereau : il travaille à l'état-major, il est artilleur, il est d'origine alsacienne, il est juif. En outre, son écriture comporte des

---

1. Ce fragment remet l'article « J'accuse ! » dans son contexte, présente ses effets et ses retentissements historiques. Pour étudier ce texte au plan de la forme, se reporter à la section « Annexes », y approfondir les questions sur les caractéristiques formelles de la lettre, sa rhétorique, sa tonalité, ses figures de style, etc.

2. Service de contre-espionnage poétiquement dissimulé sous l'appellation « Section de statistique » et relevant du ministère de la Guerre.

similitudes avec celle du bordereau. On croit que Dreyfus est non seulement un espion à la solde de l'Allemagne mais un imposteur — l'horrible traître ayant délibérément falsifié sa propre écriture[1].

Le 22 décembre 1894, alors que Zola est à Rome pour préparer le deuxième volet des *Trois Villes*, il apprend que le capitaine Dreyfus a été arrêté, jugé coupable de haute trahison, condamné à la dégradation militaire et à la déportation à vie dans l'île du Diable, au large de la Guyane. L'administration pénitentiaire française y avait installé, pour les espions, les détenus politiques et de droit commun, l'un des bagnes les plus durs au monde. Zola reste indifférent à cet évènement. Mais, le 5 janvier 1895, le récit de Léon, fils d'Alphonse Daudet[2], qui vient d'assister à l'affreuse scène de la dégradation publique du capitaine dans la grande cour de l'École militaire à Paris[3], secoue et interpelle profondément Zola. Ce dernier commence à s'impliquer.

Zola riposte d'abord aux propos antisémites d'Édouard Drumont, en publiant dans *Le Figaro* du 16 mai 1896 un article retentissant intitulé « Pour les Juifs », où il dénonce la honte de l'antisémitisme :

> « Depuis quelques années, je suis la campagne qu'on essaye de faire en France contre les Juifs, avec une surprise et un dégoût croissants. Cela m'a l'air d'une monstruosité, j'entends une chose en dehors de tout bon sens, de toute vérité et de toute justice, une chose sotte et aveugle qui nous ramènerait à des siècles en arrière, une chose enfin qui aboutirait à la pire des abominations, une persécution religieuse, ensanglantant toutes les patries. Et je veux le dire[4]. »

---

1. La paternité du bordereau lui a été attribuée par trois experts en écriture sur cinq.
2. Alphonse Daudet (1840-1897) : ami de Zola, il est surtout connu pour ses contes et nouvelles *Lettres de mon moulin* (1866) et *Contes du lundi* (1873).
3. Au cours de la dégradation, le capitaine proteste à haute voix son innocence alors qu'une foule furieuse hurle : « À bas les Juifs ! » Le 15 janvier 1895, le président de la République, Jean Casimir-Perier, démissionne ; Félix Faure est nommé et lui succède le 17 janvier. Faure ne tint pas compte de la lettre de Zola et s'employa, selon ce dernier, à couvrir les coupables. Il fut un adversaire déterminé de la révision du procès de Dreyfus demandée par Mme Dreyfus en septembre 1898. Félix Faure mourut le 16 février 1899. Émile Loubet lui succéda à la présidence.
4. Repris dans *La Vérité en marche, l'affaire Dreyfus*, p. 57.

Le 13 novembre 1897, un dreyfusard d'envergure, l'Alsacien Scheurer-Kestner, vice-président du Sénat, approche Zola avec le compte rendu du procès de Dreyfus. Zola lit et relit les pièces au dossier et se fait très vite à l'idée que Dreyfus est innocent, que c'est par antisémitisme qu'il a été condamné. Il prend alors l'affaire en main et publie, dans *Le Figaro,* trois articles qui dénoncent l'erreur judiciaire dont est victime Dreyfus. Dans le deuxième, Zola perçoit clairement de quel fanatisme relève l'accusation portée contre l'homme :

> « Le capitaine Dreyfus est condamné par un conseil de guerre pour crime de trahison. Dès lors, il devient le traître, non plus un homme, mais une abstraction, incarnant l'idée de la patrie égorgée, livrée à l'ennemi vainqueur. Il n'est pas que la trahison présente et future, il représente aussi la trahison passée, car on l'accable de la défaite ancienne, dans l'idée obstinée que seule la trahison a pu nous faire battre[1]. »

Enfin, le ton du dernier article est si virulent que plusieurs lecteurs, indignés, se désabonnent.

Le 11 janvier 1898, le commandant Esterhazy, soupçonné (à raison) d'être le vrai espion à la solde de l'Allemagne[2], est acquitté, en deux jours, par le conseil de guerre. Dreyfus demeure donc le seul coupable. Zola est écœuré, ne pouvant supporter qu'on bafoue ainsi la justice. Le 12 janvier 1898, il rédige sa « Lettre à M. Félix Faure, président de la République », à paraître le 13 dans *L'Aurore,* dirigé par Georges Clemenceau (1841-1929) auquel on doit le titre-choc, en première page : « J'accuse ! » Le texte est d'une grande audace, Zola y a tout pesé, tout calculé. Il défend une seule idée : la France, généreuse et libre, n'est pas digne de cette affaire dans laquelle on inculpe injustement un homme pour en couvrir d'autres. Au nom de la vérité et de la justice qui assurent, selon lui, la grandeur des nations, il dénonce le

---

1. « Le Syndicat », repris dans *La Vérité en marche, l'affaire Dreyfus,* p. 75.
2. C'est Mathieu Dreyfus, frère du condamné, qui a dénoncé dans *Le Figaro* du 15 novembre 1897 le véritable auteur du bordereau.

faux bordereau, accuse de forfaiture généraux et officiers supérieurs en les nommant un par un, sans pitié ni complaisance:

> « [...] la vérité est en marche et rien ne l'arrêtera. [...] Quant aux gens que j'accuse, je ne les connais pas, je ne les ai jamais vus, je n'ai contre eux ni rancune ni haine. Ils ne sont pour moi que des entités, des esprits de malfaisance sociale. Et l'acte que j'accomplis ici n'est qu'un moyen révolutionnaire pour hâter l'explosion de la vérité et de la justice » (l. 360-408).

Évidemment, les antidreyfusards fulminent et exigent que Zola soit poursuivi ainsi que le journal *L'Aurore* et son directeur. Le gouvernement intente contre Zola un procès en diffamation. En février 1898, à son long procès très médiatisé, l'écrivain est accueilli par des cris de rage sur les marches du palais de justice: « À bas Zola, à bas les Juifs! » ou encore: « À bas la crapule, vive l'armée! » Le 23 février, il est condamné à la peine maximale: un an de prison ferme et 3000 francs d'amende. En mai, Ernest Judet, adversaire acharné de la révision du procès de Dreyfus, publie dans *Le Petit Journal* une biographie mensongère et diffamatoire de François Zola, le père d'Émile Zola. Celui-ci répond à Judet dans *L'Aurore* (« Mon père »), l'assignant devant le tribunal correctionnel pour diffamation.

Le 18 juillet 1898, conseillé par des amis, l'écrivain, pour échapper à l'incarcération, s'exile à Londres, en Angleterre, où il se tait. Fuite qu'il regrettera amèrement, lui qui n'avait qu'une passion, « celle de la lumière, au nom de l'humanité qui a tant souffert et qui a droit au bonheur[1] » (l. 409-410). Zola ne revient en France que le 5 juin 1899, au moment où il apprend que le procès de Dreyfus sera révisé. Le même jour, dans *L'Aurore,* il publie « Justice ». En août-septembre, le second procès de Dreyfus a lieu; il est condamné à 10 ans de détention. Dreyfus se pourvoit alors en révision et il est gracié. Un article

---

1. On doit reconnaître la tonalité épique de ces dernières lignes de « J'accuse! » où Alfred Dreyfus est non seulement relevé du regard, mais haussé au rang de « l'humanité qui a tant souffert et qui a droit au bonheur ».

amer de Zola paraît dans *L'Aurore,* au lendemain du verdict, le 12 septembre : « Le Cinquième Acte ». Zola n'entend pas cesser la lutte avant de voir Dreyfus réhabilité (et non simplement gracié). Il n'en aura pas le temps, sa mort accidentelle l'empêchant d'assister à cette réhabilitation. En juillet 1906, Dreyfus est réintégré dans l'armée comme chef d'escadron, puis il reçoit les insignes de chevalier de la Légion d'honneur dans la cour de l'École militaire.

Zola est enterré au cimetière de Montmartre le 5 octobre 1902. La foule qui suit le cortège funèbre scande le mot « Germinal », titre de l'un des chefs-d'œuvre du romancier où il dépeint la misère ouvrière, celle des mineurs. De nombreux amis, dont Alfred Dreyfus, accompagnent la dépouille de Zola, suivis de plus de 50 000 personnes.

Avec cette affaire célèbre aux multiples résonances et rebondissements, avec ce conflit social et politique majeur, Zola a ouvert à la postérité intellectuelle le sillon de la pensée libre, celle qui dénonce la violence et l'oppression, sans peur, haut et fort. Il a déterminé un mouvement d'équité sociale qui ne s'arrête pas. On reconnaît Louis Aragon, Simone de Beauvoir (1908-1986) [1], Jean-Paul Sartre (1905-1980) et Albert Camus (1913-1960), pour ne nommer que ces grands écrivains engagés du xxe siècle, comme les héritiers de l'acte d'écriture qu'est « J'accuse ! » [2]. Un acte de solidarité fraternelle que Zola porta sur ses épaules comme un passeur transporte les voyageurs, un acte qui le fit passer sur l'autre rive [3]. Dans sa « Lettre à la jeunesse » du 14 décembre 1897, on comprend la confiance qu'il avait dans l'avenir :

> « Ô jeunesse, jeunesse ! je t'en supplie, songe à la grande besogne qui t'attend. Tu es l'ouvrière future, tu vas jeter les assises de ce siècle prochain, qui, nous en avons la foi profonde, résoudra les problèmes de vérité et d'équité, posés par le siècle finissant. Nous, les vieux, les aînés, nous te laissons le formidable amas de notre enquête, beaucoup de contradictions et d'obscurités peut-être, mais à coup sûr

---

1. Connue notamment pour son essai féministe *Le Deuxième Sexe,* publié chez Gallimard en 1949.
2. Voltaire, Hugo, Zola : trois grands noms de l'écriture engagée au xviiie et au xixe siècle français.
3. Une cheminée, mal ramonée et qui tirait mal, a provoqué l'asphyxie de Zola. Des enquêtes mettent en doute l'accident et parlent de malveillance, voire d'assassinat politique. Cette hypothèse vraisemblable n'est toutefois pas confirmée, la mort de Zola demeurant une énigme.

l'effort le plus passionné que jamais siècle ait fait vers la lumière, les documents les plus honnêtes et les plus solides, les fondements mêmes de ce vaste édifice de la science que tu dois continuer à bâtir pour ton honneur et pour ton bonheur. Et nous ne te demandons que d'être encore plus généreuse, plus libre d'esprit, de nous dépasser par ton amour de la vie normalement vécue, par **ton effort mis entier dans le travail, cette fécondité des hommes et de la terre qui saura bien faire enfin pousser la débordante moisson de joie, sous l'éclatant soleil**[1]. Et nous te céderons fraternellement la place, heureux de disparaître et de nous reposer de notre part de tâche accomplie, dans le bon sommeil de la mort, si nous savons que tu nous continues et que tu réalises nos rêves[2]. »

Sans Zola se dressant, armé de sa seule plume, c'est-à-dire désarmé, sans cet écrivain à la droiture héroïque, responsable devant l'Histoire, symbole de la libération humaine, Dreyfus serait mort au bagne. Anatole France (1844-1924), qui fit l'oraison funèbre d'Émile Zola, y prononça ces paroles mémorables : « Envions-le : il a honoré sa patrie et le monde par une œuvre immense et par un grand acte. Envions-le, sa destinée et son cœur firent le sort le plus grand : il fut un moment de la conscience humaine[3]. »

Que retenir de l'affaire Dreyfus ? D'abord, en 1894, un homme est injustement condamné et Zola, ayant compris l'importance de ce mensonge d'État, s'engage, au prix de sa vie, à le dénoncer jusqu'à ce que la victime soit réhabilitée, 12 ans plus tard. Zola est aussi l'un des premiers à dénoncer le caractère ouvertement antisémite du procès fait à Dreyfus. L'article « J'accuse ! » de *L'Aurore* est certes un coup d'éclat ; il ne faut pas perdre de vue, toutefois, qu'il fait partie d'une campagne de révélations progressives, d'un chapelet de textes s'étendant sur cinq ans (1895-1900). Par ailleurs, cette affaire s'inscrit

---

1. Le passage mis en caractères gras reprend la métaphore du semeur, si chère à Zola, dont on parle dans la section « Van Gogh, lecteur de Zola », p. 190.
2. « Lettre à la jeunesse », dans *La Vérité en marche, l'affaire Dreyfus*, p. 97.
3. En 1908, à l'occasion du transfert des cendres de Zola au Panthéon, un journaliste nationaliste tire sur Dreyfus et le blesse au bras. L'affaire est terminée, mais non la rage et la violence antisémites.

dans la suite de la défaite de Sedan en 1870[1] et dans le difficile rapport des Français avec la question juive. Au cœur de cette affaire, un journaliste antidreyfusard attaque Zola en diffamant son père, François Zola. Le fils, Émile, prend encore la plume pour réhabiliter son père dans la mémoire nationale (épisode de la vie de Zola que d'aucuns appellent « l'affaire François Zola »).

L'affaire Dreyfus est, enfin, une grande date du journalisme français, la célèbre lettre ayant rendu possible le renouvellement de la pensée démocratique et laïque, si chère à Zola. Le lendemain de la publication de « J'accuse ! » paraissait, dans le même journal, une protestation collective pour soutenir Zola, la « pétition des intellectuels », avec Anatole France et Marcel Proust (1871-1922) figurant parmi la longue liste des signataires. La mobilisation des intellectuels au cours de l'affaire Dreyfus est une première dans l'histoire de la France. L'affaire prit ainsi l'allure d'une guerre civile divisant le pays en deux camps : le bloc de la gauche réunissait les dreyfusards, celui de la droite, les antidreyfusards.

Le XXe siècle a largement reçu la lettre « J'accuse ! » vendue à 300 000 exemplaires. Ces écrivains engagés ont compris qu'il faut parler, témoigner et écrire quand se taire serait se rendre complice.

## Zola conteur

Zola a écrit une centaine de contes et de nouvelles. Une cinquantaine ont été publiés en recueils : *Contes à Ninon* (1864), *Esquisses parisiennes* (1866), *Nouveaux Contes à Ninon* (1874), *Les Soirées de Médan* (1880), *Le Capitaine Burle* (1882), *Naïs Micoulin* (1883). Une quarantaine d'autres contes ont été publiés dans des journaux, revues ou recueils collectifs ou sont restés inédits jusqu'à une date récente où l'on a pu disposer de l'ensemble de l'œuvre de Zola conteur. De forme et de longueur variables, ces contes et nouvelles entretiennent des rapports étroits avec l'œuvre romanesque, dont ils accompagnent l'évolution, et avec la carrière de journaliste. De ses débuts à 1880,

---

1. Sedan : ville citadelle près de la frontière belge où les Prussiens encerclèrent les Français, les forçant à capituler. Avec cette reddition se signaient aussi la déchéance de l'empereur Napoléon III et la proclamation de la République par Léon Gambetta (1838-1882).

Zola exerce une activité de conteur pratiquement ininterrompue, de laquelle il est possible de discerner trois grandes périodes, chacune caractérisée par l'emploi d'une forme particulière de récit : d'abord, l'époque des *Contes à Ninon* (1859-1864) ; puis, des *Esquisses parisiennes* et des *Nouveaux Contes à Ninon* (1865-1874) ; enfin, du *Messager de l'Europe* (1875-1880).

## L'ÉPOQUE DES *CONTES À NINON*

Le recueil *Contes à Ninon,* publié en 1864, rassemble des récits écrits entre 1859 et 1864. Il reflète les hésitations du jeune Zola (il a à peine 20 ans), tiraillé entre le rêve et la réalité. Le conte est d'abord pour lui une histoire merveilleuse, un refuge contre les échecs multiples, une compensation des difficultés matérielles et psychologiques. Puis, le conte devient un exercice littéraire, le jeune écrivain apprivoisant un langage et un système narratifs. Quelques-uns des thèmes et des mythes de l'univers zolien sont en place : horreur de la guerre et de la violence, angoisse devant la sexualité, flots qui menacent de noyade, hantise de la souillure, appétits déchaînés, lutte universelle pour la vie, double image de la nature, à la fois positive et négative. Ses contes s'inscrivent dans une tradition culturelle ouverte par ses grands devanciers et contemporains, notamment Chateaubriand (1768-1848), Charles Nodier (1780-1844), Stendhal (1783-1842), Honoré de Balzac (1799-1850)[1], Victor Hugo, Prosper Mérimée (1803-1870), George Sand (1804-1876), Gustave Flaubert, Guy de Maupassant (1850-1893)[2].

## L'ÉPOQUE DES *NOUVEAUX CONTES À NINON*

Au cours des 10 années qui suivent la publication des *Contes à Ninon,* Zola, lancé dans le journalisme, publie en feuilleton, souvent

---

1. « Balzac a été, comme Stendhal, accusé de mal écrire. Il a pourtant, dans les *Contes drolatiques,* donné des pages qui sont des bijoux de ciselure ; je ne sais rien de plus joliment inventé comme forme, ni de plus finement exécuté » (Zola, *Le Roman expérimental,* p. 223).

2. De ce côté-ci de l'Atlantique, à la fin du XIXe siècle, Honoré Beaugrand (1848-1906) et Louis Fréchette (1839-1908) mettent en littérature, sous la forme de contes et de nouvelles, tout un pan de la tradition orale vernaculaire (Québec). Pensons seulement au récit bien connu du premier, *La Chasse-galerie* (1900).

dans des publications à grand tirage comme *Le Petit Journal,* la plupart des textes qu'on range aujourd'hui sous l'étiquette de « contes et nouvelles ». Ces écrits tiennent davantage de la chronique, rapidement rédigée sous l'influence de l'actualité, que du conte ou de la nouvelle, plus longuement élaborés. Ils sont de forme et de tons variés : souvenirs (d'enfance, de promenades dans Paris en temps de paix ou de guerre), croquis, faits divers, anecdotes à valeur moralisatrice ou satirique. Dès 1866, Zola établit une anthologie de sa production de journaliste avec *Esquisses parisiennes* [1]. Par la suite, en 1874, il rassemble sous forme de recueil les textes disséminés dans la presse française entre 1866 et 1873 : ce sont les *Nouveaux Contes à Ninon,* qui réunissent une trentaine de nouvelles.

## La collaboration au *Messager de l'Europe*

Entre 1875 et 1880, Zola passe des journaux parisiens à une revue pétersbourgeoise. L'écrivain russe Ivan Tourgueniev (1818-1883) [2] venait à Paris depuis 1847 et y fréquentait les écrivains, dont Victor Hugo, George Sand, Prosper Mérimée et Gustave Flaubert. En 1874, à l'occasion du premier dîner du « groupe des Cinq » (appelé aussi « dîner Flaubert », réunissant Gustave Flaubert, Ivan Tourgueniev, Edmond de Goncourt, Alphonse Daudet et Émile Zola), Zola, en quête de revenus annexes, s'enquiert auprès de ses amis de la possibilité de publier ses romans à l'étranger. Tourgueniev lui procure alors, par l'intermédiaire de l'éditeur Mikhaïl Strassioulévitch, une chronique dans *Le Messager de l'Europe,* revue de Saint-Pétersbourg. Strassioulévitch demande à Zola de lui livrer des manuscrits encore inédits en France. De mai 1875 à novembre 1880, Zola livre chaque mois une trentaine de pages. Douze des 64 « correspondances » de Zola au *Messager de l'Europe* sont des nouvelles.

---

1. Ce recueil contient 35 récits : 4 esquisses parisiennes, les autres étant des contes et des nouvelles.
2. Tourgueniev, contemporain de Gogol (1809-1852), Pouchkine (1799-1837), Dostoïevski (1821-1881) et Tolstoï (1828-1910), a écrit des nouvelles, des romans et des pièces de théâtre. Il est surtout connu pour son recueil de nouvelles *Mémoires d'un chasseur* (1852), œuvre jugée subversive par le tsar Nicolas Iᵉʳ. La collaboration littéraire de Zola avec les Russes fraye sans doute le chemin de l'alliance militaire franco-russe de 1892-1917.

Destinées à des lecteurs étrangers, les nouvelles de Zola se transforment au gré des sujets de correspondances suggérés par Strassioulévitch : elles se font didactiques et descriptives, présentant aux lecteurs russes, des aristocrates qui parlaient le français, des visages de la France sous forme d'analyse sociologique (récits réalistes d'inspiration sociale), historique ou de reportages dramatisés sur la société française ou parisienne comme *L'Inondation*, *La Mort d'Olivier Bécaille*, *Nantas*, *Les Coquillages de M. Chabre*. De surcroît, certaines nouvelles mêlent biographie et fiction, telles que *Nantas* et *La Mort d'Olivier Bécaille*.

Comme sa carrière de conteur coïncide largement avec celle de journaliste, Zola fait aussi paraître ces récits dans la presse française (au *Bien public*, au *Voltaire*, au *Figaro*, à *La Tribune*). Les nouvelles sont rassemblées en deux recueils : *Le Capitaine Burle* et *Naïs Micoulin*. On comprend que l'histoire des publications successives des contes et des nouvelles est intéressante pour les chercheurs, puisque d'elles dépendent souvent leur forme, Zola ayant, par exemple, fragmenté pour les lecteurs du *Figaro* des groupes de contes publiés dans *Le Messager de l'Europe*. D'ailleurs, l'expression « contes et nouvelles » en ce qui concerne ces récits n'est pas rigoureuse, puisqu'elle désigne aussi bien des chroniques que des feuilletons et des nouvelles proprement dites. Il est important, de plus, de tenir compte du contexte narratif : publier une nouvelle dans une revue russe pour des lecteurs russes et la faire connaître à des lecteurs français dans un journal français, parfois avec un titre différent[1], lui confèrent une signification, une valeur et une fonction différentes[2].

Enfin, les divisions et l'évolution de l'œuvre du conteur recoupent aussi l'œuvre romanesque. Par exemple, les nouvelles publiées dans *Le Messager de l'Europe* puis parues en France dans *Le Capitaine Burle* ou *Naïs Micoulin* reprennent parfois les thèmes ou l'atmosphère

---

1. Zola envoie, par exemple, « Bains de mer en France » au *Messager de l'Europe*, nouvelle qui aura, dans *Naïs Micoulin*, le titre « Les Coquillages de M. Chabre ».
2. D'autant que la loi française sur la liberté de la presse date de 1881 — publier dans les journaux du Second Empire ne présentait pas les mêmes enjeux, la censure y étant sévère. Après 1868, Zola entre dans des équipes de journalistes républicains.

des romans de la série des *Rougon-Macquart* qui se succèdent alors. L'idylle des *Coquillages de M. Chabre* (1876), par exemple, fait écho à la relation qui se tisse et se développe, beaucoup plus amplement, entre Albine et Serge dans le Paradou (jardin aux mille splendeurs évoquant le paradis terrestre) de *La Faute de l'abbé Mouret*. *La Mort d'Olivier Bécaille* évoque *La Joie de vivre* dans lequel Lazare Chanteau, le héros, est affligé, tout comme Olivier Bécaille, d'une intense peur de la mort. Enfin, *Nantas* rappelle *Son Excellence Eugène Rougon,* récit d'une carrière politique remarquable.

En 1880, au cours d'un repas chez Zola dans sa propriété de Médan, avec cinq écrivains et amis [1], l'idée est lancée d'écrire un volume de six nouvelles relatives à la guerre de 1870 et de le placer sous le patronage de Zola, en raison de sa plus grande notoriété. Le recueil paraît sous le titre *Les Soirées de Médan* [2]. Les récits y sont d'inégale valeur. Zola y insère « L'Attaque du moulin » (d'abord publiée dans *Le Messager de l'Europe*), un texte sensible où des soldats prussiens occupent le moulin du père Merlier situé à proximité des bois. Mais le texte le plus percutant de ce volume est sans contredit celui de Maupassant, *Boule de Suif,* qui lui a valu la célébrité [3].

Que retenir de ce fragment sur « Zola conteur » ? D'abord, chez Zola, on ne peut séparer la carrière de conteur de celle de journaliste et de romancier — les récits se font écho de multiples manières. Ensuite, la carrière de conteur correspond à trois grandes phases s'étalant dans le temps, entre 1859 et 1880. Enfin, les nouvelles sont regroupées en recueils, donnant quatre titres : *Contes à Ninon, Nouveaux Contes à Ninon, Le Capitaine Burle, Naïs Micoulin.*

---

1. Guy de Maupassant, Joris-Karl Huysmans, Henry Céard, Léon Hennique, Paul Alexis.
2. Publié le 15 avril 1880 (Charpentier éditeur, 295 p.). Plusieurs motifs traités par Zola et ses amis dans ce recueil réapparaissent dans *La Débâcle* (1892), avant-dernier roman de la série des *Rougon-Macquart*. De nombreux écrivains français ont traité de la guerre de 1870, dont Hugo (*L'Année terrible*) et Rimbaud (*Le Dormeur du val*).
3. Dans une lettre à Maupassant, Flaubert, qui ne tarit pas d'éloges pour ce texte, le qualifie de « chef-d'œuvre » qui « écrase le volume ».

## Index chronologique des œuvres

## INDEX CHRONOLOGIQUE DES CONTES ET DES NOUVELLES [1]

| DATE | TITRE |
|---|---|
| 1859-1864 | *Contes à Ninon* (1864) |
| 1865-1874 | *Esquisses parisiennes* (1866)<br>*Nouveaux Contes à Ninon* (1874) |
| 1880 | *Les Soirées de Médan (recueil collectif)*<br>Zola y publie *L'Attaque du moulin* (1877) |
| 1882 | *Le Capitaine Burle*<br>*L'Inondation* (1875) |
| 1883 | *Naïs Micoulin*<br>*Les Coquillages de M. Chabre* (1876)<br>*Nantas* (1878)<br>*La Mort d'Olivier Bécaille* (1879) |

## INDEX CHRONOLOGIQUE DES ROMANS (AUTRES QUE DE LA SÉRIE *LES ROUGON-MACQUART*)

| DATE | TITRE |
|---|---|
| 1865 | *La Confession de Claude* |
| 1866 | *Le Vœu d'une morte* |
| 1867 | *Les Mystères de Marseille* |
| 1867 | *Thérèse Raquin* |
| 1868 | *Madeleine Férat* |
|  | ***Les Trois Villes*** |
| 1894 | *Lourdes* |
| 1896 | *Rome* |
| 1898 | *Paris* |
|  | ***Les Quatre Évangiles*** |
| 1899 | *Fécondité* |
| 1901 | *Travail* |
| 1903 | *Vérité* (posthume) |

---

1. Ces titres sont ceux des recueils qui contiennent chacun plusieurs contes et nouvelles. Ne sont indiqués dans ce tableau que les titres des nouvelles dont il est question dans le présent ouvrage.

# INDEX CHRONOLOGIQUE DES *ROUGON-MACQUART*

| DATE | TITRE | SUJET |
|------|-------|-------|
| 1871 | *La Fortune des Rougon* | La participation de la famille Rougon au coup d'État de 1851 afin d'assurer son ascension sociale. |
| 1871 | *La Curée* | Les manœuvres d'un spéculateur immobilier. |
| 1873 | *Le Ventre de Paris* | La vie de commerçants spécialisés dans l'alimentation. |
| 1874 | *La Conquête de Plassans* | Le récit d'un prêtre intrigant et de son emprise sur ses paroissiennes. |
| 1875 | *La Faute de l'abbé Mouret* | L'histoire d'un amour interdit entre un prêtre et une jeune femme. |
| 1876 | *Son Excellence Eugène Rougon* | Le récit d'une carrière politique remarquable. |
| 1877 | *L'Assommoir* | La vie d'une famille d'ouvriers parisiens et sa déchéance dans l'alcoolisme. |
| 1878 | *Une page d'amour* | L'histoire d'une liaison entre une jeune veuve et le médecin de sa fille. |
| 1880 | *Nana* | Le destin d'une demi-mondaine et son influence néfaste sur son entourage. |
| 1882 | *Pot-Bouille* | La vie dans un immeuble bourgeois et l'ascension d'un jeune homme grâce aux femmes. |
| 1883 | *Au bonheur des dames* | L'essor d'un grand magasin au détriment des petits commerces. |
| 1884 | *La Joie de vivre* | Le don de soi d'une jeune femme. |
| 1885 | *Germinal* | Les conditions de vie misérables des mineurs et leur tentative de rébellion. |
| 1886 | *L'Œuvre* | La vie d'un peintre aux prises avec les difficultés de la création. |
| 1887 | *La Terre* | La description de l'avidité des paysans au sujet de la possession et du partage de la terre. |
| 1888 | *Le Rêve* | L'histoire d'amour entre deux jeunes gens de condition différente. |
| 1890 | *La Bête humaine* | Le récit d'un homme habité par une hérédité criminelle. |
| 1891 | *L'Argent* | L'histoire d'un spéculateur financier. |
| 1892 | *La Débâcle* | Le destin d'un soldat à l'époque de la chute du Second Empire et de la Commune. |
| 1893 | *Le Docteur Pascal* | L'œuvre d'un savant qui établit le bilan de l'arbre généalogique des Rougon-Macquart. |

## L'ŒUVRE EXPLIQUÉE

### La nouvelle littéraire et les nouvelles de Zola des années 1875 à 1880

La nouvelle est un récit de fiction en prose, généralement bref, la plupart du temps publié sous forme de recueil, ce qui favorise une lecture non fractionnée[1]. Elle noue tous les fils narratifs à un élément central unique, limitant ainsi le nombre de personnages, sommairement décrits à l'aide de quelques traits distinctifs. L'histoire se déroule dans un cadre spatiotemporel familier et raconte, de manière réaliste[2] sans s'y limiter, une anecdote, un souvenir, un fait divers, une tranche de vie. Petite histoire d'un bouleversement personnel, conjugal, familial ou collectif, dans laquelle tout peut être perçu comme vrai, quelle qu'en soit l'étrangeté. Le rythme est rapide, avec peu de digressions.

La tension narrative imposée par le resserrement de la forme implique souvent une organisation binaire du récit : un homme réussit en affaires mais échoue en amour (*Nantas*), alors qu'un vieux paysan en passe de célébrer le mariage de sa fille la voit disparaître en une nuit ainsi que sa famille et ses biens (*L'Inondation*). La nouvelle se structure autour de personnages ou d'éléments thématiques contrastés (M. Chabre, ridicule bourgeois bedonnant, opposé à Hector, beau jeune homme plein de vitalité ; bonheur/malheur, mort/résurrection). Construite en fonction d'une fin bien préparée, la chute crée une conclusion généralement fermée, parfois ouverte : dans un univers soumis à des forces opposées, la situation initiale est inversée, souvent de manière surprenante, imprévisible. Le dénouement de *L'Inondation* oppose le jeune couple nageur, uni dans la mort, à la survie stérile du vieillard.

Le récit combine les registres de langue (courant, soutenu, familier), les tonalités (lyrique, fantastique, épique, comique, tragique, onirique), les points de vue narratif (récit à la troisième personne ou

---

1. La publication en feuilleton dans des revues ou des journaux impose une première lecture discontinue.
2. Pour composer *L'Inondation,* par exemple, Zola est parti de l'actualité, des ravages causés dans la région de Toulouse par la crue de la Garonne. La presse lui fournissait alors bien des détails, comme l'auteur en donne pour la mort de Cyprien.

au « je » [1]). L'organisation temporelle y procède de la description (les nouvelles de Zola fourmillent de riches descriptions impressionnistes, expressionnistes ou en forme d'inventaire), du récit ralenti ou accéléré (ce qu'est devenu Nantas en 10 ans) ou encore de l'ellipse narrative (les trous de mémoire, les évanouissements d'Olivier Bécaille et de Louis Roubieu). Elle aboutit souvent à une vision tragique, pessimiste, grotesque de l'existence.

Les quatre récits reproduits dans cet ouvrage se situent dans un cadre fondamentalement réaliste sur le plan géographique. En effet, les évènements racontés, même s'ils sont fictifs, sont censés s'être déroulés en France (à Paris, en Bretagne et dans la région toulousaine). Chaque nouvelle explore un milieu social particulier : *Nantas* se déploie dans le Paris florissant du Second Empire, la politique étant un des domaines où le personnage éponyme montre sa force ; *L'Inondation* décrit l'univers paysan du sud de la France.

La nouvelle est construite selon un déroulement linéaire, chronologique. Toutefois, elle peut aussi jouer des trois procédés que sont l'anticipation (prolepse ou saut en avant), le retour en arrière (analepse ou rétrospection ; *L'Inondation* est un récit rétrospectif, de même que *La Mort d'Olivier Bécaille*) et l'omission (ellipses narratives). Ce décalage, cet anachronisme permet de manipuler l'ordre selon lequel les évènements sont survenus, ce qui rend le récit plus intéressant.

## L'écriture, le style de Zola

La notoriété de Zola tient, en grande partie, à son écriture, aux qualités de son style. On insistera davantage ici sur la description, car, ainsi que l'écrit l'auteur :

> « […] sous cette question littéraire de la description, il n'y a pas autre chose que *le retour à la nature, ce grand courant naturaliste* qui a produit nos croyances et nos connaissances actuelles. […] Dans ce qu'on nomme notre fureur de description, nous ne cédons presque jamais au seul besoin de décrire ; cela se complique toujours en nous

---

1. Deux nouvelles de ce recueil sont écrites au « je », par le narrateur-personnage : *L'Inondation* et *La Mort d'Olivier Bécaille*.

*d'intentions symphoniques et humaines*[1]. La création entière nous appartient, nous la faisons entrer dans nos œuvres, nous rêvons l'arche immense[2]. »

## LA DESCRIPTION CATALOGUE (OU DESCRIPTION INVENTAIRE)

Cette forme de description veut rendre compte de la totalité du « milieu » observé. Elle donne à voir, à sentir, à entendre le monde dans sa profusion. C'est une nomenclature, tissée de mots précis, véritable leçon de vocabulaire pour le lecteur. Elle interpelle les sens : la vue, l'odorat, l'ouïe, le goût, le toucher. Dans *Le Ventre de Paris,* prodigieuse nature morte, Zola célèbre les fromages longuement étalés, odorants et sonores, sous le soleil des Halles — cette scène célèbre est désormais connue sous l'appellation « symphonie des fromages » :

> « Alors, commençaient les puanteurs : les mont-d'or, jaune clair, puant une odeur douceâtre ; les troyes, très épais, meurtris sur les bords, d'âpreté déjà plus forte, ajoutant une fétidité de cave humide ; les camembert, d'un fumet de gibier trop faisandé ; les neufchâtel, les limbourg, les marolles, les pont-l'évêque, carrés, mettant chacun leur note aiguë et particulière dans cette phrase rude jusqu'à la nausée ; les livarot […], les olivet […][3]. »

Dans *La Faute de l'abbé Mouret,* toutes les espèces végétales du Paradou sont nommées. Elles donnent vie à ce monde dans lequel s'insèrent Serge et Albine, et les influencent ou les modifient. Certaines descriptions végétales vont jusqu'à évoquer, annoncer le lien sensuel, sexuel :

> « La grotte disparaissait sous l'assaut des feuillages. En bas, des rangées de roses trémières […], les jasmins […], les glycines […],

---

1. C'est nous qui soulignons.
2. « De la description », *Le Roman expérimental,* p. 231 et 235.
3. *Le Ventre de Paris,* p. 337. (Voir l'extrait, annexes, p. 261.)

les chèvrefeuilles [...], les clématites [...] Et d'autres plantes, plus frêles, s'enlaçaient encore à celles-ci, les liaient davantage, les tissaient d'une trame odorante[1]. »

## LA DESCRIPTION IMPRESSIONNISTE

Zola, tel un peintre impressionniste, saisit la variation de la lumière et de l'atmosphère en peignant le même paysage ou le même décor à des moments différents de la journée ou de l'année. À propos des cinq descriptions qu'il fait de Paris vu du Trocadéro dans *Une page d'amour*, Zola rétorque aux critiques qui trouvent cela répétitif, que ce n'est pas un caprice d'artiste, une difficulté vaincue pour montrer la dextérité de la main. Ces tableaux permettent de mieux comprendre l'état d'esprit des personnages et les liens qui les unissent, ou les séparent. Dans *Les Coquillages de M. Chabre*, la description de la mer et de l'environnement maritime est faite du point de vue d'Hector ou d'Estelle, donnant au lecteur directement accès à leur sensibilité :

« L'admirable journée ! Et Hector indiquait à Estelle plusieurs points des côtes. [...] Estelle, à chaque indication, suivait le doigt d'Hector, s'arrêtait un instant pour regarder. Et cela l'amusait de voir ces côtes lointaines, les yeux au ras de l'eau, dans un infini limpide. Quand elle se tournait vers le soleil, c'était un éblouissement, la mer semblait se changer en un Sahara sans bornes, avec la réverbération aveuglante de l'astre sur l'immensité décolorée des sables » (l. 308-318).

« Lorsque la jeune femme se retourna, elle poussa un léger cri, tant elle était loin du bord. Piriac, tout là-bas, au ras de la côte, alignait les quelques taches de ses maisons blanches et la tour carrée de son église, garnie de volets verts. Jamais elle n'avait vu une pareille étendue, rayée sous le grand soleil par l'or des sables, la verdure sombre des algues, les tons mouillés et éclatants des

---

1. *La Faute de l'abbé Mouret*, p. 188.

roches. C'était comme la fin de la terre, le champ de ruines où le néant commençait» (l. 710-717).

## LA DESCRIPTION EXPRESSIONNISTE

Il arrive que la description chez Zola se fasse expression violente, succession de scènes brutales où les caractères sont exacerbés, le rictus des visages presque dément, la vision des êtres hallucinée, le style tendu grouillant de métaphores. On en vient alors aux qualités essentielles du naturalisme pathétique et violemment expressionniste de Zola. L'idée d'un mouvement exagéré et gigantesque, suggéré par exemple dans cette image de la Garonne faisant le gros dos depuis les 60 dernières heures de pluie, prête à déborder, est l'un des traits caractéristiques de l'expressionnisme.

Contrairement aux impressionnistes où le seul mouvement est le chatoiement de la lumière, chez les expressionnistes, le paysage tout entier prend de l'expansion, boursoufle ses volumes et ses contours. De ce point de vue, *L'Inondation* contient une succession de paysages expressionnistes:

«Ils se tournaient parfois, ils regardaient derrière eux, le visage terrifié, comme si une bande de loups les eût poursuivis. [...] Derrière les fuyards, entre les troncs des peupliers, au milieu des grandes touffes d'herbe, nous venions de voir apparaître comme une meute de bêtes grises, tachées de jaune, qui se ruaient. De toutes parts, elles pointaient à la fois, des vagues poussant des vagues, une débandade de masses d'eau moutonnant sans fin, secouant des baves blanches, ébranlant le sol du galop sourd de leur foule. [...] Ils entendaient le terrible galop gagner le leur. Maintenant les vagues arrivaient en une seule ligne, roulantes, s'écroulant avec le tonnerre d'un bataillon qui charge» (l. 178-196).

Ici la Garonne n'est pas un cours d'eau, mais un symbole épique qui réfléchit toutes les situations de la nouvelle. On a souvent souligné le caractère épique du génie de Zola, visible dans la structure du récit, dans cette succession de tableaux et de plans différents qui, chacun, épuisent le thème, dans ce cas-ci, de l'inondation :

> « Alors, en moins d'une heure, l'eau devint menaçante, jaune, se ruant sur la maison, charriant des épaves, tonneaux défoncés, pièces de bois, paquets d'herbes. Au loin, il y avait maintenant des assauts contre des murs, dont nous entendions les chocs retentissants. Des peupliers tombaient avec un craquement de mort [...] » (l. 387-391).

L'essentiel de l'épopée tient dans un double registre : celui où s'activent joyeusement les dieux (monstre, bête fauve, Minotaure) et celui, sur un autre plan, où se débattent instinctivement les humains[1], ici absorbés dans le mouvement violent des eaux :

> « Ce fut une attaque en règle. Dès qu'une épave, une poutre, passait à la portée du courant, il la prenait, la balançait, puis la précipitait contre la maison comme un bélier » (l. 523-525).

> « À partir de ce moment, je demeurai stupide. Je n'avais plus qu'un instinct de bête veillant à sa conservation. Quand l'eau avançait, je reculais » (l. 791-793).

Zola va très loin dans la désorganisation et l'engloutissement. Il va jusqu'aux fêlures que rien ne ressoude :

> « Près de deux mille maisons écroulées ; sept cents morts ; tous les ponts emportés ; un quartier rasé, noyé sous la boue ; des drames atroces ; vingt mille misérables demi-nus et crevant la faim ; la ville empestée par les cadavres, terrifiée par la crainte du typhus [...] J'avais mes ruines, j'avais mes morts, qui m'écrasaient » (l. 853-860).

Au contenu narratif-descriptif de fatalité, à la tonalité épique, s'ajoute le travail exigeant de la forme : les métaphores animales à

---

1. Réactions instinctives en situation extrême : fuite, entraide, idées suicidaires, terreur, stupeur, plan d'évacuation, etc.

profusion associées tant à l'eau qu'aux humains, les personnifications, les exagérations, les grossissements, les amplifications, auxquels s'associent les descriptions impressionnistes, l'abondance des sonorités, les réseaux lexicaux, le rythme saccadé, le réalisme lyrique du narrateur — tout cela participe des paysages expressionnistes zoliens.

Certes, Zola a rêvé l'arche immense.

## Les nouvelles

## VAN GOGH, LECTEUR DE ZOLA [1]

«Nous avons lu *La Terre* et *Germinal,* et si nous peignons un paysan, nous aimerions montrer que cette lecture a un peu fini par faire corps avec nous [2]», écrit Vincent Van Gogh à son frère Théo en 1888, alors qu'il vit à Arles, dans le midi de la France.

La peinture de Van Gogh (1853-1890) [3] est passée par plusieurs stades : l'époque de Nuenen (1883-1885), et des portraits de paysans dans des couleurs assez sombres [4], diffère sensiblement de la période d'Arles (1888-1890), vouée à l'exaltation solaire rythmée d'un expressionnisme [5] lyrique ou tragique. D'un bout à l'autre de sa vie, les toiles

---

1. Cette section s'inspire des *Lettres de Vincent Van Gogh à son frère Théo* (Grasset, 1937) et des *Lectures de Zola* (Auguste Dezalay, Armand Colin, 1973). Van Gogh fut un lecteur passionné des œuvres de Zola, mais la réciproque n'est pas vraie. Zola, qui fut critique d'art et ami de nombreux peintres impressionnistes, ne parle pas de la peinture de Van Gogh, sans doute parce que les tableaux de celui-ci n'ont pas été exposés dans les Salons ni dans les ateliers parallèles.

2. Lettre à Théo nº 520. Le parcours de cette correspondance fait connaître un Van Gogh grand lecteur de Zola certes, mais aussi de nombreux auteurs français et étrangers. Il raconte, par exemple, dans une lettre datée de 1880, avoir «un peu étudié certains ouvrages d'Hugo : *Le Dernier Jour d'un condamné* et un très beau livre sur Shakespeare» (lettre à Théo nº 136).

3. Ayant assimilé l'impressionnisme, Van Gogh le dépassa de façon très personnelle et devint un précurseur important de l'expressionnisme. Lui et Paul Gauguin (1848-1903) sont classés dans le courant des peintres post-impressionnistes.

4. Comme *Les Mangeurs de pommes de terre* (1885), un tableau d'un réalisme torturé et sombre où cinq personnages sont attablés sous la faible lumière d'une lampe à pétrole.

5. L'expressionnisme réunit des peintres qui essaient d'exprimer la détresse et l'angoisse face à la vie, d'où les déformations et torsions typiques des personnes et objets représentés. Les plus connus sont Edvard Munch (1863-1944), Oskar Kokoschka (1886-1980), Egon Schiele (1890-1918) et Dix (1891-1969). Différemment du paysage impressionniste qui explore les reflets de la lumière, le paysage expressionniste est tourmenté, accentué et déformé jusqu'en ses contours, le tableau devenant réalité ressentie, poignante, chargée de tensions.

de Van Gogh, prenant racine dans la réalité quotidienne — celui-ci s'étant résolu à devenir le peintre des gens simples —, traduisent et révèlent les qualités essentielles du naturalisme pathétique et expressionniste des *Rougon-Macquart,* dont plusieurs titres sont une source d'inspiration pour lui. On aperçoit, par exemple, le roman de Zola *La Joie de vivre* (1884) au cœur de deux natures mortes, *Nature morte à la Bible ouverte* (1885) et *Les Lauriers roses* (1888). Ces toiles et toute l'œuvre de Van Gogh font voir et sentir son intérêt pour la lumière, investie pour elle-même et pour sa valeur symbolique.

*Le Semeur au coucher du soleil* (1888)[1] sur la page couverture du présent volume montre un ciel jaune et vert et son soleil énorme, jaune, qui surgit de l'horizon des labours et vient se placer derrière la tête du paysan comme s'il s'agissait d'une auréole. Le paysan (en noir et bleu[2]), intimement relié à la terre par ses bras, semeur de vie, est grandi dans sa détermination, son endurance, sa dignité par cette clarté lumineuse, ce soleil de santé et de fécondité qui regarde l'homme transformer son champ de mottes de terre violettes en un royaume du blé. Le spectateur est, lui aussi, englobé dans la puissante lumière, le soleil-phare l'illuminant de sa vitalité physique et spirituelle, de sa chaleur pénétrante, de sa fidélité immortelle. S'il contemple le tableau assez longuement, peut-être imaginera-t-il le champ à la fin de l'été lorsque la marée des épis blonds emplira l'horizon.

Soleil d'amour pour les graines enfouies dans les entrailles telluriques. Illumination intérieure pour Van Gogh dans cette lumière éclatante du Midi où, en 15 mois, il produit plus de 300 toiles et dessins. Splendide germination, en fait l'un des chapitres les plus lumineux de l'histoire de l'art. Van Gogh semeur de soleils. « Voir n'est pas tout, il faut rendre. C'est pourquoi, après le sens du réel, il y a la personnalité

---

1. Cette toile est inspirée du *Semeur* de Jean-François Millet (1814-1875), que Van Gogh admirait entre tous, le considérant comme « le peintre essentiellement moderne grâce à qui l'horizon s'est ouvert devant beaucoup » (lettre à Théo n° 355). « Après Millet et Lhermite, ce qui reste à faire, c'est… le semeur avec de la couleur et en grand format », écrit-il à Théo en juin 1888 (lettre n° 501).

2. Dans la lettre n° 396, il écrit à Théo que les paysans « portent instinctivement des vêtements du plus beau bleu [qu'il ait] jamais vu. C'est du drap rude qu'ils tissent eux-mêmes, le fil de chaîne est noir, la trame bleue et cela donne des dispositions lignées de noir et de bleu ».

de l'écrivain. Un grand romancier doit avoir le sens du réel et l'expression personnelle[1]. » Si l'on remplace le mot « romancier » par le mot « peintre » dans cette phrase de Zola, on se trouve, avec Van Gogh, devant un peintre qui a le sens du réel et qui exprime avec originalité la nature, en l'animant d'une vie propre.

Par l'intensité du contraste des couleurs et la stylisation rythmique des formes, l'arbre à l'avant-plan, tout empreint de l'influence de la peinture japonaise[2], encadre, avec le disque d'or, le dialogue muet du paysan avec sa terre. Un paysan, tel l'arbre, est un produit de la terre et, s'il est nourri par elle, si elle le possède, elle le crée aussi à son image. Il lui ressemble. Ici, arbre et paysan partagent des tonalités similaires. « Quand je dis que je suis un peintre des paysans, c'est bien ainsi en réalité [...] c'est là que je me sens le mieux. Je me suis si intimement mêlé à la vie des paysans à force de la voir continuellement à toutes les heures du jour, que je ne me sens réellement pas attiré par d'autres idées[3]. »

Par le rayonnement même de ce tableau, par la vibration énergique des couleurs, Van Gogh communique quelque chose de consolant comme une musique en faisant de ce semeur un personnage sacré, un héros divinisé, un être éternel, dont autrefois le nimbe était le symbole. Dans cette lecture du tableau, gardons également en mémoire que Van Gogh était lui-même un semeur : « [...] faire des études, selon moi, c'est semer, et faire des tableaux, c'est récolter[4]. » Il parla aussi dans ses lettres à Théo de ses tableaux comme de « graines semées dans le champ de l'opinion publique ».

## L'INONDATION

### Le thème du soleil

Le thème du soleil est présent dans toutes les nouvelles de ce recueil, mais plus spécifiquement dans L'Inondation (1875), où le personnage du paysan et le thème du soleil sont réunis, et dans

---

1. Le Roman expérimental, p. 218.
2. Van Gogh avait étudié, lors d'un séjour à Paris, la technique de l'estampe japonaise.
3. Lettre à Théo n° 400.
4. Lettre à Théo n° 233.

*Les Coquillages de M. Chabre* (1876), nouvelle campée à Piriac, en Bretagne, où Zola vécut à l'été 1876 et qui lui rappelait la lumineuse Provence de son enfance et de son adolescence avec son ami Cézanne.

Dans *L'Inondation,* le narrateur, le vieux Roubieu, qui a travaillé d'arrache-pied pour faire fructifier sa terre et assurer la subsistance de sa famille, évoque ainsi son bonheur : « Notre maison semblait bénie. Le bonheur y poussait ; le soleil était notre frère, et je ne me souviens pas d'une récolte mauvaise » (l. 6-7). Le soleil, ici, est une force vivifiante : c'est un frère auquel on est attaché comme par les liens du sang, garant de vie, de sérénité et d'espoir, grâce à qui l'abondance arrive et, avec elle, le bonheur, la bénédiction, la suite des générations. L'adieu du soir qu'il évoque dans la suite du récit fait sentir davantage la relation intense unissant le cultivateur au soleil, à cette lumière pure faisant pleuvoir une joie lente sur le village assoupi :

> « Il était sept heures, le soleil se couchait. Ah ! que de bleu ! Le ciel n'était que du bleu, une nappe bleue immense, d'une pureté profonde, où le soleil couchant volait comme une poussière d'or. Il tombait de là-haut une joie lente, qui gagnait tout l'horizon. Jamais je n'avais vu le village s'assoupir dans une paix si douce. Sur les tuiles, une teinte rose se mourait. […] Peu à peu, le ciel blanchissait, le village s'endormait davantage. C'était le soir d'un beau jour, et je pensais que tout notre bonheur, les grandes récoltes, la maison heureuse, les fiançailles de Véronique, pleuvant de là-haut, nous arrivaient dans la pureté même de la lumière » (l. 148-162).

Toutefois, le soleil est aussi un symbole négatif, tout comme dans le tableau tourmenté de Vincent Van Gogh[1] (*Le Semeur au coucher du soleil*). En effet, quand Roubieu comprend que l'inondation lui arrachera tout son patrimoine, au lieu d'injurier la Garonne en sa violence

---

1. À partir de 1888, à Arles, Van Gogh signera ses toiles de son seul prénom, Vincent, « pour l'excellente raison que ce dernier nom ne saurait se prononcer ici » (lettre à Théo nº 471).

imprévisible et son sauvage débordement, il invective le soleil menteur l'ayant leurré par le mirage de riches récoltes :

> « Je montrai le poing à l'horizon. Je parlai de notre promenade de l'après-midi, de ces prairies, de ces blés, de ces vignes, que nous avions trouvés si pleins de promesses. Tout cela mentait donc ? Le bonheur mentait. Le soleil mentait, quand il se couchait si doux et si calme, au milieu de la grande sérénité du soir » (l. 310-314).

La nouvelle *Les Coquillages de M. Chabre* exprime aussi une relation au soleil (et à l'eau). La mer y est le personnage principal, regorgeant de sardines et de coquillages. La mer est vie. Tout à Piriac parle de fécondité, et avec l'amplitude de la marée, augmente le désir. Mer et soleil, tout au long de la nouvelle, sont les compagnons d'Hector et Estelle. Voici deux descriptions lyriques où mer et soleil sont comme des amants heureux : « Quand elle se tournait vers le soleil, c'était un éblouissement, la mer semblait se changer en un Sahara sans bornes, avec la réverbération aveuglante de l'astre sur l'immensité décolorée des sables » (l. 316-318) ; « Le crépuscule tombait, une poussière d'ombre pâlissait peu à peu le soleil mourant. À l'horizon, le ciel prenait une teinte délicate, d'un violet tendre, et la mer s'étendait, lentement assombrie, sans une voile » (l. 1090-1092). Ici, le soleil est essentiellement positif, sa chaleur de fournaise et sa clarté crue sont adoucies par la fraîcheur montant de l'eau.

## Le thème de l'eau

Dans *L'Inondation*, l'eau symbolise la condition humaine et son perpétuel recommencement, l'éternel retour de joies et de peines. Ici, elle est aussi la mort. Personnifiée, voire animalisée, elle devient un monstre tapi qui surgit et engouffre tout sans que l'homme puisse faire quoi que ce soit contre elle :

> « Mais je parlais encore, lorsqu'une exclamation nous échappa. Derrière les fuyards, entre les troncs des peupliers, au milieu des grandes touffes d'herbe, nous venions de voir apparaître comme une meute de bêtes grises, tachées de jaune, qui se ruaient.

De toutes parts, elles pointaient à la fois, des vagues poussant des vagues, une débandade de masses d'eau moutonnant sans fin, secouant des baves blanches, ébranlant le sol du galop sourd de leur foule » (l. 183-190).

Roubieu est frappé par la montée inexorable des eaux, par la force destructrice des vagues envahissantes — aucun détail pénible ne lui est épargné. On retrouve ici, comme dans plusieurs œuvres de Zola, sa peur des forces déchaînées de la nature, sa hantise de l'inondation, de l'ensevelissement.

Ainsi, chez Zola, le soleil peut être une figure ambivalente. En tant que soleil-vie, il montre un visage accueillant, protecteur des moissons et des récoltes, garant de l'amour. En tant que dualité feu-eau destructrice, il constitue une épreuve parce qu'il nous renvoie à notre néant. Cette nouvelle dans laquelle le soleil s'éteint avec l'arrivée de l'eau destructrice décrit une expérience humaine où le plaisir de vivre et le désespoir de vivre se révèlent inséparables. Dans cette expérience amère, Roubieu fait l'apprentissage (tardif, il est vrai) de son destin tragique : le soleil, comme l'eau, signifie la vie — une vie lucide, qui sait qu'elle porte la mort en elle, qui ne peut pas vivre sans être, d'une certaine façon, déjà morte. Tout aussi bien, le soleil et l'eau peuvent être mortifères, destructeurs des êtres et du monde. Zola a poussé ce drame de la dépossession jusqu'à ses derniers retranchements en faisant disparaître chez ce vieillard de 70 ans tous ses biens et ses proches, le laissant seul survivre à son malheur. Vision pessimiste de la condition humaine s'il en est, probablement associée à la crise de l'agriculture française en cette fin du XIXe siècle[1].

Dans *Les Coquillages de M. Chabre,* l'eau est source de joies, associées au plaisir d'être deux, au désir, à l'amour, à la sexualité et à la

---

1. Entre 1880 et 1900, la France est un pays encore essentiellement rural et agricole. Mais le monde agricole fait face à plusieurs crises : le déclin de la natalité, la concurrence des pays producteurs de céréales à bas prix, la baisse des prix liée, en partie, à l'arrivée sur le marché du blé américain. Il y a aussi la crise du phylloxéra, puceron qui détruit le vignoble français entre 1877 et 1880. La maladie du ver à soie fait aussi des ravages. Enfin, la campagne change avec le développement ferroviaire et routier, l'école primaire obligatoire (loi de Jules Ferry de 1882) ainsi que la mécanisation des moyens de culture à laquelle résistent les milieux ruraux souvent conservateurs.

promesse d'un avenir redéfini dans l'image finale de l'enfant, conçu dans la grotte à Madame où l'eau « apportait les voluptés du large, une voix caressante, une odeur irritante, chargée de désirs. [...] l'eau avait une longue plainte [...] Une odeur de fécondité montait des vagues vivantes » (l. 1094-1109). Pour dire cet apprentissage et cet accomplissement du désir, Zola recourt aux descriptions et métaphores marines. Le corps féminin est une cavité à remplir, Estelle et Hector se sont réfugiés dans une grotte où pénètre la mer, pour s'y aimer langoureusement. Zola magnifie le sexe en le poétisant.

## LES COQUILLAGES DE M. CHABRE

En juillet 1876, abandonnant la rédaction de *L'Assommoir* pour quelques semaines, Zola s'installe chez Georges Charpentier, alors son éditeur. La famille vit à Piriac, dans la péninsule de Guérande, non loin de Saint-Nazaire, sur la côte française de l'Atlantique. Ce bout de la Bretagne lui rappelle tellement sa bien-aimée Provence natale qu'il conservera le nom provençal d'« arapède » pour désigner la patelle, mollusque comestible à coquille conique et striés rayonnantes, qui se colle au rocher. En Bretagne, on la nomme bernicle, bernique ou bernache.

Zola découvre dans la mer de Piriac des bancs d'oursins, de clovisses et d'arapèdes. Il est gourmand et gourmet, s'empiffre de coquillages midi et soir. Dans les sentiers, il voit des papillons et des sauterelles qui lui rappellent la colline des Pauvres, à Aix-en-Provence, où il jouait quand il était enfant et au pied de laquelle fut construit le barrage entrepris par son père.

Bains de mer, pêche à la crevette, excursions au Croisic, à Batz, à Guérande, à Piriac émaillent la nouvelle que Zola écrit pour les Russes dans *Le Messager de l'Europe*. M. et Mᵐᵉ Chabre quittent Paris pour aller aux bains de mer y manger des coquillages. C'est ce qu'a recommandé le Dʳ Guiraud à M. Chabre, chagriné de son infertilité et ravi d'apprendre qu'une cure de coquillages refera de lui un jouvenceau. M. et Mᵐᵉ Chabre partent donc, passent une première journée à Saint-Nazaire où ils s'ennuient et se rendent le lendemain à Guérande.

D'entrée de jeu, Zola se sert de la ville de Guérande comme d'un révélateur pour camper les Chabre. Arrivant à Guérande, « bijou féodal si bien conservé, avec son enceinte fortifiée et ses portes profondes, surmontées de mâchicoulis » (l. 67-68), M. Chabre s'écrie : « Un vrai trou ! [...] Les villages, autour de Paris, sont mieux bâtis » (l. 74-75). Estelle, de son côté, s'intéresse vivement aux costumes originaux des paludiers, métayers et femmes bretonnes qu'elle voit sortir de l'église. Devant ce défilé des fidèles, M. Chabre s'étonne : « Il faut être en Bretagne pour voir un pareil carnaval » (l. 93). Après avoir visité l'église et les rues de la ville, M. Chabre a toujours la même opinion : Guérande est « un trou, sans le moindre commerce, une de ces vieilleries du Moyen Âge, comme on en avait tant démoli déjà » (l. 130-131). « Les quatre portes de la ville l'avaient surtout frappé, avec leur porche étroit et profond, où une seule voiture pouvait passer à la fois » (l. 159-160). En bon bourgeois calculateur, lui, il aurait rasé les portes aux murs si épais de sorte qu'on eût pu bâtir deux maisons de six étages à leur place : « Sans compter [...] les matériaux qu'on retirerait également des remparts » (l. 165-166). Quant à Estelle, elle regarde ces splendeurs et songe « à Walter Scott » (l. 139). Qui est donc Walter Scott ? En France, au XIXe siècle, c'est le plus populaire des écrivains écossais ; il vécut entre 1771 et 1832. Ses romans historiques *Le Cœur du Mid-Lothian* (1818), *Ivanhoé* (1819), *Quentin Durward* (1823) sont parus en France pendant l'époque romantique. Ils couvrent de vastes pans du passé de l'Angleterre et de l'Écosse, racontant avec vigueur et passion des aventures, des batailles, des intrigues. Contre le rationalisme et le classicisme, Scott affirmait la supériorité de la sensibilité, de l'intuition, de l'imagination, du rêve et de l'irrationnel pour décrire le monde. Estelle rêve sans doute de quelque intrigue dans ce romantique coin du pays français.

On peut donc comprendre que, chez ce couple si mal assorti, l'adultère adviendra. Le bel Hector de Plougastel en sera la cause. Jeune homme d'une vingtaine d'années, « très blanc de peau, la mine fière, les cheveux d'un blond fauve » (l. 96). Un géant aux épaules larges et pourtant si délicat « qu'il avait la figure rose d'une jeune fille, sans un poil aux joues » (l. 98-99). Il a reçu une éducation religieuse dans le droit fil des traditions de l'ancienne noblesse bretonne héritées de sa mère, communie tous les huit jours, ne lit jamais de romans, devra épouser une cousine à sa majorité. Hector sera détourné de ses devoirs religieux par la belle et tout aussi jeune Estelle… déjà gagnée par la grande beauté de l'éphèbe.

L'histoire d'Hector et Estelle serait banale et insignifiante si Zola n'avait pas fait de la mer son principal personnage. C'est la mer qui absorbe l'intrigue. La mer, en effet, signe l'écart irrémédiable entre Estelle qui dans l'eau claire, telle une sirène, a « la souplesse d'un poisson bleuâtre, à tête de femme, inquiétante et rose » (l. 236-237), et son mari, cloué sur la jetée par le dégoût et la peur. C'est la mer qui révèle la « hardiesse garçonnière » (l. 224) d'Estelle, la couardise et la naïveté sexuelle de son conjoint, obnubilé par les arapèdes — et qui incite au changement de partenaire sexuel. La mer rapproche les amoureux : d'abord, quand ils nagent ensemble, côte à côte, glissant avec lenteur dans « une intimité discrète et sensuelle » (l. 403-404) ; ensuite, quand, revenant de la pêche à la crevette à la marée montante, Hector prend Estelle sur ses épaules comme « un oiseau sur son cou » (l. 829) et lui baise les mains avec volupté tout en guettant le dos tragique de M. Chabre qui le précède, terrorisé par le flux des eaux ; enfin, quand le doux ressac de la marée montante, caressante, odorante, berce leur rencontre féconde dans la grotte à Madame.

La mer regorge de sardines, de coquillages, de crevettes, d'algues et d'anémones. Le « bouquet de mariée » (l. 391) qu'Hector cueille dans l'eau limpide pour Estelle n'est, hors de l'eau, qu'un tas d'herbes blanchâtres qui tombent et se fanent aux pieds de M. Chabre. Estelle les lui a jetées depuis la mer où elle se baigne avec bonheur : faut-il voir là un geste symbolique par lequel elle signifie à son mari qu'il échoue lamentablement à la séduire et à la combler, qu'il n'est son mari que de nom ?

Guérande, Piriac, les rochers du Castelli : trois décors somptueux dans lesquels se nouent des liens puissants aux lendemains inconnus. Cette nouvelle, avec sa chute surprenante, laisse le lecteur à la fois satisfait et inquiet. Satisfait d'avoir participé à l'émergence et à l'épanouissement du désir et de l'amour vrai. Inquiet, toutefois, des suites possibles. Le lecteur est ainsi invité à donner libre cours à son imagination, à écrire la suite…

## *La Mort d'Olivier Bécaille*

Parue en mars 1879 dans la revue pétersbourgeoise *Le Messager de l'Europe*, la nouvelle *La Mort d'Olivier Bécaille* fut reprise en feuilleton dans *Le Voltaire,* du 30 avril au 5 mai, car Zola a voulu la faire connaître rapidement en France. Elle porte sur l'inhumation prématurée, l'ensevelissement et le souterrain, la lutte acharnée pour survivre, le retour à la vie.

Cette nouvelle serait liée à ce que des familiers de Zola et des spécialistes de son œuvre ont appelé sa « hantise de la mort ». Elle présente une fonction didactique — offrant, par narrateur interposé[1], une réflexion sur la mort et un document ethnosociologique sur les obsèques dans la France du XIX$^e$ siècle. Extension de cette fonction, cette brève relation d'un cas clinique fournit quelques indices sur le traumatisme et les souffrances de la névrose traumatique, tels que vécus sur le plan psychique et affectif. Zola a le talent de dire l'insupportable, de décrire la condition humaine dans tous ses états.

### La tradition littéraire

Le thème du cataleptique qu'on croit mort et qu'on enterre vivant a connu plusieurs antécédents littéraires. Le déroulement des évènements à partir du moment où Bécaille est tenu pour mort par sa femme Marguerite ressemble étrangement au début du rêve d'Onuphrius dans la nouvelle du même nom (1832) de Théophile Gautier (1811-1872)[2]. Onuphrius est dans une chambre inconnue quoique familière, sa maîtresse Jacintha se penche vers lui pour écouter s'il respire bien. Onuphrius, pétrifié, est incapable de faire quelque mouvement que ce soit, ni de parler à Jacintha ou au médecin qui, lui ayant tâté le pouls, le déclare mort. Tout comme pour Olivier Bécaille qu'on croit trépassé, Onuphrius est revêtu de ses derniers vêtements, mis en bière couvercle cloué, emporté dans un corbillard jusqu'à l'église puis au cimetière, où on le descend dans la fosse qu'on recouvre entièrement de terre. Pendant tout ce temps, Bécaille et

---

1. Il s'agit d'un récit rétrospectif écrit au « je » : Bécaille ressuscité (ou revenant) écrit son hallucinante histoire d'enterré vivant.
2. Dans *Contes fantastiques*.

Onuphrius entendent parfaitement ce qui se passe, et sont impuissants devant l'évènement macabre dont ils sont l'objet : leur mort. Tous deux sont aussi rongés par la jalousie, la hantise de la mort prenant tout son sens de cette assimilation avec le désir et la sexualité[1].

Dans un épisode [2] des *Misérables* (1862) de Victor Hugo, Jean Valjean se fait enterrer à la place de la mère Crucifixion dans une partie du cimetière Vaugirard qui s'appelle Petit-Picpus. Après que Fauchelevent a achevé de clouer la planche du dessus, Valjean se sent emporter et rouler, perçoit qu'on passe du pavé à la terre battue, qu'on traverse le pont d'Austerlitz, qu'on entre dans le cimetière et qu'on va jusqu'à la fosse. Il entend le frottement rauque de la corde qu'on noue autour du cercueil et qu'on descend dans l'excavation ; il reconnaît ensuite, au-dessus de lui, les mots latins du prêtre, le frappement doux de l'eau bénite giclant du goupillon, le bruit terrible, telle la chute du tonnerre, d'une pelletée de terre. À la quatrième pelletée, Valjean, tout comme Bécaille, s'évanouit.

Après une lutte acharnée contre la faim, la soif, l'engourdissement, la peur d'être asphyxié, après un travail colossal pour sortir de la situation où il se trouve, Olivier Bécaille, émergeant de la fosse, est accueilli par le ciel étoilé, un vent tiède de printemps, une odeur d'arbres. Les sensations et l'euphorie qu'il éprouve alors ont été rapprochées d'une autre source littéraire possible, le court roman d'Antonin Mulé, *Histoire de ma mort* (1862). Le héros, tombé en léthargie, jugé mort et enterré, brise sa bière et, tandis qu'il se taille un chemin vers la lumière, croit entendre autour de lui la poussée des germes, la croissance de la vie. Cette émotion vive fait de son évasion de la fosse une nouvelle naissance. Tout comme pour Olivier Bécaille qui, sorti du silence et de la nuit du tombeau, renonce à le faire savoir socialement ; il préfère imaginer sa femme en province, épouse de Simoneau, mère de cinq enfants et, lui, filer fin seul avec tout son avoir sur le dos [3].

---

1. De ce point de vue, *Les Coquillages de M. Chabre* sont une nouvelle où les désirs trouvent leur satisfaction immédiate sans angoisse. Le recours constant à un symbolisme ouvertement sexuel (pensons à la scène de la grotte à Madame) assure l'unité et la progression de cette nouvelle.
2. « Épisode VI. Entre quatre planches », *Les Misérables*, livre huitième, p. 288-230.
3. Avec Roubieu, dans *L'Inondation*, est apparue cette figure du ressuscité à la survie stérile qui revient sous les traits d'Olivier Bécaille.

Le dénouement de la nouvelle est ambigu. Chez les prédécesseurs de Zola, deux attitudes se discernent aisément : ou bien l'expérience du mort-vivant dévoile la vie dans sa vérité, ruine toutes les illusions ; ou bien cette expérience est une initiation, une naissance à une vie nouvelle. Zola, lui, paraît hésiter entre ces deux voies.

Enfin, *Le Colonel Chabert* (1832) de Balzac constitue une autre source littéraire. Celui qu'on avait déclaré officiellement mort sur le champ de bataille ressuscite et revient chez lui après plus de 10 ans d'exil, voulant récupérer sa femme, sa fortune, ses titres militaires et nobiliaires. « Enfin je vis le jour, mais à travers la neige, monsieur[1] ! », ainsi commence le récit que fera le survivant Chabert à monsieur Derville.

## Une fonction didactique

*La Mort d'Olivier Bécaille* pourrait être lue comme une riche allégorie narrative des angoisses de mort qu'affrontent tous les êtres humains et, plus à propos, tous les créateurs : écrivains, peintres, musiciens. L'angoisse de la mort imminente, la peur de manquer de temps pour mener à terme les 11 volumes des *Rougon-Macquart* restants tenaillaient Zola en ces années où moururent ses amis Edmond Duranty (qu'il avait connu alors qu'il travaillait à la librairie Hachette, et dont il fut l'exécuteur testamentaire) et Gustave Flaubert, suivis de sa mère. L'escalier de sa résidence de Médan étant trop étroit, il fallut descendre la dépouille de sa mère par la fenêtre. Depuis cet évènement, Zola dit qu'il ne rencontra jamais des yeux cette fenêtre sans se demander qui allait la descendre le prochain, lui ou sa femme[2].

Par ailleurs, on connaît quelques récits de rêve de Zola, dont un cauchemar qu'il fit à 18 ans et qu'il reconstitue dans *Printemps, journal d'un convalescent*[3]. Il y raconte qu'il avait contracté une fièvre

---

1. *Le Colonel Chabert*, p. 29. (Voir l'extrait, annexes, p. 258.)
2. « Introduction », *Naïs Micoulin et autres nouvelles*, p. 30.
3. Dans *Contes et Nouvelles*, p. 287-298.

typhoïde avec délire. Ce terrible et fascinant récit constitue une sorte de retour régressif à la caverne utérine :

> « 1er avril
>
> Je me suis endormi en rêvant que je me trouvais couché dans un caveau, au cimetière ; le cimetière était plein de monde, plein de promeneurs dont j'entendais les pieds crier sur le sable, au-dessus de ma tête. Et je me disais : "Qu'il est doux d'être mort !" [...] Les yeux fermés, je m'abandonnais à l'anéantissement de mon être ; je ne sentais plus le lit sur lequel j'étais couché, j'étais comme balancé par une main furieuse dans le vide, dans un trou noir. [...] Je n'entendais plus, je ne voyais plus. La nuit, le silence frissonnant des abîmes, et la seule sensation d'une chute sans fin au milieu des ténèbres. [...] Ces accès ne tardaient pas à m'emplir d'une anxiété inexprimable » (p. 288-291).

> « 3 avril
>
> Que de cauchemars sont venus m'écraser ! Je rêvais toujours que j'étais dans la terre, bien loin, au fond de souterrains bas et étroits, le long desquels il me fallait ramper sans relâche. [...] À certains moments, lorsque le mal qui me déchirait devenait plus aigu, il me semblait que le souterrain se resserrait devant moi, qu'il se fermait tout à fait, et alors je souffrais horriblement à vouloir passer outre [...] Puis, lorsque la crise était finie, la galerie s'élargissait, je pouvais me relever et marcher debout, tant qu'une autre crise ne m'aplatissait pas sur le sol, en face de nouveaux éboulements. [...]
>
> Comme moi, la terre malade a ses cauchemars intérieurs. [...] Chaque germe se lamente, ignorant s'il verra jamais la lumière. [...] C'est la grande lutte, la lutte éternelle de la vie contre la mort » (p. 294-296).

Que de visions, que d'éléments puissants pour nourrir une œuvre littéraire ! Ayant déjà transposé ce cauchemar une première fois, en 1875, dans *La Faute de l'abbé Mouret* — prêtant ses visions délirantes à son héros — puis, en 1879, dans *La Mort d'Olivier Bécaille*, Zola se lestera à nouveau de cette angoisse dans *La Joie de vivre* (1884), un roman sur la peur paralysante de la mort incarnée par le personnage de Lazare

Chanteau, dans *Germinal* (1885) avec les mineurs écrasés par les roches, dans *La Bête humaine* (1890) avec la scène de la locomotive prisonnière du tunnel effondré[1]. Zola aura ainsi fabriqué des œuvres de fiction nourries de ses inquiétudes, de ses hantises et de ses rêveries. Rappelons, ici, qu'il est mort par asphyxie en 1902, la cheminée ayant été mal ramonée. Zola est donc mort emmuré dans sa maison-tombeau. De ce point de vue, les cauchemars évoqués dans *Printemps, journal d'un convalescent* et dans *La Mort d'Olivier Bécaille* peuvent être prémonitoires.

## NANTAS

Zola écrit *Nantas* en septembre 1878 alors qu'il songe à adapter *La Curée* (1871) pour le théâtre, Sarah Bernhardt ayant exprimé le désir d'interpréter à la scène le personnage de Renée[2]. Il rédige au même moment les premiers chapitres de *Nana* (1880) ; il vient de publier *Une page d'amour* (1878). Dans un article du *Voltaire* intitulé « De la description »[3], Zola dévoile un souvenir précieux qui nous indique de quoi est fait *Une page d'amour,* mais aussi bien *Nantas.* Voici la confidence de Zola :

« Dans la misère de ma jeunesse, j'habitais des greniers de faubourg, d'où l'on découvrait Paris entier. Ce grand Paris immobile et indifférent qui était toujours dans le cadre de ma fenêtre me semblait comme le témoin muet, comme le confident tragique de mes joies et de mes tristesses. J'ai eu faim et j'ai pleuré devant lui ; et, devant lui, j'ai aimé, j'ai eu mes plus grands bonheurs. Eh bien ! dès ma vingtième année, j'avais rêvé d'écrire un roman dont Paris, avec l'océan de ses toitures, serait un personnage, quelque chose comme le chœur antique. Il me fallait un drame intime, trois ou

---

1. Voir l'extrait, annexes, p. 261.
2. Ce roman décrit le Paris du Second Empire bouleversé par les travaux d'Haussmann. Le sujet en est l'inceste. Renée Béraud du Châtel est fille de magistrat ; à peine sortie du couvent, elle se trouve enceinte d'un homme marié. Aristide Rougon, dit « Saccard », veuf, l'épouse pour sa dot, qui lui permet de se lancer en affaires. Renée, mariée, devient amoureuse de son beau-fils Maxime. Elle sera emportée par la violence d'une passion incestueuse.
3. Repris dans *Le Roman expérimental*, p. 231-235.

quatre créatures dans une petite chambre, puis l'immense ville à l'horizon, toujours présente, regardant avec ses yeux de pierre le tourment effroyable de ces créatures. C'est cette vieille idée que j'ai tenté de réaliser dans *Une page d'amour* » (p. 234-235).

L'incipit de la nouvelle *Nantas* prend la forme d'une présentation réaliste de l'univers dans lequel arrive le personnage principal :

> « La chambre que Nantas habitait depuis son arrivée de Marseille se trouvait au dernier étage d'une maison de la rue de Lille, à côté de l'hôtel du baron Danvilliers, membre du Conseil d'État. [...] Nantas, en se penchant, pouvait apercevoir un coin du jardin de l'hôtel, où des arbres superbes jetaient leur ombre. Au-delà, par-dessus les cimes vertes, une échappée s'ouvrait sur Paris, on voyait la trouée de la Seine, les Tuileries, le Louvre, l'enfilade des quais, toute une mer de toitures, jusqu'aux lointains perdus du Père-Lachaise » (l. 1-10).

Sous Nantas se tapit donc Zola. En d'autres mots, Nantas est le double de Zola. Originaire de Marseille, fils de maçon et d'une mère aimante qui rêvait de lui comme d'un grand homme, Nantas ne quitte-t-il pas la maison paternelle après y avoir trouvé son père mort et vendu les « quatre nippes du ménage » (l. 31) — tout comme Zola quitta Aix-en-Provence pour Paris, dans la suite du décès de son père ?

*Nantas* est d'abord publié en russe au *Messager de l'Europe*, en octobre 1878, sous le titre *Une histoire vraie contemporaine.* La nouvelle est ensuite publiée en français sous son titre actuel, en feuilleton, dans *Le Voltaire* (du 19 au 26 juillet 1879)[1]. *Nantas* raconte l'histoire d'un jeune homme ambitieux, sans le sou, qui vend son nom à la fille séduite d'un riche magistrat[2], en s'engageant à ne jamais faire usage de ses droits conjugaux. Arrivé au faîte de la réussite, de la fortune

---

1. Le fait que *Nantas* ait été publié à deux reprises, en deux langues et sur deux supports différents, lui donne un caractère singulier. Ajoutons le roman qui précède et celui qui suit : nous avons là une série de textes, un moment riche dans l'histoire de l'édition française.

2. Le baron Danvilliers. Sa fille, Mlle Flavie, est enceinte d'un homme marié, tout comme Renée, dans *La Curée.*

et des honneurs, Nantas se résout au suicide, pleurant de douleur et de désespoir parce que sa femme, dont il est follement amoureux, se refuse à lui avec mépris.

La réussite professionnelle de Nantas est fulgurante. Parti de rien, marié à la suite d'un arrangement financier, en une décennie il en vient à occuper un rang important dans la hiérarchie des finances et à devenir député. Un jour, le président du Corps législatif se présente à lui pour lui signifier que l'empereur Napoléon III le désigne pour être ministre des Finances :

> « En dix ans, Nantas venait de conquérir une des plus hautes situations financières et industrielles. Mêlé à toutes les grandes entreprises de chemins de fer, lancé dans toutes les spéculations sur les terrains qui signalèrent les premières années de l'Empire, il avait réalisé rapidement une fortune immense. Mais son ambition ne se bornait pas là, il voulait jouer un rôle politique, et il avait réussi à se faire nommer député, dans un département où il possédait plusieurs fermes. Dès son arrivée au Corps législatif, il s'était posé en futur ministre des Finances » (l. 448-456).

> « Depuis dix-huit mois que Nantas était ministre des Finances, il semblait s'étourdir par un travail surhumain » (l. 712-713).

La réussite professionnelle de Nantas est, elle aussi, une transposition. On sait que Zola a conquis Paris et le monde à force de labeur acharné, produisant sans relâche, année après année, articles, romans, contes et nouvelles :

> « Dans les vastes bureaux qu'il avait installés au rez-de-chaussée de l'hôtel, régnait une activité prodigieuse. […] Souvent, de grands personnages attendaient là patiemment pendant une heure. Et lui, assis à son bureau, en correspondance avec la province et l'étranger, pouvant de ses bras étendus étreindre le monde, réalisait enfin son ancien rêve de force, se sentait le moteur intelligent d'une colossale machine qui remuait les royaumes et les empires » (l. 462-475).

Nantas, après avoir accepté la proposition de Mlle Chuin, regarde Paris et la tutoie familièrement: «Maintenant, tu es à moi!» (l. 244). Ces paroles pourraient être celles de Zola, celui qui entra à la librairie Hachette en 1862 et qui s'y tailla rapidement une place enviable ouverte sur le tout-Paris littéraire et scientifique, qu'il sut habilement conquérir. C'est, encore, le Zola plus âgé qui prit la plume pour défendre l'honneur de son père, malicieusement outragé, à l'occasion de l'affaire Dreyfus (1898).

Enfin, Nantas ayant accepté de sauver Flavie du déshonneur en l'épousant accepte aussi sans broncher les conditions qu'elle impose: «Ainsi, mon mari de nom seulement, nos vies complètement distinctes, une liberté absolue» (l. 434-435). Ces conditions, si dures et qui le désespèrent, cette chasteté consentie, lui permettent de sublimer sa libido en se concentrant sur son désir d'une vie souveraine, la dot dont il hérite en même temps que Flavie étant «un moyen de monter très haut» (l. 418-419). Certes, Flavie était très belle, mais «il valait mieux qu'il n'y eût rien de commun entre eux, car elle pouvait le gêner dans la vie» (l. 440-442).

Seules deux allusions à l'enfant sont faites dans cette nouvelle. La première, lorsque Mlle Chuin propose à Nantas d'épouser une jeune fille enceinte dont «il faut reconnaître l'enfant» (l. 191). La seconde, lors d'une discussion familiale où Flavie dévoile la vérité à son père: Nantas n'est pas le père de son enfant, il s'agit d'un mariage de couverture (l. 675-678). Il est vrai que le sujet de la nouvelle ne porte ni sur l'enfant ni sur la mère, et pas davantage sur le père adoptif. Toutefois, le silence sur l'enfant, sur sa naissance et son avancement en âge, par exemple, étonne. Peut-être y a-t-il quelque lien avec le fait que Zola ne connut les joies de la paternité que tard dans sa vie, en 1889, à la suite de sa liaison avec Jeanne Rozerot...

Dans «La Création littéraire et le Rêve éveillé» (1908), Sigmund Freud (1856-1939) tente d'expliquer d'où l'écrivain tire ses thèmes et comment il réussit à émouvoir le lecteur. Le père de la psychanalyse parle de la création littéraire comme de la mise en récit d'un fantasme, qui flotte entre trois temps, les trois moments temporels de notre faculté représentative. Ainsi, affirme-t-il, passé, présent et avenir s'échelonnent sur le continuum du désir, et le fantasme est la réalisation d'un désir. Freud illustre cette idée par l'exemple suivant :

> « Imaginez un jeune homme pauvre et orphelin à qui vous auriez donné l'adresse d'un patron chez lequel il pourrait trouver un emploi. Peut-être en route s'abandonnera-t-il à un rêve éveillé, adapté à sa situation présente et engendré par elle. Ce fantasme pourra consister à peu près en ceci : le jeune homme est agréé, il plaît à son nouveau patron, on ne peut plus se passer de lui dans l'entreprise, il est reçu dans la famille du patron, il épouse la ravissante jeune fille de la maison et dirige alors lui-même l'affaire en tant qu'associé et, plus tard, successeur du patron[1]. »

Freud soutient, à la suite de cet exemple, que le rêveur se procure par son rêve éveillé ce qu'il a possédé dans son enfance : la maison protectrice, les parents aimants et les premiers objets de ses tendres penchants. L'exemple donné ressemble étrangement à l'histoire de Nantas, à quelques variantes près. Freud fournit donc au lecteur de *Nantas* une clé interprétative. Il le met sur la piste d'une interprétation psychanalytique selon laquelle Nantas-Zola retrouve en réalisant son fantasme d'ambition la dame pour qui il accomplit tous ses exploits, pour qui il porte en offrande tous ses succès (sa mère dans l'enfance, Flavie dans la vie conjugale). Cette interprétation est tout à fait cohérente avec le début de la nouvelle, et avec sa chute : « Il y avait, chez Nantas, une ambition entêtée de fortune, qu'il tenait de sa mère. [...] Tout jeune, il disait être une force » (l. 33-35) ; « Je t'aime ! criat-elle à son cou, sanglotante, arrachant cet aveu à son orgueil, à tout son être dompté, je t'aime parce que tu es fort ! » (l. 1017-1018).

---

1. Dans *Essais de psychanalyse appliquée*, p. 74-75.

## JUGEMENTS CRITIQUES DE L'ŒUVRE

Zola est en littérature un révolutionnaire, c'est-à-dire un ennemi féroce de ce qui vient d'exister. [...] Son style large, plein d'images, n'est pas sobre et précis comme celui de Flaubert, ni ciselé et raffiné comme celui de Théophile Gautier, ni subtilement brisé, trouveur, compliqué, délicatement séduisant comme celui de Goncourt : il est surabondant et impétueux comme un fleuve débordé qui roule de tout.

Guy de Maupassant, *Chroniques,* 10 mars 1883.

Zola n'est pas moins grand comme précurseur que comme constructeur. Ne craignons pas de dire qu'à certains égards ce qui se fait de plus neuf et de plus hardi dans les diverses littératures du monde marque une dette de filiation envers Zola et ne se fait pas faute de la reconnaître.

Jules Romains, *Zola et son exemple,* 1935, cité dans Alain Pagès
et Owen Morgan, *Guide Émile Zola,* Ellipses, 2002.

Un romancier peuple. Il faudrait enlever au mot primaire tout ce que les littérateurs qui en usent y mettent de malveillance et de pédantisme, le prendre dans son sens solide et sain, efficient et positif, et l'on pourrait dire alors que Zola fut un très grand primaire. Son matérialisme est celui du sens commun. [...] La philosophie de Zola est extrêmement courte, mais elle est exacte, elle est populaire, elle tient toute dans le mot travail. Zola a eu la religion du travail comme Balzac celle de la volonté.

Albert Thibaudet, *Histoire de la littérature française de 1789 à nos jours,* Stock, 1936.

Je tiens le discrédit actuel de Zola pour une monstrueuse injustice, qui ne fait pas grand honneur aux critiques littéraires d'aujourd'hui. Il n'est pas de romancier français plus personnel ni plus représentatif.

André Gide, « Journal, 17 juillet 1932 », dans *Journal,* Gallimard, 1939.

Émile Zola, pendant toute sa vie, a servi la vérité. D'abord dans son œuvre, par le réalisme de sa description, par la fidélité impartiale et documentaire envers les formes de vie de son époque et, ensuite, en faisant de sa gloire et de son autorité une cuirasse pour protéger les faibles. Il nous a montré que le talent d'un artiste reste insignifiant tant qu'il n'est pas lié au courage, et que la parole n'atteint à sa pleine valeur que lorsqu'elle est employée, sans tenir compte du danger personnel, contre l'opinion courante. [...] Où est la voix qui, à l'heure actuelle, lance un « J'accuse » avec tant de force révolutionnaire à notre monde à nous — et où est le monde susceptible d'écouter cette voix et de se laisser émouvoir ?
Londres, 1940.

Stephan Zweig, *Présence de Zola,* Fasquelle, 1953.

Zola commence par un Z et finit par un a, commence par un Z et par un oméga et finit par l'alpha.

Michel Serres, *Feux et Signaux de brume. Zola,* Grasset, 1975.

Même en France, au XIXᵉ siècle, nous avons eu une très grande quantité de romanciers qui s'engageaient beaucoup plus qu'on ne le croit aujourd'hui [...] Les romans actuels, même traditionnels, n'ont plus cette espèce d'énergie de témoignage, sur ce qu'on appelle les classes dominantes. De ce point de vue, Zola reste très en avance sur ce que nous faisons.

Roland Barthes, *Sur la littérature,* Seuil, 1980.

ÉMILE ZOLA LORS D'UN VOYAGE EN TRAIN DE PARIS À NANTES.
*L'ILLUSTRATION*, MAGAZINE HEBDOMADAIRE FRANÇAIS, 8 MARS 1890.

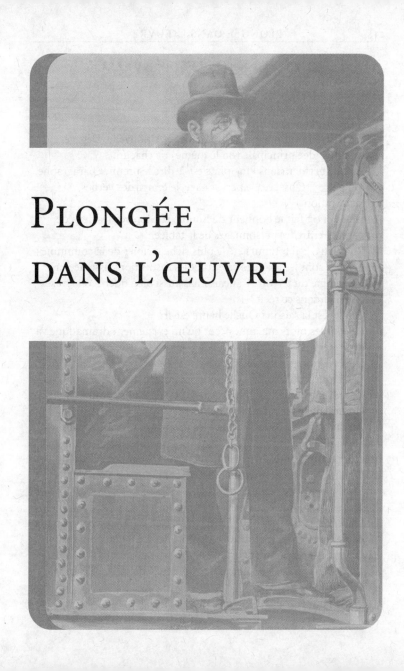

# PLONGÉE
## DANS L'ŒUVRE

## QUESTIONS SUR LES NOUVELLES

### *L'INONDATION*

*Compréhension*

1. Relevez le nombre de chapitres dans cette nouvelle. Dégagez ensuite l'idée principale (ou le thème) de chacun.

2. Au CHAPITRE I, dans l'incipit, c'est-à-dire le premier paragraphe, qui parle? (Observez le personnage, le temps des verbes, la narration.)

3. De quoi est fait le bonheur de Roubieu? Montrez les liens de parenté entre les personnages de la tablée.

4. Roubieu a-t-il toujours été le plus riche fermier de la commune?

5. Quelles sont les grandes valeurs et les institutions associées à l'idéologie du terroir (français mais aussi bien québécois) mises en relief dans ce récit?

6. Quelle est la saison? Quelle heure est-il?

7. Relevez les mots qui annoncent qu'un évènement dramatique va avoir lieu.

8. Faites le portrait de Gaspard.

9. Quel jour Roubieu fixe-t-il pour le mariage de Gaspard et Véronique? Quelle signification a cette date pour Roubieu?

10. Comment se termine le CHAPITRE I?

11. Au CHAPITRE II, où se cachent les fuyards pourchassés par les vagues?

12. Que recommande Jacques quand il voit disparaître le bétail?

13. Quand le mot « inondation » figure-t-il pour la première fois? Quelle heure est-il alors?

14. Qui se met à jouer aux cartes? Pourquoi?

15. Observez la transformation du paysage en ce qui se rapporte aux couleurs et aux sons; relevez les mots liés à ces deux dimensions.

16. Qui meurt en premier?

17. Au CHAPITRE III, à quel nouveau spectacle de ciel et d'eau Roubieu assiste-t-il?

18. Où la famille songe-t-elle à se réfugier?

19. « Et c'est alors que l'épouvantable malheur commença » (l. 452).
    Que veut dire Roubieu ici, puisque le malheur a commencé
    quelques heures auparavant ?

20. Quel est le deuxième personnage à être emporté par l'eau ?
    Que lui arrive-t-il ? Comment réagit Aimée ?

21. Au CHAPITRE IV commence « une attaque en règle » (l. 523).
    Que se passe-t-il alors ? Quel duel s'engage ici ? Est-ce utile ?

22. Comment s'exprime l'épouvante des personnages ?

23. De quoi est fait leur radeau de fortune ? Ont-ils des rames ?
    Que ressentent-ils ? Qui meurt ? Comment est traduit
    l'affrontement entre les hommes et l'élément naturel ?

24. Au CHAPITRE IV et V, qui, en particulier, ne veut pas mourir ?

25. Pourquoi tous sont-ils à l'affût ? Que croient-ils voir ?
    Est-ce réalité ou vision ?

26. Qui meurt encore ? Précisez comment.

27. Que font Gaspard, Marie et Roubieu ? Précisez ce qui arrive
    à Gaspard et à Véronique.

28. Au CHAPITRE VI, quelles réflexions Roubieu fait-il sur ce qui est
    arrivé ? Que va-t-il faire du temps qui lui reste à vivre, lui, seul
    survivant ?

29. Faites l'inventaire des pertes subies dans l'inondation, et cela,
    dans leur succession chronologique. Roubieu retrouve-t-il les
    corps des siens ?

*Écriture*

1. Relevez les énumérations, la ponctuation expressive et les
   comparaisons qui sont en lien avec le bonheur de Roubieu.

2. Expliquez que ce récit est fondé sur une opposition : Roubieu
   et sa famille y passent du bonheur (CHAPITRE I) au malheur
   (chapitres suivants), de la prospérité à la dépossession, de
   l'enracinement au déracinement.

3. Pourquoi peut-on dire que ce récit est une gradation du malheur
   d'une famille ?

4. Tout au long de la nouvelle, le narrateur personnifie la Garonne.
   Donnez-en quelques exemples.

5. Observez, dans les dialogues, les formes du discours rapporté. Évaluez la place des hommes et des femmes dans l'exercice du discours. Qu'en concluez-vous?

6. Repérez les comparaisons et les métaphores animales liées à l'eau.

7. Relevez les occurrences du mot « trou » et leurs différents sens, le cas échéant.

p. 11-13 **EXTRAIT 1**

*Exercice d'écriture*

Rédigez une explication de texte à partir du sujet proposé. Pour vous aider, répondez aux questions préparatoires.

*Sujet de l'explication de texte*

Expliquez que, dans cet extrait, Roubieu passe du bonheur au malheur.

*Questions préparatoires à la rédaction*

1. Entre les lignes 147 et 163, il est question de l'adieu du soir. Faites la nomenclature des couleurs et des sons dans ce tableau de paysage (mise en relief des sens); relevez les personnifications, métaphores, comparaisons, énumérations, verbes d'action. Montrez que c'est un tableau serein, paisible, réconfortant pour Roubieu et son gendre.

2. Qu'est-ce qui vient rompre la paix du soir endormi?

3. Cernez les mots du champ lexical de la terreur.

4. Expliquez comment le narrateur, Roubieu, réussit à transmettre l'idée que l'eau se fait de plus en plus menaçante, envahissante, impossible à fuir.

5. Étudiez la gradation dans cet extrait où l'eau est d'abord semblable à une bande de loups, puis à une meute de bêtes grises qui se ruent et, enfin, à un bataillon qui charge. Qu'en concluez-vous?

6. Repérez l'énumération des objets emportés par l'eau et les comparaisons. Quel sens et quel effet ces figures de style ont-elles sur le lecteur?

7. Pour l'ouverture de votre conclusion, faites, par exemple, les liens suivants.

**Lien littéraire :**

a) Reprenez la réflexion de Roubieu, dans le CHAPITRE II, au sujet de la catastrophe : « Ah ! c'était bien la ruine ! les récoltes perdues, le bétail noyé, la fortune changée en quelques heures ! Dieu n'était pas juste ; nous ne lui avions rien fait, et il nous reprenait tout » (l. 307-310). Comparez-la avec la réflexion du narrateur, dans *La Parure* (1884), de Maupassant (1850-1893) : « Comme il faut peu de chose pour vous perdre ou vous sauver ! »

**Liens historiques :**

b) Rappelez les inondations du Saguenay en juillet 1996, une catastrophe naturelle qu'on a appelée « déluge », ou encore le tsunami du 26 décembre 2004 sur le littoral de l'océan Indien dans le sud de l'Asie.

c) Rappelez la grande crue de la Seine en 1910, quelques années après la mort de Zola. Alfortville, banlieue de Paris, fut entièrement inondée, l'eau couvrant les rues Émile-Zola, Victor-Hugo et toutes les autres ! (Faites une petite recherche dans Internet à propos de cette crue qui y est bien documentée avec textes et images.)

d) Évoquez l'inondation de Port-Marly, une commune française à 20 km du centre de Paris, en 1876, immortalisée par le peintre impressionniste Alfred Sisley (1839-1899), contemporain de Zola. Ce tableau, reproduit dans le présent ouvrage (p. 6), s'intitule *La Barque pendant l'inondation, Port-Marly* (1876).

p. 31-33

# EXTRAIT 2

*Exercice d'écriture*

Rédigez une explication de texte à partir du sujet proposé. Pour vous aider, répondez aux questions préparatoires.

*Sujet de l'explication de texte*

Expliquez que cet extrait est romantique.

*Questions préparatoires à la rédaction*

1. Donnez un titre à cet extrait.

2. Résumez le monologue du vieux dans vos mots, en insistant sur l'état d'âme, l'émotion.

3. Dans les quatre premiers paragraphes de cet extrait, observez la ponctuation, les interjections anaphoriques, les énumérations, l'opposition moi-mes proches-les gens du village. Expliquez comment ces procédés littéraires contribuent à concrétiser la souffrance intime de Roubieu.

4. Quelle est la dernière envie de Roubieu?

5. Que trouve-t-il à Toulouse? Reprenez les termes de l'énumération.

6. Les corps repêchés de Gaspard et de Véronique, qui devaient se marier à la Sainte-Félicité, sont déjà enterrés au cimetière. Roubieu a accès, toutefois, à leur portrait. Décrivez cette photographie, la force romantique de cette image, seule trace concrète laissée par ce désastre.

7. Tout ce qui reste à Roubieu après l'inondation est une photographie. Quel lien peut-on faire entre le chagrin de l'homme devant cette image et le fait qu'il a décidé de raconter la tragédie qu'elle représente? Tentez ici une approche par le mythe: pensez au Déluge, où les couples d'humains et de bêtes, ayant survécu grâce à l'arche de Noé, repeuplent la Terre. La chute de la nouvelle de Zola écarte toute possibilité de rédemption, condamnant Roubieu à donner sa terre aux villageois, à survivre seul et à mourir sans espoir de voir se perpétuer la lignée. Roubieu est donc le contraire de Noé:

la Nature a été impitoyable pour lui, ne lui ménageant aucune possibilité de salut. Que lui reste-t-il pour immortaliser son nom et son histoire?

8. Roubieu pleure en regardant la photographie parce qu'il a perdu toute sa famille et, plus particulièrement ici, les futurs mariés, si attendrissants dans leur dernière étreinte passionnée. Ses larmes expriment-elles aussi son désespoir devant la fatalité qui le prive de filiation et de transmission (de son nom, de sa terre)? Roubieu est-il condamné à finir ses jours aussi pauvre que dans ses premières années sur sa terre? De ce point de vue, pourrait-il s'agir d'une nouvelle préfigurant l'agonie du terroir français, du mode de vie rural fondé sur l'agriculture, la famille, la religion, la transmission de la terre paternelle? (Souvenez-vous qu'au Québec, cette agonie est signée en 1945 avec les deux romans *Le Survenant* de Germaine Guèvremont et *Bonheur d'occasion* de Gabrielle Roy.)

9. Quelles fonctions remplit la mise en récit du souvenir d'une tragédie comme celle qu'a vécue le vieux Roubieu? Quelle est l'utilité de ce récit pour le narrateur? L'écriture a-t-elle, ici, quelque vertu thérapeutique? Correspond-elle à un travail de deuil, à l'acceptation progressive des pertes subies, à la reconnaissance de la dépossession par rupture du rythme des générations successives de Roubieu enracinées dans le terroir de Saint-Jory?

10. Montrez que cet extrait illustre plusieurs thèmes romantiques: l'être lyrique, l'être mystique, l'amour, le sentiment profond de solitude, la nostalgie du «passé», la conscience de la fragilité de la vie, la présence accablante de la mort. Faites sentir le romantisme du récit, les procédés qu'emploie Roubieu pour partager son émotion avec le lecteur.

11. Pour l'ouverture de votre conclusion, faites, par exemple, les liens suivants.

**Liens littéraires :**

a) « Je les regarde, et je pleure » (l. 873). Ces mots d'une touchante et poétique émotion évoquent, pour ceux qui ont lu Victor Hugo, la mort tragique de Léopoldine, la fille de Hugo, en compagnie de son époux, noyés tous deux en 1843 lorsque leur barque a chaviré sur la Seine, quelques mois après leur mariage. Hugo, inconsolable, a consacré de nombreux poèmes romantiques à la mémoire de sa fille, notamment *Demain dès l'aube* et *À Villequier* qui se trouvent dans *Les Contemplations* (1856). Prenez connaissance du premier poème (annexes, p. 267) et servez-vous-en pour rédiger votre ouverture.

b) Faites ressortir la force antithétique, voire apocalyptique, des phrases suivantes : « "[…] Vous avez donc rencontré le bon Dieu, pour qu'il fasse maintenant pleuvoir de l'argent sur vos terres ?" Souvent nous plaisantions entre nous de la misère passée » (l. 54-57) et « Oh ! les grands jours de la moisson et de la vendange, quand nous étions tous au travail, et que nous rentrions gonflés de l'orgueil de notre richesse ! […] Puisque tout cela est mort, mon Dieu ! pourquoi voulez-vous que je vive ? » (l. 837-842). Faites ensuite un rapprochement avec le mythe biblique de Job, qui perd tout et se lamente misérablement à Dieu.

c) Lisez l'extrait de la septième partie de *Germinal* (1885) de Zola (annexes, p. 260). Faites un rapprochement avec *L'Inondation* et, plus précisément, avec la chute de la nouvelle.

## LES COQUILLAGES DE M. CHABRE

*Compréhension*

1. Relevez le nombre de chapitres dans cette nouvelle. Dégagez ensuite l'idée principale (ou le thème) de chacun.

2. Le CHAPITRE I s'ouvre par cette phrase : « Le grand chagrin de M. Chabre était de ne pas avoir d'enfant » (l. 1). Depuis quand sait-il qu'il est stérile ?

3. Que conseille le médecin à M. Chabre ? Que fera finalement le couple Chabre des recommandations du médecin ?

4. Dressez le portrait de chacun des conjoints Chabre tels qu'on les dépeint dans les premiers chapitres.

5. Guérande est un «bijou féodal» (l. 67). Repérez ce qui, d'après la description des lieux, appartient à l'architecture médiévale.

6. Les commentaires de M. Chabre sont souvent négatifs. Que pense-t-il des différents lieux qu'il traverse avec son épouse? Justifiez votre réponse en citant le texte.

7. Qui est M. de Plougastel?

8. Décrivez le costume typique des femmes bretonnes, celui des paludiers et celui des métayers.

9. Que ressent Estelle à la vue d'Hector?

10. Que conseille Hector à M. Chabre?

11. Au CHAPITRE II, de quoi a l'air M^me Chabre dans l'eau? et Hector?

12. D'où vient ce jeune homme, ce «paquet d'algues» (l. 260) comme le dit M. Chabre? Comment Hector a-t-il été éduqué?

13. Au CHAPITRE III, que mangent les Chabre à Piriac?

14. Que change l'arrivée d'Hector dans la vie des Chabre, à Piriac?

15. Que fait Estelle le premier dimanche à Piriac? Énumérez les spectacles auxquels elle assiste en compagnie d'Hector. Montrez qu'à travers eux, Zola aborde plusieurs aspects de la vie bretonne, de la petite histoire de France.

16. Lorsqu'ils sont au cimetière, pourquoi Estelle et Hector sont-ils si troublés? Que découvrent-ils? Quel sens (goût, ouïe, odorat) y est particulièrement sollicité?

17. Qu'en est-il du désir entre Hector et Estelle le dimanche, en fin de soirée? À quoi rêve Estelle?

18. Au CHAPITRE IV, pour la journée de pêche à la crevette, comment s'habille M. Chabre? et les deux tourtereaux? À qui compare-t-on M. Chabre?

19. Hector connaît très bien les différentes façons de pêcher en ces lieux. Comment l'apprend-on? Le couple et le jeune homme sont-ils les seuls à pêcher?

20. Voyez Estelle prendre ses premières crevettes. Décrivez-la.

21. De son côté, qu'attrape M. Chabre?

22. Comment Estelle et Hector finissent-ils par se rapprocher? Hector est-il trop audacieux? Que vit M. Chabre pendant ce temps?

23. Au CHAPITRE V, quelle nouvelle promenade Hector propose-t-il aux Chabre avant leur retour à Paris?

24. À quoi les blocs granitiques sont-ils comparés (nommez cinq aspects)? Faites le portrait d'Hector déambulant au milieu des rochers et décrivez l'émotion qu'il suscite chez les Chabre.

25. Que fait voir Hector à Estelle au loin?

26. Relevez tous les passages où Estelle est dans un état de rêverie et précisez ce à quoi elle rêve.

27. Relevez les passages où Hector fait des aveux à Estelle.

28. Aux CHAPITRES V et VI, Zola aborde le thème de l'adultère. Remarquez l'habileté de l'auteur dans la chute de cette nouvelle. Il apprivoise le surmoi du lecteur, c'est-à-dire le lecteur-accusateur prêt à jeter la pierre aux deux amants. Le lecteur souhaite plutôt la rencontre amoureuse et sexuelle d'Estelle (18 ans) et Hector (20 ans). Tous deux forment un «couple» illégitime si attachant par sa délicatesse et sa vibration mutuelle. En comparaison, le mari d'Estelle, M. Chabre (45 ans), bourgeois obèse, paraît naïf et ridicule avec son obsession des arapèdes, son ombrelle, ses craintes de toutes sortes, ses propos insignifiants et stéréotypés. Qu'éprouvez-vous, en lisant ces chapitres, envers les différents personnages?

29. Montrez comment Hector a su gagner la confiance absolue de M. Chabre, étouffer leur rivalité, séduire en toute complicité la belle et charmante Estelle.

30. Faites des rapprochements (ressemblances et différences) entre cette nouvelle et tout autre récit où le thème de l'adultère est mis en relief (par exemple, la légende de *Tristan et Iseult,* certains lais de Marie de France, le récit anonyme de *La Châtelaine de Vergy,* les romans *Bel-Ami* de Maupassant ou *Les Liaisons dangereuses* de Choderlos de Laclos; ou encore, le poème *La Femme adultère* du poète espagnol García Lorca).

Accordez un intérêt tout spécial à *Tristan et Iseult,* puisque cette légende issue du vieux fonds celtique raconte un irrésistible et périlleux amour absolu, en conflit avec les exigences et les valeurs morales de la société d'alors. Tristan et Iseult sont au nombre des amants célèbres de la littérature universelle et, en cela, leur histoire constitue sans doute l'assise mythique sur laquelle s'appuie Zola pour rédiger celle d'Estelle et Hector.

31. Le septième commandement de Dieu ordonne de ne pas commettre l'adultère. Or, Zola ose écrire une histoire sur l'adultère. Par cette transgression, le lecteur trouve le cocu grotesque. Selon vous, y a-t-il péché, trahison ou ridicule? Justifiez votre réponse.

32. Faites le bilan de ce qu'Estelle a découvert avec Hector au cours de son séjour sur la côte bretonne. M. Chabre rapportera-t-il à Paris des souvenirs comparables?

33. À qui ressemblera l'enfant? Estelle met-elle la lignée des Chabre en péril? En 250 mots, imaginez un épilogue à cette nouvelle.

34. Que connaissez-vous de la Bretagne à part ses calvaires, ses costumes typiques, sa gastronomie et ses chansons folkloriques (souvenez-vous de la crêpe de sarrasin, du gâteau breton, des plats de fruits de mer comme la coquille Saint-Jacques, de la chanson des chapeaux ronds)?

*Écriture*

1. Ce texte fourmille de descriptions: personnages, lieux visités, costumes, villes, mer, etc. Relevez une description de la mer dans chaque chapitre.

2. « Et, plus loin, à la limite du ciel, l'Océan mettait sa profondeur bleue » (l. 175-176). Pourquoi y a-t-il ici une majuscule à « Océan »?

3. Le mot « trou » a différents sens, surtout à partir de la fin du CHAPITRE III. Relevez les occurrences du mot et son sens contextuel.

4. Le vocabulaire lié à Estelle et à Hector est positif, alors que, pour M. Chabre, il est plutôt négatif. Trouvez quelques passages qui cernent bien ces différences entre les personnages.

5. Faites une recherche, dans Internet, sur le mot « Plougastel ». Vous verrez que ce nom propre désigne une commune bretonne célèbre, entre autres, pour ses fraises. En effet, les fraises de Plougastel sont une spécialité culinaire bretonne à l'origine de la prospérité de cette commune du XVIIIe siècle à nos jours, de sorte que le nom de Plougastel est inséparable aussi bien d'une tradition de noblesse que du mot fraise. Étudiez les passages où

l'on décrit Hector et expliquez pourquoi on peut affirmer qu'il est significatif qu'il porte le nom de Plougastel qu'on associe à la célèbre fraise. Voyez dans les descriptions qu'on fait d'Hector dans cette nouvelle en quoi, parfois, il devient «tout fraise» (il rougit) dans les yeux d'Estelle et qu'en ce sens il porte bien son nom.

6. Y a-t-il une histoire semblable avec le nom d'Estelle, née Catinot, de la maison Desvignes et Catinot? Sinon, à quoi le mot Catinot fait-il penser?

7. Qu'est-ce qu'un «bouquet de mariée» au juste (l. 391)? La présence de ce bouquet prend-elle un sens symbolique dans la situation où se trouvent Estelle et Hector?

8. À Piriac, Hector et Estelle voient une procession à un calvaire planté au bout du village. Bien que Zola l'ait campée à Piriac où se trouve effectivement un calvaire, cette procession évoque sans doute le célèbre calvaire de Plougastel. Faites une recherche, dans Internet, afin d'expliquer ce que représente ce monument à valeur hautement symbolique, mondialement connu.

9. «Un paysan marchait le premier, tenant une bannière de soie violette brochée d'or, à hampe rouge. [...] Enfin, derrière, à la suite d'une bannière blanche portée par une grosse fille aux bras hâlés [...]» (l. 537-542). Dans cette procession qui évoque le patrimoine religieux breton, que symbolisent les couleurs des bannières?

10. Les sardines «avaient des reflets d'argent au soleil, des bleus et des roses de saphir et de rubis pâles» (l. 600-601). De quelle couleur sont donc ces poissons?

11. Dans les CHAPITRES I et VI figurent des marques temporelles. Repérez-les et dites combien de temps s'écoule entre le début et la fin de cette nouvelle (durée de la fiction).

12. Zola a mis en valeur chacun des cinq sens dans ce récit. Relevez un passage qui vous touche tout spécialement, évoquant l'un ou l'autre sens (vue, ouïe, toucher, odorat, goût), et dites pourquoi vous appréciez ce passage-là en particulier.

13. S'agit-il d'une nouvelle romantique, réaliste ou naturaliste? Précisez pourquoi.

*Exercice d'écriture*

Rédigez une explication de texte à partir du sujet proposé. Pour vous aider, répondez aux questions préparatoires.

*Sujet de l'explication de texte*

Expliquez que cet extrait est une étude de milieu : les états du monde extérieur correspondent aux états intérieurs des personnages.

*Questions préparatoires à la rédaction*

1. Situez cet extrait dans la nouvelle.

2. Divisez l'extrait en deux parties, en cernant les idées principales pour chacune et les personnages impliqués.

3. Dans le premier paragraphe, établissez le champ lexical de la couleur, repérez les verbes d'action et les figures de style ainsi que la manière dont les sens se manifestent pour chacun des personnages. Puis, étudiez les descriptions et intéressez-vous à la présence du miroir naturel qui réfléchit les visages.

4. Travaillez ensuite le second paragraphe, qui décrit les animaux de basse-cour en liberté. Étudiez d'abord les images liées aux cochons, puis celles qui se rattachent aux oies. Montrez comment Hector accompagne le regard d'Estelle sur ces bêtes, et décrivez les sensations qu'elle éprouve devant ce spectacle.

5. Étudiez les citations suivantes et expliquez-les.
   a) « les masses de graisse roulant sur des pattes minces » (l. 505-506) ;
   b) « le ventre noir de boue, le groin barbouillé, ronflant à terre » (l. 507-508) ;
   c) « les cochons étaient les meilleurs enfants du monde » (l. 509) ;
   d) « elle s'émerveillait de leur robe de soie rose, d'une fraîcheur de robe de bal, quand il avait plu » (l. 511-512).

6. Relevez les descriptions des oies, leur beauté littéraire et leur pouvoir d'évocation visuelle. On pourrait dessiner ces oies, tellement les mots sont éloquents. Soyez sensible au bruit qu'elles font, à ce qu'elles mangent, à leur démarche. Montrez comment

Estelle se mêle à cette vie, l'anime par la vibration nerveuse de son émotion, par son euphorie.

7. Expliquez qu'Hector et Estelle découvrent ensemble un coin du pays piriacais et que M. Chabre, rivé à ses coquillages, ne s'intéresse à rien d'autre.

8. Décrivez comment un jeune « couple » se forme pas à pas dans la tendresse, la complicité, par le simple plaisir d'assister au spectacle de la basse-cour.

9. Montrez comment les voix humaines s'ajoutent à celles des bêtes, s'harmonisent avec elles, donnant à ce spectacle un intérêt humain presque inoubliable.

| p. 45-69 | **EXTRAIT 4** |

**16 COURTS EXTRAITS**
*Exercice d'écriture*
Rédigez une explication de texte, une analyse littéraire ou un paragraphe explicatif à partir des sujets proposés.

*Sujets de la rédaction*
**Zola peintre de marines (extraits des CHAPITRES II à V)**

1. Zola, à travers Hector et Estelle, se fait guide touristique, mettant les sens en éveil et stimulant l'imagination. Étudiez l'écriture de Zola en tant que peintre de marines : « Je n'ai pas seulement soutenu les impressionnistes, disait-il, je les ai traduits en littérature par les touches, notes, colorations de beaucoup de mes descriptions. »

**La mer (extraits des CHAPITRES II, III et IV)**

2. Observez, dans les neuf extraits, la reprise du motif de la mer sous des éclairages différents, les jeux d'ombre et de lumière (au zénith ou au crépuscule). Soyez attentif aux tableaux : l'horizon, l'ampleur du ciel, les couleurs des flots, les proportions, les sensations selon que l'on est proche ou loin, dans l'eau ou hors d'elle, voire au milieu d'elle et des rochers emmêlés. Le narrateur brosse une série de descriptions impressionnistes. Il peint

différents états de la mer à partir de points de vue divers : la mer telle une étoffe et « un Sahara sans bornes » (l. 302-318), la mer au bout de la jetée avec ses algues et ses bouquets de mariée (l. 374-393), la mer couverte de minuscules pêcheurs de crevettes « ridicules de néant dans cette immensité » (l. 775-787), la mer déchaînée (l. 801-807), etc.

## Le sentier du Castelli (extraits du CHAPITRE V)

3. En empruntant ce sentier, Hector et Estelle découvrent le sémaphore, les criques, fissures et grottes marines (soyez attentif à leurs noms), les baies, sables et falaises, ainsi que les oiseaux de ce bout de la côte bretonne qu'on appelle la Côte d'Amour. Lieu par excellence que la mer caresse, embrasse, grignote, puis délaisse jusqu'à la prochaine marée. Tableau où deux êtres s'aiment au milieu des éléments naturels aux apparences humaines. Faites ressortir quelques-uns de ces aspects dans les extraits choisis.

## Le cimetière (extrait du CHAPITRE III, l. 548-587)

4. Montrez la vitalité, la sensualité qui se dégage de cette description.

## LA MORT D'OLIVIER BÉCAILLE

*Compréhension*

1. Relevez le nombre de chapitres dans cette nouvelle. Dégagez ensuite l'idée principale (ou le thème) de chacun.

2. Le CHAPITRE I s'ouvre par cette phrase : « C'est un samedi, à six heures du matin, que je suis mort, après trois jours de maladie » (l. 1-2). Après cette abrupte entrée en matière (incipit), la suite du texte éclaire davantage le lecteur. De qui Bécaille tient-il que c'est « à six heures du matin » qu'il est mort ? Dans les faits, Olivier Bécaille est-il vraiment mort ?

3. Quel est le cri de Marguerite, quatre fois répété, au CHAPITRE I ?

4. Qu'est-ce que « la pensée de la terre » (l. 46) ?

5. Quels sont les deux tabous fondamentaux, selon le narrateur ?

6. Suivez Bécaille dans son décompte du temps et dites ce qu'il déduit de ses perceptions auditives à propos des bruits environnants.

7. Où logent les Bécaille à Paris? Quel travail Olivier Bécaille y a-t-il déniché?

8. « Je ne me rendormais qu'avec peine, le sommeil m'inquiétait, tellement il ressemblait à la mort » (l. 51-53). Lisez le poème d'Arthur Rimbaud intitulé *Le Dormeur du val* et trouvez les vers où le poète associe la mort au sommeil, Hypnos à Thanatos (annexes, p. 267).

9. On voit le parcours de Bécaille par ses souvenirs d'enfance. De quelle région de la France les Bécaille sont-ils originaires? Quel travail Olivier Bécaille y faisait-il?

10. Repérez les phrases qui parlent non seulement d'Olivier Bécaille, mais aussi d'Émile Zola lui-même, de sa phobie de la mort quand il était enfant (voir « Présentation de l'œuvre », p. 163, 199 et 201), car cette nouvelle est, en partie, biographique.

11. Cette nouvelle est une réflexion sur la mort, l'un des rites sociaux les plus chargés de sens pour l'humanité. Démontrez-le.

12. Ce récit présente aussi un aspect documentaire sur ce qu'on fait du corps après la mort, au XIXᵉ siècle. À partir du constat de décès établi par le médecin, dégagez cinq ou six étapes ultérieures qui font de la dépouille un objet socialisé, ritualisé. Dites en quoi nos rites funéraires contemporains sont ressemblants ou différents. Tenez compte des liens entre mort, pauvreté et solitude, Bécaille ayant peu d'argent, étant sans parenté, fraîchement arrivé dans la métropole parisienne.

13. Peut-on dire que les Bécaille ont fait un mariage heureux?

14. La rue Dauphine est-elle une rue tranquille? Répondez en citant quelques passages révélateurs.

15. Quels personnages entrent en scène au CHAPITRE II? Quel rôle joue Adèle?

16. Comment les Gabin gagnent-elles leur vie?

17. Quelle est la réaction de Bécaille quand le médecin le déclare mort?

18. Dans le coma, Bécaille perd quelquefois connaissance. Repérez deux de ses évanouissements.

19. À quoi compare-t-on la bière où l'on dépose Bécaille au CHAPITRE III? Reprenez l'itinéraire que suit le corbillard dans

Paris pour transporter le cercueil au cimetière, en notant les sons que reconnaît Bécaille.

20. Au CHAPITRE IV, quel cauchemar Bécaille fait-il alors qu'on l'enterre? Quand se réveille-t-il précisément? À quoi songe-t-il à ce moment-là? De quoi souffre-t-il?

21. Expliquez comment, tel un Lazare moderne, Bécaille ressuscite.

22. Dans le CHAPITRE IV, tous les sens de Bécaille sont en éveil, et plus particulièrement le sens de l'ouïe. Expliquez pourquoi.

23. Quelles conditions physiologiques ou sociales contrarient l'épanouissement de Bécaille?

24. Quel désir inconscient Olivier Bécaille satisfait-il en se laissant sombrer ainsi pour plusieurs jours dans une léthargie profonde?

25. Dès les premiers paragraphes du CHAPITRE V, le lecteur sent que Bécaille n'est plus le même homme. Trouvez cinq ou six passages témoignant de cette métamorphose.

26. Toutefois, le passé le rattrape et des souvenirs se présentent alors à lui. Quels sont-ils? Que lui arrive-t-il ici, encore une autre fois?

27. Que dit-il du «souvenir» pendant sa convalescence chez son sauveteur?

28. Comment se sent-il lorsqu'il fait sa première promenade à Paris, l'été venu?

29. Le tout dernier paragraphe dévoile un Bécaille libre et libéré de la peur de mourir. Quelques mots, cependant, semblent indiquer qu'il n'est pas vraiment heureux. Lesquels? Que manque-t-il à son bonheur? Doit-on en conclure que Bécaille est un être faible, impuissant, affecté d'une fêlure héréditaire qui le caractérise, qu'il est un homme brisé à jamais, et ce, en partie parce qu'il est malade depuis l'enfance?

30. Après avoir noté les marques de temporalité (Bécaille traverse au moins deux saisons), évaluez combien de temps s'écoule entre la première et la dernière ligne de ce récit.

31. Bécaille aura eu deux médecins: l'un a signé sa mort, l'autre lui a sauvé la vie et l'a soigné comme un père l'aurait fait pour son fils. Expliquez cette affirmation.

*Écriture*

1. Repérez toutes les occurrences du mot « trou ». Voyez ensuite les diverses définitions de ce mot au dictionnaire. Faites le lien entre les occurrences du mot dans la nouvelle et ses différents sens au dictionnaire (sens dénotés, sens connotés). Montrez que ce mot, parfois, favorise une accélération du récit.

2. Comment peut-on soutenir qu'on est mort un samedi à six heures du matin et continuer à écrire (puisque ce texte est écrit de la main même de celui qui dit être mort) ?

3. Que signifient les expressions en caractères gras ?
   a) « [...] je calcule les minutes, pour être sûre qu'elle ne **galopine** pas... » (l. 228-229) ;
   b) « L'enfant resta, écoutant les deux femmes, de **son air précoce de gamine poussée sur le pavé de Paris** » (l. 892-893).

4. « Attends, je vas te faire regarder par les fentes » (l. 512). Que dire de la langue parlée par Mᵐᵉ Gabin ?

5. Expliquez les figures de style dans les phrases suivantes :
   a) « [...] tandis que des cordes frottaient comme des archets, contre les angles du cercueil, qui rendait un son de contrebasse fêlée » (l. 569-571) ;
   b) « Un choc terrible, pareil au retentissement d'un coup de canon [...] » (l. 571-572).

6. Expliquez la comparaison suivante : « Tandis que M. Simoneau, un homme riche, **fort comme un Turc...** » (l. 897-898).

7. Que signifie cette expression : « C'est une fière chance » (l. 904) ?

8. L'histoire est écrite à la première personne. Quel effet cela produit-il sur le lecteur ?

9. Le récit rétrospectif, le fait que Bécaille écrive son histoire, qu'il la reconstitue après coup en la rédigeant, est-il un pas déterminant dans le recouvrement de sa santé physique et psychique ? En d'autres mots, est-ce thérapeutique d'écrire une expérience traumatique et de la partager avec des milliers de lecteurs ? Peut-on penser que, à travers le récit d'Olivier Bécaille, Zola a surmonté sa phobie de la mort ?

10. Trouvez trois images, dans le récit, qui lient la mort et la musique. Quel effet cela produit-il ?

11. Ce texte évoque des scènes d'anthropophagie et d'autophagie. Trouvez-les en cherchant, au préalable, le sens de ces deux mots au dictionnaire.

12. Dressez le champ lexical de la mort au CHAPITRE I.

13. Expliquez que, jusqu'à la résurrection du personnage, la tonalité est tragique.

14. Faites une étude comparée des passages de résurrection des personnages dans *La Mort d'Olivier Bécaille* et dans *Le Colonel Chabert* d'Honoré de Balzac (annexes, p. 258).

15. Montrez que, à l'instar du personnage principal dans la nouvelle *Une descente dans le Maelström* d'Edgar Allan Poe (annexes, p. 265), la capacité d'Olivier Bécaille à se ressaisir, à surmonter son angoisse et à concevoir un plan de sauvetage lui sauve la vie.

16. Rédigez un paragraphe qui reprend le récit du point de vue du deuxième médecin, le sauveteur et protecteur de Bécaille.

17. Demandez à votre professeur de vous faire entendre la chanson de Jacques Brel intitulée *Fernand*. Faites quelques liens entre cette chanson et le récit d'Olivier Bécaille.

## EXTRAIT 5
p. 75-90

*Exercice d'écriture*

Rédigez une explication de texte à partir du sujet proposé. Pour vous aider, répondez aux questions préparatoires.

*Sujet de l'explication de texte*

Expliquez que cet extrait appartient au réalisme et au fantastique.

*Questions préparatoires à la rédaction*

1. Situez cet extrait dans la nouvelle.

2. Qui le rêveur Bécaille va-t-il rejoindre en train?

3. Dressez les grandes lignes de ce récit onirique, de cette description fugace.

4. Le rêveur et les voyageurs sont emmurés vivants à cause d'un « double écroulement » (l. 587-588). Repérez la description de l'accident, du vacarme, notez les sensations éprouvées.

5. Ce drame est familier au rêveur, qui dit l'avoir imaginé plus d'une fois. Faites la liste des variations mentionnées et des figures de style employées : gradation, énumération, comparaison, personnification.

6. Soyez attentif à la description de la locomotive. Reprenez-la en vos mots.

7. L'horreur entrevue inclut les souffrances de Bécaille. Quelles sont-elles ?

8. Un cri de délivrance lâché par un personnage du rêve ramène le rêveur à la réalité : il est lui-même prisonnier d'un cercueil au fond d'une fosse du cimetière. Juste avant son réveil, que révèle le cri au rêveur et à l'ensemble des voyageurs ?

9. Expliquez pourquoi le récit passe alors du narrateur individuel au narrateur collectif : le rêveur devient la foule, parle pour elle, fait corps avec elle, tout entier tourné vers ce puits d'air, cette tache bleue. (Approche sociologique.)

10. Faites ressortir les aspects réalistes et fantastiques (tout ce qui relève du rêve, du cauchemar, des visions d'horreur, des fantasmagories, de la fièvre et du délire) de cet extrait.

11. Expliquez brièvement, en conclusion, la place et le rôle de ce rêve dans la nouvelle et, surtout, dans la suite de la nouvelle. Montrez que le rêve fait voir à Bécaille, de manière à peine transposée, l'emmuré vivant qu'il est lui-même, les voies de salut qui lui sont offertes et, conséquemment, l'espoir qu'il peut avoir de se sortir de là.

12. Pour l'ouverture de votre conclusion, faites, par exemple, les liens suivants.

### Liens littéraires :

a) Prenez connaissance du CHAPITRE X du roman *La Bête humaine* de Zola (annexes, p. 261). Ce chapitre décrit la mort de la *Lison,* locomotive bien-aimée de son conducteur, à la suite d'une collision. Cela fait, rédigez l'ouverture en insistant sur l'intérêt de Zola pour le peuple du rail et l'univers ferroviaire, produit de son siècle industriel. Le chemin de fer devient par lui symbole du progrès technique dans sa marche aveugle et irrépressible, et de possible destruction par catastrophe ferroviaire.

b) Évoquez la mort du Voreux (le puits de mine) dans *Germinal* (annexes, p. 260), autre roman de Zola, portant sur les misérables conditions de travail des mineurs. Cette œuvre prémonitoire a précédé de 20 ans la catastrophe minière de Courrières (dans le Pas-de-Calais, en France) où 1099 mineurs trouvèrent la mort.

**Liens historiques ou liés à l'actualité :**

c) Évoquez, par exemple, les «bons côtés» du chemin de fer : l'inauguration de l'Orient-Express en 1883 (80 heures en train de luxe pour parcourir les 3000 km séparant Paris de Constantinople), l'évolution des affiches publicitaires qui mettent en vedette le matériel ferroviaire et le transport par chemin de fer, la poésie architecturale des rails et des gares, le goût pour les écrans de fumée et de vapeur dans la peinture de paysage urbain au XIX$^e$ siècle (faites un lien avec un tableau impressionniste reproduit dans cet ouvrage).

d) Au contraire, soulignez-en les aspects négatifs, anciens ou très récents, tels que le déraillement de train à Amagasaki, au Japon, en 2005, qui a fait 107 morts, 549 blessés et causé un désastre urbain sans précédent, ou les attentats terroristes de Madrid, en Espagne, en 2004, qui ont fait 192 morts et 1841 blessés.

e) À partir de 1942, toutes les voies de chemin de fer d'Europe menaient potentiellement aux camps de concentration. Il s'en est suivi que le chemin de fer, signe d'un voyage sans retour, est devenu l'un des stéréotypes les plus établis de la Shoah. Comme le dit le peintre allemand Anselm Kiefer qui est né en 1945 : «Nous voyons quelque part des voies de chemin de fer et nous pensons à Auschwitz. Et cela ne changera pas de si tôt [1].» Faites un lien entre cette réflexion du peintre Kiefer et le récit du rêve d'Olivier Bécaille (rêve prémonitoire?).

---

1. Andrea Lauterwein, *Anselm Kiefer et la poésie de Paul Celan*, Paris, Regard, 2006, p. 147.

p. 93-94 **EXTRAIT 6**

*Exercice d'écriture*

Rédigez une explication de texte à partir du sujet proposé. Pour vous aider, répondez aux questions préparatoires.

*Sujet de l'explication de texte*

Expliquez que cet extrait est à la fois réaliste par son objectivité et lyrique par sa description.

*Questions préparatoires à la rédaction*

1. Situez cet extrait dans la nouvelle.

2. Bécaille, ayant reconnu un clou, conçoit un plan de sauvetage. Dégagez les différents moments de ce plan et les obstacles qui surgissent.

3. Étudiez la façon dont les objets sont décrits, la métaphore du sang-vin et le thème de l'espoir. Répertoriez les verbes d'action, dressez le champ lexical du corps (l'importance des mains, des dents et des pieds).

4. Expliquez comment s'opère, au niveau de l'écriture, le passage progressif de la peur de mourir à la joie de vivre, du malheur au bonheur, de la mort à la régénération.

5. Étudiez bien le dernier paragraphe sur le plan de la forme : figures de style (antithèse, énumération de verbes), ton appréciatif, valeur symbolique du printemps, ponctuation expressive, phrases brèves, tonalité lyrique.

6. Bécaille est-il une sorte de « revenant » ? Justifiez votre réponse. (Approche psychanalytique.)

7. La terre lui ayant servi de ventre maternel, Bécaille est né une seconde fois. Que pensez-vous, toutefois, d'une naissance par les pieds ? Que penser de cet homme heureux qui respire et qui sent à nouveau, qui tend les mains vers l'espace tout comme les voyageurs de son rêve levaient leurs bras tremblants vers la petite tache bleu pâle en clamant : « Sauvés » ?

8. Réfléchissez au fait que la crise nerveuse de Bécaille, le cauchemar qu'il fait dans la fosse, son coma et sa longue convalescence peu après sa résurrection ont une origine commune : sa relation peu heureuse à Marguerite et, au-delà, au père, c'est-à-dire au fait qu'il est orphelin de père. Quel lien peut-on faire avec le début du récit ? Justifiez votre réponse en citant une phrase du texte.

9. Pour l'ouverture de votre conclusion, faites les liens suivants.

**Liens avec le texte de la nouvelle :**

a) Expliquez, par exemple, que le rêve résume ce que vit Bécaille dans sa tombe et, surtout, qu'il lui fournit les clés d'une sortie possible et de l'élaboration d'un plan.

b) Démontrez que Zola est précurseur et visionnaire avec cette nouvelle fantastique. En effet, il y anticipe la possibilité de mourir seul (dans sa bière) ou à plusieurs (le rêve du train) dans un espace totalement fermé où l'on risque l'asphyxie, le froid, la faim, l'écrasement. Cela peut arriver dans mille et une situations aujourd'hui (explosion dans une mine, déraillement de train, écrasement d'avion, effondrement de viaduc, séquestration et isolement total d'otages, etc.).

**Lien littéraire :**

c) Faites un rapprochement entre cet extrait et le roman de Michel Tournier *Vendredi ou les Limbes du Pacifique* (CHAPITRE V) lorsque Robinson raconte, dans son Log-book, sa descente et son séjour au fond de la grotte de Speranza.

## *NANTAS*

*Compréhension*

1. Relevez le nombre de chapitres dans cette nouvelle. Dégagez ensuite l'idée principale (ou le thème) de chacun.

2. Malgré sa misère franchement avouée, le désir d'ascension sociale du personnage est d'entrée de jeu mis en évidence dans le CHAPITRE I. Relevez les éléments de la situation initiale de la nouvelle. Où habite Nantas ? Que voit-il de sa mansarde ? Décrivez-la ainsi que les vêtements que porte le personnage. Retenez les détails pertinents de son histoire avant son arrivée à Paris. Puis, repérez ses rêves de grandeur, ses convictions et croyances quant à ses capacités de réussir professionnellement et de se réaliser, ses démarches pour trouver du travail dans la métropole.

3. D'où s'origine sa phrase autoréférentielle : « Je suis une force » (l. 36-37) ?

4. Nantas supporte mal l'échec de ses entreprises. Que représente pour lui « la bêtise du destin » (l. 84) ?

5. Que fait-il quand il est ainsi découragé ? Quelles sont ses pensées et ses sentiments ? Combien de fois, dans la nouvelle, retombera-t-il dans un découragement similaire ?

6. Repérez les indices textuels qui annoncent, en quelque sorte, la suite de la nouvelle (lecture prospective).

7. Qui voit Nantas, parfois, de sa fenêtre ?

8. « Brusquement, il fut réveillé par un bruit de voix » (l. 140) : quel marché lui propose l'inconnue qui lui rend visite ? Cernez les réactions de Nantas, son ambivalence passagère, sa nouvelle attitude devant Paris éclairé « des flammes dansantes du gaz » (l. 242-243). Expliquez pourquoi l'adverbe « brusquement » (l. 140) marque le passage de la situation initiale à l'élément déclencheur.

9. Au CHAPITRE II, comment se déroule la rencontre de Nantas et du baron ? Relevez le passage où l'on croirait entendre les reproches que Don Louis adresse à son fils Don Juan dans la pièce de Molière (annexes, p. 268).

10. Comment se sent Nantas face au baron, et face à sa fille ?

11. Quelle entente Nantas et Flavie négocient-ils quant à leur mariage ? Que s'apportent-ils l'un l'autre dans ces arrangements et consentements mutuels ?

12. Expliquez, dans vos mots, à quelles conventions sociales se sont pliés, jusqu'à maintenant, les quatre personnages principaux. Cernez les enjeux de tous ordres impliqués pour chacun d'eux. Identifiez ceux qui permettent au lecteur d'entrevoir la suite des évènements, voire le dénouement de la nouvelle.

13. Comment interpréter, selon vous, le passage en caractères gras : « Elle était très belle, il valait mieux qu'il n'y eût rien de commun entre eux, **car elle pouvait le gêner dans la vie** » (l. 440-442) ?

14. Au CHAPITRE III, on précise que « [d]ix années s'étaient écoulées » (l. 443). Qu'est-il arrivé à Nantas durant tout ce temps ?

15. On évoque aux lignes 451 et 452 « les premières années de l'Empire ». En vous référant à la « Présentation de l'œuvre » (p. 136), expliquez ce que fut le Second Empire au XIXe siècle. Précisez ce que le narrateur veut dire quand, par la suite, il écrit que Nantas « montrait adroitement un dévouement absolu à l'Empire » (l. 458-459).

16. Faites le bilan des pouvoirs que Nantas a conquis grâce à sa volonté, à son travail, à l'empire qu'il a sur lui-même.

17. Quel discours de Nantas le place dans une position avantageuse pour la conquête du pouvoir ?

18. Au même moment, un trouble sentimental sème en lui une grande confusion, allant jusqu'à provoquer toutes sortes de comportements qui pourraient le conduire à sa perte. Expliquez pourquoi.

19. Cernez l'intensité des sentiments éprouvés par Nantas dans les scènes violentes et désespérantes où il affronte sa femme, son beau-père et la vérité.

20. Au CHAPITRE IV, pour quelle raison, au fond, Nantas s'étourdit-il dans le travail ? À quel signe physique perçoit-on ses luttes intérieures ?

21. Qu'est-ce qui fait naître en lui la jalousie ?

22. Pourquoi Mlle Chuin n'est-elle pas rentrée dans son pays ?

23. Qui est cette M^lle Chuin, aux yeux de Nantas ? Quelle occasion de gagner de l'argent lui fait-il miroiter ?

24. Que nous confie le narrateur au sujet des rapports entre les maîtres et leurs valets ?

25. Quel plan M^lle Chuin arrête-t-elle pour toucher plus d'argent ?

26. À la suite de quelle nouvelle Nantas, pris de rage, a-t-il envie d'assassiner quelqu'un ? À quoi travaille-t-il alors qu'il vit ce drame intérieur ?

27. Au dîner (le soir), comment se déroulent les interactions entre le baron, Nantas et Flavie ?

28. Que se passe-t-il cette nuit-là dans la vie commune de Nantas et Flavie ?

29. Quel projet terrible pour Nantas se camoufle sous l'expression « vous êtes libre » (l. 929) ?

30. Au CHAPITRE V, dans la mansarde, Nantas « redevenait ce qu'il était autrefois » (l. 953-954). Rappelez les marches que Nantas a gravies pour devenir le ministre des Finances admiré qu'il est aujourd'hui.

31. Nantas choisit de monter à la mansarde après avoir fermé ses dossiers. Pourquoi ? Qui contrecarre son projet macabre ? Pourquoi ?

32. Quelle suite de réflexions se fait-il à propos de sa mansarde d'autrefois ?

33. Nantas pense, entre autres, que fortune et pouvoir, volonté et force ne sont pas tout. Expliquez.

34. Flavie lui avoue finalement qu'elle l'aime. Il aura fallu que Nantas se rende jusqu'à ce désespoir extrême pour qu'elle le reconnaisse. Quelles leçons de vie Nantas tirera-t-il de l'apprentissage qui prend fin avec cet aveu, et que le texte ne nous fournit pas, laissant le lecteur imaginer la suite ?

35. Nantas et Flavie se sont mariés pour couvrir la grossesse de Flavie, séduite par un homme marié. Comment expliquer que le narrateur, et derrière lui Zola, ne dise rien de l'enfant ? À votre avis, Zola a-t-il voulu ce silence sur l'enfant (si oui, pourquoi ?) ou est-ce un oubli de sa part ?

36. Quel lien peut-on faire entre le projet ultime de Nantas et cette phrase du CHAPITRE I : « On lui avait conté, quand il était petit, l'histoire d'un inventeur qui, ayant construit une merveilleuse machine, la cassa un jour à coups de marteau, devant l'indifférence de la foule » (l. 104-107) ?

37. La phrase précédente, d'ailleurs, est prémonitoire. Ne parle-t-elle pas aussi de Zola lui-même, qui signa la lettre « J'accuse ! » pour dénoncer l'infamie et l'indifférence de la foule devant la déportation de Dreyfus ? Expliquez pourquoi.

38. Des marques temporelles traversent cette nouvelle : repérez-les et dites combien de temps s'écoule entre le début et la fin (durée de la fiction).

39. Cernez les triangles de personnages qui se font et se défont dans cette nouvelle selon les marchés, complicités, mensonges et révélations qui se trament entre eux.

40. Nantas tient sa force de sa mère. Il est dépendant du regard valorisant d'une femme pour s'accomplir. Expliquez, par des citations bien choisies, que ses désespoirs profonds sont intimement liés à son incapacité de survivre à l'absence de ce regard aimant, incarné après la mort de sa mère par Flavie. (Approche psychanalytique.)

*Écriture*

1. Le CHAPITRE I commence avec une description : « [...] on voyait la trouée de la Seine, les Tuileries, le Louvre, l'enfilade des quais, **toute une mer de toitures,** jusqu'aux lointains perdus du Père-Lachaise » (l. 8-10). Expliquez la figure de style en caractères gras.

2. Expliquez la transformation qui s'est opérée chez Nantas entre les deux moments suivants : « Depuis qu'il s'endormait en face du Louvre et des Tuileries, il se comparait à un général qui couche dans quelque misérable auberge, au bord d'une route, devant la ville riche et immense, qu'il doit prendre d'assaut le lendemain » (l. 16-20) et « [...] Nantas leva les yeux plus haut, sur Paris grondant dans les ténèbres, sur les quais, les rues, les carrefours de la rive gauche, éclairés des flammes dansantes du gaz ; et il tutoya Paris, il devint familier et supérieur. "Maintenant, tu es à moi !" » (l. 240-244).

3. Trouvez et expliquez les comparaisons animales dans le CHAPITRE I. Faites des liens entre Nantas et les bêtes qui lui sont associées.

4. Démontrez que l'expression l'« adieu de l'astre », à la ligne 113, décrit aussi bien le paysage intérieur (Nantas) qu'extérieur.

5. Au CHAPITRE II, dressez le champ lexical de l'amertume (baron).

6. L'opposition force-faiblesse s'articule dans les CHAPITRES I et II. Expliquez en quoi Nantas se sent fort mais aussi « petit et sans force » (l. 341).

7. Au CHAPITRE III, il est question d'« éloges outrés » (l. 530). Expliquez le sens de cette expression.

8. Au CHAPITRE IV, dressez le champ lexical de la froideur (Flavie).

9. La machine financière que construit Nantas est une fourmilière géante. Trouvez les champs lexicaux associés à la description de cette machine.

10. La lettre de l'empereur le nomme ministre des Finances. Quel cri du cœur vient s'échouer sur elle ? De quelle figure de style s'agit-il ?

11. Au CHAPITRE IV, Flavie, dans son rapport à Nantas, passe de la froideur indifférente à l'intérêt pour ce qu'il raconte au baron à propos des finances. Trouvez les mots avec lesquels le narrateur traduit les attitudes changeantes de Flavie.

12. Faites de même pour M$^{lle}$ Chuin. Par quels artifices de langage le narrateur nous la montre-t-il comme une détestable dévote ?

13. Au CHAPITRE V, Nantas « eut une dernière amertume à boire » (l. 967-968). Que signifie cette expression ?

14. Cernez les expressions par lesquelles le narrateur caractérise le conflit intérieur insoluble que vit Nantas avant que Flavie ne lui fasse sa déclaration ultime.

*Compréhension*

1. Repérez dans cet extrait toutes les associations avec l'Empire. Expliquez ce contexte sociohistorique.

2. Cernez les dimensions de la métamorphose qui s'est opérée chez Nantas entre hier et aujourd'hui.

3. « Ce matin-là, Nantas était accablé d'affaires. [...] d'une colossale machine qui remuait les royaumes et les empires » (l. 462-475). Dans ce passage, trouvez les figures de style : énumérations, métaphores filées où l'argent est sonore, abondant et fluide, personnification, hyperboles. Montrez ensuite comment ces images traduisent la force de Nantas et, peut-être aussi, une certaine fatigue, dont vous dresserez le champ lexical.

4. Nantas est un homme d'affaires réputé ; il est aussi député, et il désire devenir ministre des Finances. Quels indices textuels signalent qu'il réalisera aussi ce projet ?

5. Quelle inquiétude conjugale exprime-t-il à son huissier ? Montrez son trouble émotionnel dans un moment clé de sa carrière. Ce trouble pourrait-il briser ce qui se trame avec le président du Corps législatif ?

6. Sans perdre de vue que ces textes sont de genre différent (ici, une nouvelle romanesque, et là, un réquisitoire fondé sur des faits réels), faites un rapprochement entre cette nouvelle et « J'accuse ! » (annexes, p. 241). Montrez que ces textes décrivent les rouages d'une immense machine. Dans *Nantas*, il s'agit d'une machine économique bien huilée qui fonctionne à merveille, alors que dans « J'accuse ! », la machine d'État est détraquée dans l'un de ses rouages (l'état-major) et se dirige tout droit vers une catastrophe nationale, voire européenne, si rien n'est fait pour redresser la situation.

# ANNEXES

# J'ACCUSE!

Lettre à M. Félix Faure [1]
Président de la République

Monsieur le Président,

Me permettez-vous, dans ma gratitude pour le bienveillant accueil que
5 vous m'avez fait un jour [2], d'avoir le souci de votre juste gloire et de vous
dire que votre étoile, si heureuse jusqu'ici, est menacée de la plus honteuse, de la plus ineffaçable des taches?

Vous êtes sorti sain et sauf des basses calomnies [3], vous avez conquis
les cœurs. Vous apparaissez rayonnant dans l'apothéose de cette fête
10 patriotique [4] que l'alliance russe [5] a été pour la France, et vous vous
préparez à présider au solennel triomphe de notre Exposition universelle [6], qui couronnera notre grand siècle de travail, de vérité et de
liberté. Mais quelle tache de boue sur votre nom — j'allais dire sur
votre règne — que cette abominable affaire Dreyfus! Un conseil de
15 guerre vient, par ordre, d'oser acquitter un Esterhazy, soufflet [7]
suprême à toute vérité, à toute justice. Et c'est fini, la France a sur la

---

1. Ces pages ont paru dans *L'Aurore,* le 13 janvier 1898.
2. Il lui rend visite en février 1897, pour aider son éditeur, Georges Charpentier (1846-1905),
   à obtenir la Légion d'honneur, c'est-à-dire la plus haute récompense honorifique française.
3. En décembre 1895, dans *La Libre Parole* (supplément hebdomadaire fondé par l'antisémite
   Édouard Drumont, auteur du livre à succès *La France juive*), Drumont attaque le président
   de la République à travers son beau-père, condamné 20 ans plus tôt pour avoir volé l'argent de
   l'étude dans laquelle il travaillait. Zola prend sa défense dans *Le Figaro* du 24 décembre 1895,
   avec un article intitulé «La Vertu de la République».
4. Fête patriotique: l'alliance franco-russe représentait, pour les patriotes français traumatisés par
   la défaite de 1870, la possibilité d'éventuellement réparer cette terrible humiliation. Le traité de
   Francfort de 1871 avait contraint la France à abandonner l'Alsace et la Lorraine à l'Allemagne
   — la France ne reprit ces provinces qu'à la signature du traité de Versailles en 1919, lequel mit
   fin à la Première Guerre mondiale.
5. Alliance russe: accord de coopération militaire signé entre la France et la Russie, en vigueur
   de 1892 à 1917. Cet accord stipulait que les deux pays devaient se soutenir mutuellement s'ils
   étaient attaqués par un des pays de la Triple Alliance (Allemagne, Autriche, Italie).
6. Exposition universelle: inaugurée à Paris le 14 avril 1900. Ne pas confondre avec l'Exposition
   universelle de 1889 où, pour commémorer le centenaire de la Révolution, on inaugura la tour Eiffel,
   présentée comme un chef-d'œuvre original d'industrie métallique et de génie civil, et qui fit l'objet
   d'une vive opposition dans la *Pétition de 1887 des écrivains et artistes* à sa construction.
7. Soufflet: affront, offense.

joue cette souillure, l'histoire écrira que c'est sous votre présidence qu'un tel crime social a pu être commis.

Puisqu'ils ont osé, j'oserai aussi, moi. La vérité, je la dirai, car j'ai
20 promis de la dire, si la justice, régulièrement saisie, ne la faisait pas, pleine et entière. Mon devoir est de parler, je ne veux pas être complice. Mes nuits seraient hantées par le spectre de l'innocent qui expie là-bas, dans la plus affreuse des tortures, un crime qu'il n'a pas commis.

Et c'est à vous, monsieur le Président, que je la crierai, cette vérité,
25 de toute la force de ma révolte d'honnête homme. Pour votre honneur, je suis convaincu que vous l'ignorez. Et à qui donc dénoncerai-je la tourbe[1] malfaisante des vrais coupables, si ce n'est à vous, le premier magistrat du pays?

* * *

La vérité d'abord sur le procès et sur la condamnation de
30 Dreyfus.

Un homme néfaste a tout mené, a tout fait, c'est le colonel du Paty de Clam, alors simple commandant. Il est l'affaire Dreyfus tout entière, on ne la connaîtra que lorsqu'une enquête loyale aura établi nettement ses actes et ses responsabilités. Il apparaît comme l'esprit le plus
35 fumeux, le plus compliqué, hanté d'intrigues romanesques, se complaisant aux moyens des romans-feuilletons, les papiers volés, les lettres anonymes, les rendez-vous dans les endroits déserts, les femmes mystérieuses qui colportent, de nuit, des preuves accablantes. C'est lui qui imagina de dicter le bordereau à Dreyfus[2]; c'est lui qui rêva de
40 l'étudier dans une pièce entièrement revêtue de glaces; c'est lui que le commandant Forzinetti[3] nous représente armé d'une lanterne sourde[4], voulant se faire introduire près de l'accusé endormi, pour projeter sur son visage un brusque flot de lumière et surprendre ainsi son crime, dans l'émoi du réveil. Et je n'ai pas à tout dire, qu'on

---

1. Tourbe: personnes méprisables.
2. Le 15 octobre 1894, prétextant une blessure à la main, Du Paty de Clam demanda à Dreyfus d'écrire pour lui une lettre qui, reprenant les termes du bordereau, devait le confondre.
3. Forzinetti: commandant de la prison où Dreyfus fut conduit après son arrestation.
4. Sourde: qui éclaire peu.

45 cherche, on trouvera. Je déclare simplement que le commandant du
Paty de Clam, chargé d'instruire[1] l'affaire Dreyfus, comme officier
judiciaire, est, dans l'ordre des dates et des responsabilités, le premier
coupable de l'effroyable erreur judiciaire qui a été commise.

Le bordereau était depuis quelque temps déjà entre les mains du
50 colonel Sandherr, directeur du bureau des renseignements, mort depuis
de paralysie générale. Des « fuites » avaient lieu, des papiers disparaissaient, comme il en disparaît aujourd'hui encore ; et l'auteur du bordereau était recherché, lorsqu'un *a priori* se fit peu à peu que cet auteur ne
pouvait être qu'un officier de l'état-major[2], et un officier d'artillerie[3] :
55 double erreur manifeste, qui montre avec quel esprit superficiel on
avait étudié ce bordereau, car un examen raisonné démontre qu'il ne
pouvait s'agir que d'un officier de troupe. On cherchait donc dans la
maison, on examinait les écritures, c'était comme une affaire de famille,
un traître à surprendre dans les bureaux mêmes, pour l'en expulser. Et,
60 sans que je veuille refaire ici une histoire connue en partie, le commandant du Paty de Clam entre en scène, dès qu'un premier soupçon
tombe sur Dreyfus. À partir de ce moment, c'est lui qui a inventé
Dreyfus, l'affaire devient son affaire, il se fait fort de confondre[4] le
traître, de l'amener à des aveux complets. Il y a bien le ministre de la
65 Guerre, le général Mercier, dont l'intelligence semble médiocre ; il y a
bien le chef de l'état-major, le général de Boisdeffre, qui paraît avoir
cédé à sa passion cléricale, et le sous-chef de l'état-major, le général
Gonse, dont la conscience a pu s'accommoder de beaucoup de choses.
Mais, au fond, il n'y a d'abord que le commandant du Paty de Clam, qui
70 les mène tous, qui les hypnotise, car il s'occupe aussi de spiritisme, d'oc-
cultisme, il converse avec les esprits. On ne croira jamais les expériences
auxquelles il a soumis le malheureux Dreyfus, les pièges dans lesquels il
a voulu le faire tomber, les enquêtes folles, les imaginations monstrueuses, toute une démence torturante.

---

1. Instruire : mener l'enquête.
2. État-major : ensemble d'officiers assistant un chef militaire.
3. Artillerie : corps de l'armée s'occupant des canons et autres armes à feu.
4. Confondre : démasquer.

75 Ah ! cette première affaire, elle est un cauchemar, pour qui la connaît dans ses détails vrais ! Le commandant du Paty de Clam arrête Dreyfus, le met au secret[1]. Il court chez madame Dreyfus, la terrorise, lui dit que, si elle parle, son mari est perdu. Pendant ce temps, le malheureux s'arrachait la chair, hurlait son innocence. Et l'instruction a
80 été faite ainsi, comme dans une chronique du quinzième siècle, au milieu du mystère, avec une complication d'expédients farouches[2], tout cela basé sur une seule charge[3] enfantine, ce bordereau imbécile, qui n'était pas seulement une trahison vulgaire, qui était aussi la plus impudente des escroqueries, car les fameux secrets livrés se trouvaient
85 presque tous sans valeur. Si j'insiste, c'est que l'œuf est ici, d'où va sortir plus tard le vrai crime, l'épouvantable déni de justice[4] dont la France est malade. Je voudrais faire toucher du doigt comment l'erreur judiciaire a pu être possible, comment elle est née des machinations du commandant du Paty de Clam, comment le général Mercier,
90 les généraux de Boisdeffre et Gonse ont pu s'y laisser prendre, engager peu à peu leur responsabilité dans cette erreur, qu'ils ont cru devoir, plus tard, imposer comme la vérité sainte, une vérité qui ne se discute même pas. Au début, il n'y a donc, de leur part, que de l'incurie[5] et de l'inintelligence. Tout au plus, les sent-on céder aux passions reli-
95 gieuses du milieu et aux préjugés de l'esprit de corps[6]. Ils ont laissé faire la sottise.

Mais voici Dreyfus devant le conseil de guerre. Le huis clos[7] le plus absolu est exigé. Un traître aurait ouvert la frontière à l'ennemi, pour conduire l'empereur allemand jusqu'à Notre-Dame, qu'on ne prendrait
100 pas des mesures de silence et de mystère plus étroites. La nation est frappée de stupeur, on chuchote des faits terribles, de ces trahisons

---

1. Le met au secret : l'enferme dans un endroit caché.
2. Expédients farouches : moyens barbares pour se tirer d'embarras.
3. Charge : preuve contre l'accusé.
4. Déni de justice : refus de rendre la justice.
5. Incurie : négligence.
6. Esprit de corps : soutien et attachement entre membres d'un même groupe, ici entre militaires.
7. Huis clos : procès sans public, sans témoin.

monstrueuses qui indignent l'Histoire, et naturellement la nation s'incline. Il n'y a pas de châtiment assez sévère, elle applaudira à la dégradation[1] publique, elle voudra que le coupable reste sur son rocher d'infamie[2], dévoré par le remords. Est-ce donc vrai, les choses indicibles, les choses dangereuses, capables de mettre l'Europe en flammes, qu'on a dû enterrer soigneusement derrière ce huis clos ? Non ! il n'y a eu, derrière, que les imaginations romanesques et démentes du commandant du Paty de Clam. Tout cela n'a été fait que pour cacher le plus saugrenu[3] des romans-feuilletons. Et il suffit, pour s'en assurer, d'étudier attentivement l'acte d'accusation, lu devant le conseil de guerre.

Ah ! le néant de cet acte d'accusation ! Qu'un homme ait pu être condamné sur cet acte, c'est un prodige d'iniquité. Je défie les honnêtes gens de le lire, sans que leur cœur bondisse d'indignation et crie leur révolte, en pensant à l'expiation démesurée, là-bas, à l'île du Diable. Dreyfus sait plusieurs langues, crime ; on n'a trouvé chez lui aucun papier compromettant, crime ; il va parfois dans son pays d'origine, crime ; il est laborieux, il a le souci de tout savoir, crime ; il ne se trouble pas, crime ; il se trouble, crime. Et les naïvetés de rédaction, les formelles assertions[4] dans le vide ! On nous avait parlé de quatorze chefs d'accusation : nous n'en trouvons qu'une seule en fin de compte, celle du bordereau ; et nous apprenons même que les experts n'étaient pas d'accord, qu'un d'eux, M. Gobert, a été bousculé militairement, parce qu'il se permettait de ne pas conclure dans le sens désiré. On parlait aussi de vingt-trois officiers qui étaient venus accabler Dreyfus de leurs témoignages. Nous ignorons encore leurs interrogatoires, mais il est certain que tous ne l'avaient pas chargé[5] ; et il est à remarquer, en outre, que tous appartenaient aux bureaux de la guerre. C'est un procès de famille, on est là entre soi, et il faut s'en souvenir : l'état-major a voulu le procès, l'a jugé, et il vient de le juger une seconde fois.

---

1. Dégradation : retrait déshonorant du grade militaire.
2. Infamie : déshonneur public.
3. Saugrenu : ridicule.
4. Formelles assertions : affirmations indiscutables.
5. Chargé : accusé.

Donc, il ne restait que le bordereau, sur lequel les experts ne s'étaient pas entendus. On raconte que, dans la chambre du conseil, les juges allaient naturellement acquitter. Et, dès lors, comme l'on comprend l'obstination désespérée avec laquelle, pour justifier la condam-
135 nation, on affirme aujourd'hui l'existence d'une pièce secrète, accablante, la pièce qu'on ne peut montrer, qui légitime tout, devant laquelle nous devons nous incliner, le bon dieu invisible et inconnaissable. Je la nie, cette pièce, je la nie de toute ma puissance ! Une pièce ridicule, oui, peut-être la pièce où il est question de petites femmes, et
140 où il est parlé d'un certain D... qui devient trop exigeant, quelque mari sans doute trouvant qu'on ne lui payait pas sa femme assez cher. Mais une pièce intéressant la défense nationale, qu'on ne saurait produire sans que la guerre fût déclarée demain, non, non ! C'est un mensonge ; et cela est d'autant plus odieux et cynique [1] qu'ils mentent
145 impunément [2] sans qu'on puisse les en convaincre. Ils ameutent la France, ils se cachent derrière sa légitime émotion, ils ferment les bouches en troublant les cœurs, en pervertissant les esprits. Je ne connais pas de plus grand crime civique.

Voilà donc, monsieur le Président, les faits qui expliquent comment
150 une erreur judiciaire a pu être commise ; et les preuves morales, la situation de fortune de Dreyfus, l'absence de motifs, son continuel cri d'innocence, achèvent de le montrer comme une victime des extraordinaires imaginations du commandant du Paty de Clam, du milieu clérical où il se trouvait, de la chasse aux « sales juifs », qui déshonore
155 notre époque.

* * *

Et nous arrivons à l'affaire Esterhazy. Trois ans se sont passés, beaucoup de consciences restent troublées profondément, s'inquiètent, cherchent, finissent par se convaincre de l'innocence de Dreyfus.

Je ne ferai pas l'historique des doutes, puis de la conviction de
160 M. Scheurer-Kestner. Mais, pendant qu'il fouillait de son côté, il se passait des faits graves à l'état-major même. Le colonel Sandherr était

---

1. Cynique : qui ignore effrontément la morale.
2. Impunément : sans craindre d'être puni.

mort, et le lieutenant-colonel Picquart lui avait succédé comme chef
du bureau des renseignements. Et c'est à ce titre, dans l'exercice de ses
fonctions, que ce dernier eut un jour entre les mains une lettre-
165 télégramme, adressée au commandant Esterhazy, par un agent d'une
puissance étrangère. Son devoir strict était d'ouvrir une enquête. La
certitude est qu'il n'a jamais agi en dehors de la volonté de ses supérieurs. Il soumit donc ses soupçons à ses supérieurs hiérarchiques, le
général Gonse, puis le général de Boisdeffre, puis le général Billot, qui
170 avait succédé au général Mercier comme ministre de la Guerre. Le
fameux dossier Picquart, dont il a été tant parlé, n'a jamais été que
le dossier Billot, j'entends le dossier fait par un subordonné [1] pour son
ministre, le dossier qui doit exister encore au ministère de la Guerre.
Les recherches durèrent de mai à septembre 1896, et ce qu'il faut
175 affirmer bien haut, c'est que le général Gonse était convaincu de la culpabilité d'Esterhazy, c'est que le général de Boisdeffre et le général
Billot ne mettaient pas en doute que le fameux bordereau fût de l'écriture d'Esterhazy. L'enquête du lieutenant-colonel Picquart avait abouti
à cette constatation certaine. Mais l'émoi était grand, car la condam-
180 nation d'Esterhazy entraînait inévitablement la révision [2] du procès
Dreyfus ; et c'était ce que l'état-major ne voulait à aucun prix.

Il dut y avoir là une minute psychologique pleine d'angoisse.
Remarquez que le général Billot n'était compromis dans rien, il arrivait tout frais, il pouvait faire la vérité. Il n'osa pas, dans la terreur sans
185 doute de l'opinion publique, certainement aussi dans la crainte de
livrer tout l'état-major, le général de Boisdeffre, le général Gonse, sans
compter les sous-ordres. Puis, ce ne fut là qu'une minute de combat
entre sa conscience et ce qu'il croyait être l'intérêt militaire. Quand
cette minute fut passée, il était déjà trop tard. Il s'était engagé, il était
190 compromis. Et, depuis lors, sa responsabilité n'a fait que grandir, il a
pris à sa charge le crime des autres, il est aussi coupable que les autres,
il est plus coupable qu'eux, car il a été le maître de [3] faire justice, et il
n'a rien fait. Comprenez-vous cela ! voici un an que le général Billot,

---

1. Subordonné : personne placée sous l'autorité d'un supérieur.
2. Révision : nouvel examen d'un jugement.
3. Le maître de : dans la position de.

que les généraux de Boisdeffre et Gonse savent que Dreyfus est inno-
195 cent, et ils ont gardé pour eux cette effroyable chose! Et ces gens-là
dorment, et ils ont des femmes et des enfants qu'ils aiment!

Le colonel Picquart avait rempli son devoir d'honnête homme. Il
insistait auprès de ses supérieurs, au nom de la justice. Il les suppliait
même, il leur disait combien leurs délais étaient impolitiques, devant
200 le terrible orage qui s'amoncelait, qui devait éclater, lorsque la vérité
serait connue. Ce fut, plus tard, le langage que M. Scheurer-Kestner
tint également au général Billot, l'adjurant[1] par patriotisme de
prendre en main l'affaire, de ne pas la laisser s'aggraver, au point
de devenir un désastre public. Non! le crime était commis, l'état-major
205 ne pouvait plus avouer son crime. Et le lieutenant-colonel Picquart fut
envoyé en mission, on l'éloigna de plus loin en plus loin, jusqu'en
Tunisie, où l'on voulut même un jour honorer sa bravoure en le char-
geant d'une mission qui l'aurait sûrement fait massacrer, dans les
parages où le marquis de Morès a trouvé la mort[2]. Il n'était pas en dis-
210 grâce, le général Gonse entretenait avec lui une correspondance ami-
cale. Seulement, il est des secrets qu'il ne fait pas bon d'avoir surpris.

À Paris, la vérité marchait, irrésistible, et l'on sait de quelle façon
l'orage attendu éclata. M. Mathieu Dreyfus, dénonça le commandant
Esterhazy comme le véritable auteur du bordereau, au moment où
215 M. Scheurer-Kestner allait déposer, entre les mains du garde des
sceaux, une demande en révision du procès. Et c'est ici que le commandant Esterhazy paraît. Des témoignages le montrent d'abord
affolé, prêt au suicide ou à la fuite. Puis, tout d'un coup, il paye d'audace, il étonne Paris par la violence de son attitude. C'est que du
220 secours lui était venu, il avait reçu une lettre anonyme l'avertissant des
menées[3] de ses ennemis, une dame mystérieuse s'était même dérangée
de nuit pour lui remettre une pièce volée à l'état-major, qui devait le

---

1. Adjurant: suppliant avec insistance.
2. Le marquis de Morès, agitateur antisémite, est tué le 8 juin 1896 dans une embuscade au Maroc.
3. Menées: machinations.

sauver. Et je ne puis m'empêcher de retrouver là le lieutenant-colonel du Paty de Clam en reconnaissant les expédients de son imagination
225 fertile. Son œuvre, la culpabilité de Dreyfus, était en péril, et il a voulu sûrement défendre son œuvre. La révision du procès, mais c'était l'écroulement du roman-feuilleton si extravagant, si tragique, dont le dénouement abominable a lieu à l'île du Diable! C'est qu'il ne pouvait permettre. Dès lors, le duel va avoir lieu entre le lieutenant-colonel
230 Picquart et le lieutenant-colonel du Paty de Clam, l'un le visage découvert, l'autre masqué. On les retrouvera prochainement tous deux devant la justice civile. Au fond, c'est toujours l'état-major qui se défend, qui ne veut pas avouer son crime, dont l'abomination grandit d'heure en heure.

235 On s'est demandé avec stupeur quels étaient les protecteurs du commandant Esterhazy. C'est d'abord, dans l'ombre, le lieutenant-colonel du Paty de Clam qui a tout machiné, qui a tout conduit. Sa main se trahit aux moyens saugrenus. Puis, c'est le général de Boisdeffre, c'est le général Gonse, c'est le général Billot lui-même, qui
240 sont bien obligés de faire acquitter le commandant, puisqu'ils ne peuvent laisser reconnaître l'innocence de Dreyfus, sans que les bureaux de la guerre croulent dans le mépris public. Et le beau résultat de cette situation prodigieuse est que l'honnête homme, là-dedans, le lieutenant-colonel Picquart, qui seul a fait son devoir, va être la vic-
245 time, celui qu'on bafouera et qu'on punira. Ô justice, quelle affreuse désespérance serre le cœur! On va jusqu'à dire que c'est lui le faussaire, qu'il a fabriqué la carte-télégramme pour perdre Esterhazy. Mais, grand Dieu! pourquoi? dans quel but? Donnez un motif. Est-ce que celui-là aussi est payé par les juifs? Le joli de l'histoire est qu'il était jus-
250 tement antisémite. Oui! nous assistons à ce spectacle infâme, des hommes perdus de dettes et de crimes dont on proclame l'innocence, tandis qu'on frappe l'honneur même, un homme à la vie sans tache! Quand une société en est là, elle tombe en décomposition.

Voilà donc, monsieur le Président, l'affaire Esterhazy : un coupable
255 qu'il s'agissait d'innocenter. Depuis bientôt deux mois, nous pouvons
suivre heure par heure la belle besogne. J'abrège, car ce n'est ici, en
gros, que le résumé de l'histoire dont les brûlantes pages seront un jour
écrites tout au long. Et nous avons donc vu le général de Pellieux, puis
le commandant Ravary, conduire une enquête scélérate [1] d'où les
260 coquins sortent transfigurés et les honnêtes gens salis. Puis, on a
convoqué le conseil de guerre.

* * *

Comment a-t-on pu espérer qu'un conseil de guerre déferait ce
qu'un conseil de guerre avait fait ?
Je ne parle même pas du choix toujours possible des juges. L'idée
265 supérieure de discipline, qui est dans le sang de ces soldats, ne suffit-elle
à infirmer [2] leur pouvoir même d'équité ? Qui dit discipline dit obéis-
sance. Lorsque le ministre de la Guerre, le grand chef, a établi publiquement, aux acclamations de la représentation nationale, l'autorité
absolue de la chose jugée [3], vous voulez qu'un conseil de guerre lui
270 donne un formel démenti [4] ? Hiérarchiquement, cela est impossible. Le
général Billot a suggestionné [5] les juges par sa déclaration, et ils ont
jugé comme ils doivent aller au feu, sans raisonner. L'opinion pré-
conçue qu'ils ont apportée sur leur siège est évidemment celle-ci :
« Dreyfus a été condamné pour crime de trahison par un conseil de
275 guerre ; il est donc coupable, et nous, conseil de guerre, nous ne pouvons le déclarer innocent : or nous savons que reconnaître la culpabilité d'Esterhazy, ce serait proclamer l'innocence de Dreyfus. » Rien ne
pouvait les faire sortir de là.

---

1. Scélérate : criminelle.
2. Infirmer : invalider.
3. L'autorité absolue de la chose jugée : un jugement est indiscutable.
4. Démenti : contradiction.
5. Suggestionné : influencé par la suggestion.

Ils ont rendu une sentence inique, qui à jamais pèsera sur nos
280 conseils de guerre, qui entachera désormais de suspicion tous leurs
arrêts[1]. Le premier conseil de guerre a pu être inintelligent, le second
est forcément criminel. Son excuse, je le répète, est que le chef suprême
avait parlé, déclarant la chose jugée inattaquable, sainte et supérieure
aux hommes, de sorte que des inférieurs ne pouvaient dire le contraire.
285 On nous parle de l'honneur de l'armée, on veut que nous l'aimions,
que nous la respections. Ah! certes, oui, l'armée qui se lèverait à la première menace, qui défendrait la terre française, elle est tout le peuple
et nous n'avons pour elle que tendresse et respect. Mais il ne s'agit pas
d'elle, dont nous voulons justement la dignité, dans notre besoin de
290 justice. Il s'agit du sabre, le maître qu'on nous donnera demain peut-
être. Et baiser dévotement la poignée du sabre, le dieu, non!

Je l'ai démontré d'autre part: l'affaire Dreyfus était l'affaire des
bureaux de la guerre, un officier de l'état-major, dénoncé par ses camarades de l'état-major, condamné sous la pression des chefs de l'état-
295 major. Encore une fois, il ne peut revenir innocent sans que tout
l'état-major soit coupable. Aussi les bureaux, par tous les moyens ima-
ginables, par des campagnes de presse, par des communications, par
des influences, n'ont-ils couvert Esterhazy que pour perdre une
seconde fois Dreyfus. Quel coup de balai le gouvernement républicain
300 devrait donner dans cette jésuitière[2], ainsi que les appelle le général
Billot lui-même! Où est-il, le ministère vraiment fort et d'un patriotisme sage, qui osera tout y refondre et tout y renouveler? Que de gens
je connais qui, devant une guerre possible, tremblent d'angoisse, en
sachant dans quelles mains est la défense nationale! et quel nid de
305 basses intrigues, de commérages et de dilapidations, est devenu cet
asile sacré, où se décide le sort de la patrie! On s'épouvante devant le
jour terrible que vient d'y jeter l'affaire Dreyfus, ce sacrifice humain

---

1. Arrêts: jugements.
2. Zola fait entendre que l'état-major (les bureaux de la guerre) est un lieu d'hypocrisie: il est
   spécialiste de forfaits divers, corps séparé de la nation, lié à l'Église, antisémite dans sa quasi-
   totalité — une institution qui dégrade la République et met en crise les droits de l'homme.

d'un malheureux, d'un « sale juif » ! Ah ! tout ce qui s'est agité là de démence et de sottise, des imaginations folles, des pratiques de basse
310 police, des mœurs d'inquisition[1] et de tyrannies, le bon plaisir de quelques galonnés mettant leurs bottes sur la nation, lui rentrant dans la gorge son cri de vérité et de justice, sous le prétexte menteur et sacrilège de la raison d'État !

Et c'est un crime encore que de s'être appuyé sur la presse
315 immonde, que de s'être laissé défendre par toute la fripouille de Paris, de sorte que voilà la fripouille qui triomphe insolemment, dans la défaite du droit et de la simple probité. C'est un crime d'avoir accusé de troubler la France ceux qui la veulent généreuse, à la tête des nations libres et justes, lorsqu'on ourdit[2] soi-même l'impudent complot d'im-
320 poser l'erreur, devant le monde entier. C'est un crime d'égarer l'opinion, d'utiliser pour une besogne de mort cette opinion qu'on a pervertie jusqu'à la faire délirer. C'est un crime d'empoisonner les petits et les humbles, d'exaspérer les passions de réaction et d'intolérance, en s'abritant derrière l'odieux antisémitisme, dont la grande
325 France libérale des droits de l'homme mourra, si elle n'en est pas guérie. C'est un crime que d'exploiter le patriotisme pour des œuvres de haine, et c'est un crime, enfin, que de faire du sabre le dieu moderne, lorsque toute la science humaine est au travail pour l'œuvre prochaine de vérité et de justice.

330 Cette vérité, cette justice, que nous avons si passionnément voulues, quelle détresse à les voir ainsi souffletées, plus méconnues et plus obscurcies ! Je me doute de l'écroulement qui doit avoir lieu dans l'âme de M. Scheurer-Kestner, et je crois bien qu'il finira par éprouver un remords, celui de n'avoir pas agi révolutionnairement, le jour de l'in-
335 terpellation au Sénat, en lâchant tout le paquet, pour tout jeter à bas. Il a été le grand honnête homme, l'homme de sa vie loyale, il a cru que la vérité se suffisait à elle-même, surtout lorsqu'elle lui apparaissait éclatante comme le plein jour. À quoi bon tout bouleverser, puisque

---

1. Mœurs d'inquisition : procédés dignes de ceux du tribunal ecclésiastique du Moyen Âge, chargé de garantir les règles catholiques en condamnant les hérétiques. La persécution des hérétiques a été particulièrement active en Espagne et au Portugal où elle visait surtout les Juifs. Ce tribunal est connu pour sa brutalité et son arbitraire : on n'a qu'à penser, par exemple, au sort qu'on réserva à Jeanne d'Arc (1412-1431), figure emblématique de l'histoire de France.

2. Ourdit : prépare.

bientôt le soleil allait luire ? Et c'est de cette sérénité confiante dont il
340 est si cruellement puni. De même pour le lieutenant-colonel Picquart,
qui, par un sentiment de haute dignité, n'a pas voulu publier les lettres
du général Gonse. Ces scrupules l'honorent d'autant plus que, pendant qu'il restait respectueux de la discipline, ses supérieurs le faisaient
couvrir de boue, instruisaient eux-mêmes son procès, de la façon la
345 plus inattendue et la plus outrageante. Il y a deux victimes, deux braves
gens, deux cœurs simples, qui ont laissé faire Dieu, tandis que le diable
agissait. Et l'on a même vu, pour le lieutenant-colonel Picquart, cette
chose ignoble : un tribunal français, après avoir laissé le rapporteur
charger publiquement un témoin, l'accuser de toutes les fautes, a fait
350 le huis clos, lorsque ce témoin a été introduit pour s'expliquer et se
défendre. Je dis que cela est un crime de plus et que ce crime soulèvera
la conscience universelle. Décidément, les tribunaux militaires se font
une singulière idée de la justice.

Telle est donc la simple vérité, monsieur le Président, et elle est
355 effroyable, elle restera pour votre présidence une souillure. Je me doute
bien que vous n'avez aucun pouvoir en cette affaire, que vous êtes le
prisonnier de la Constitution et de votre entourage. Vous n'en avez pas
moins un devoir d'homme, auquel vous songerez, et que vous rem-
plirez. Ce n'est pas, d'ailleurs, que je désespère le moins du monde du
360 triomphe. Je le répète avec une certitude plus véhémente : la vérité est
en marche et rien ne l'arrêtera. C'est aujourd'hui seulement que l'affaire commence, puisque aujourd'hui seulement les positions sont
nettes : d'une part, les coupables qui ne veulent pas que la lumière se
fasse ; de l'autre, les justiciers qui donneront leur vie pour qu'elle soit
365 faite. Quand on enferme la vérité sous terre, elle s'y amasse, elle y
prend une force telle d'explosion que, le jour où elle éclate, elle fait tout
sauter avec elle. On verra bien si l'on ne vient pas de préparer, pour
plus tard, le plus retentissant des désastres.

\* \* \*

Mais cette lettre est longue, monsieur le Président, et il est temps
370 de conclure.

J'accuse le lieutenant-colonel du Paty de Clam d'avoir été l'ouvrier
diabolique de l'erreur judiciaire, en inconscient, je veux le croire, et

d'avoir ensuite défendu son œuvre néfaste, depuis trois ans, par les machinations les plus saugrenues et les plus coupables.

375 J'accuse le général Mercier de s'être rendu complice, tout au moins par faiblesse d'esprit, d'une des plus grandes iniquités du siècle.

J'accuse le général Billot d'avoir eu entre les mains les preuves certaines de l'innocence de Dreyfus et de les avoir étouffées, de s'être rendu coupable de ce crime de lèse[1]-humanité et de lèse-justice, dans 380 un but politique, et pour sauver l'état-major compromis.

J'accuse le général de Boisdeffre et le général Gonse de s'être rendus complices du même crime, l'un sans doute par passion cléricale, l'autre peut-être par cet esprit de corps qui fait des bureaux de la guerre l'arche sainte, inattaquable.

385 J'accuse le général de Pellieux et le commandant Ravary d'avoir fait une enquête scélérate, j'entends par là une enquête de la plus monstrueuse partialité, dont nous avons, dans le rapport du second, un impérissable monument de naïve audace.

J'accuse les trois experts en écritures, les sieurs Belhomme, Varinard 390 et Couard, d'avoir fait des rapports mensongers et frauduleux, à moins qu'un examen médical ne les déclare atteints d'une maladie de la vue et du jugement.

J'accuse les bureaux de la guerre d'avoir mené dans la presse, particulièrement dans *L'Éclair* et dans *L'Écho de Paris*[2], une campagne abo-395 minable, pour égarer l'opinion et couvrir leur faute.

J'accuse enfin le premier conseil de guerre d'avoir violé le droit, en condamnant un accusé sur une pièce restée secrète, et j'accuse le second conseil de guerre d'avoir couvert cette illégalité, par ordre, en commettant à son tour le crime juridique d'acquitter sciemment 400 un coupable.

---

1. Lèse : crime contre.
2. La plupart des journaux de Paris sont antidreyfusards jusqu'à la fin de l'affaire. Au moment où paraît l'article de Zola, 96 % des quotidiens défendent l'armée et l'Église.

En portant ces accusations, je n'ignore pas que je me mets sous le coup des articles 30 et 31 de la loi sur la presse du 29 juillet 1881 [1], qui punit les délits de diffamation. Et c'est volontairement que je m'expose.

Quant aux gens que j'accuse, je ne les connais pas, je ne les ai jamais 405 vus, je n'ai contre eux ni rancune ni haine. Ils ne sont pour moi que des entités, des esprits de malfaisance sociale. Et l'acte que j'accomplis ici n'est qu'un moyen révolutionnaire pour hâter l'explosion de la vérité et de la justice.

Je n'ai qu'une passion, celle de la lumière, au nom de l'humanité qui 410 a tant souffert et qui a droit au bonheur. Ma protestation enflammée n'est que le cri de mon âme. Qu'on ose donc me traduire en cour d'assises et que l'enquête ait lieu au grand jour!

J'attends.

Veuillez agréer, Monsieur le Président, l'assurance de mon profond 415 respect.

Émile Zola

---

1. La loi sur la liberté de la presse du 29 juillet 1881 définit, en 70 articles, les libertés et responsabilités de la presse française, imposant un cadre légal à toute publication. Elle est souvent considérée comme le texte juridique fondateur de la liberté de la presse et de la liberté d'expression en France, inspirée par l'article XI de la *Déclaration des droits de l'homme et du citoyen* du 26 août 1789. Elle est aussi le texte qui limite l'exercice de la liberté d'expression et incrimine certains comportements spécifiques à la presse, appelés délits de presse. Les punitions rattachées à ces délits sont la prison ou une importante amende.

## QUESTIONS SUR « J'ACCUSE ! »

1. Ce texte est une lettre ouverte, une lettre de protestation adressée au président de la République française, Félix Faure, en 1898. Trouvez les cinq passages où Zola reprend l'adresse de la lettre : « Monsieur le Président ». À quoi servent ces reprises ?

2. Quels sont les sentiments de Zola, clairement évoqués dans cette lettre aussi bien par ses mots que par son style ? Sur quelles valeurs se fonde-t-il dans cette lettre ?

3. Que dénonce l'écrivain dans ce texte ? Que demande-t-il ? Que risque-t-il, en toute connaissance de cause ?

4. Zola secoue et réveille la France avec cette lettre ouverte, polémique. Expliquez pourquoi.

5. Cette lettre, parce qu'elle traite d'un crime social et de « l'épouvantable déni de justice dont la France est malade » (l. 86-87), a une tonalité non seulement lyrique mais aussi épique. Expliquez ce qu'est, ici, la tonalité épique.

6. Relevez les six « c'est un crime » (quel est le crime ?) et les huit anaphores « J'accuse » (avec les accusés respectifs), à la fin de la lettre.

7. « [...] et naturellement la nation s'incline. Il n'y a pas de châtiment assez sévère, elle applaudira à la dégradation publique, elle voudra que le coupable reste sur son rocher d'infamie, dévoré par le remords. Est-ce donc vrai, les choses indicibles, les choses dangereuses, **capables de mettre l'Europe en flammes,** qu'on a dû enterrer soigneusement derrière ce huis clos ? » (l. 102-107). En quoi Zola est-il visionnaire ici ? Pour vous aider à répondre, pensez à l'Histoire du xxe siècle en lien avec la communauté juive d'Europe et avec l'antisémitisme.

8. Comment Zola a-t-il pu établir les faits et la vérité qu'il nous donne à lire dans cette lettre (voir « Présentation de l'œuvre », p. 173) ?

9. Quel est le titre du texte que Zola écrivit en 1896, un peu avant « J'accuse ! » (voir « Présentation de l'œuvre », p. 172) ?

10. Soulignez les écrivains français, parmi les suivants, qui ont rédigé des textes de combat semblables à celui de Zola : Diderot, Voltaire, Montesquieu, Rousseau, Dumas, Gautier, Maupassant, Balzac, Hugo.

Quels sont ces textes parmi les suivants?
*Lettres persanes, Lettre à d'Alembert (sur les spectacles),
Lettre aux aveugles, L'Affaire Calas, Lettres philosophiques
(sur l'Angleterre), Les Confessions, La Religieuse, Jacques le
Fataliste et son maître, Contes fantastiques, Le Dernier Jour
d'un condamné, Le Horla, Napoléon-le-Petit, La Peau de
chagrin, Histoire d'un crime, Le Colonel Chabert,
Les Trois Mousquetaires, Les Châtiments.*

11. Nommez un écrivain chilien au XX$^e$ siècle qui a combattu,
    lui aussi, l'intolérance et l'injustice. Expliquez brièvement en
    quoi a consisté son combat littéraire et politique.

12. Qu'arriva-t-il à Zola après avoir écrit cette lettre où il affirme,
    sans peur et sans reproche, haut et fort: « […] la vérité est en
    marche et rien ne l'arrêtera » (l. 360-361)?

13. Quel roman posthume de Zola reprend, à peine voilée,
    l'affaire Dreyfus? Donnez-en le titre et la date de parution
    (voir « Présentation de l'œuvre », p. 182).

14. Dreyfus est déporté à l'île du Diable. Où se trouve cette île?
    Retracez-en l'histoire par une recherche dans Internet.

15. Expliquez ce que signifie cette phrase célèbre dans le contexte de
    la lettre à Faure: « […] la vérité est en marche et rien ne
    l'arrêtera » (l. 360-361).

16. « Quant aux gens que j'accuse, je ne les connais pas, je ne les ai
    jamais vus, je n'ai contre eux ni rancune ni haine. Ils ne sont
    pour moi que des entités, des esprits de malfaisance sociale »
    (l. 404-406). Ces derniers mots de la lettre au président de la
    République témoignent de l'extrême lucidité de Zola quant à
    son acte d'écriture. Expliquez pourquoi.

17. En vous référant à la « Présentation de l'œuvre » (p. 171-177),
    dites pourquoi cette lettre est:
    a) un évènement médiatique;
    b) un document historique;
    c) un plaidoyer politique;
    d) un texte littéraire;
    e) un texte rhétorique;
    f) un texte engagé.

## EXTRAITS

### LE COLONEL CHABERT
### HONORÉ DE BALZAC

Donc, monsieur, les blessures que j'ai reçues auront probablement produit un tétanos, ou m'auront mis dans une crise analogue à une maladie nommée, je crois, catalepsie. Autrement comment concevoir que j'aie été, suivant l'usage de la guerre, dépouillé de mes vêtements,
5 et jeté dans la fosse aux soldats par les gens chargés d'enterrer les morts? Ici, permettez-moi de placer un détail que je n'ai pu connaître que postérieurement à l'événement qu'il faut bien appeler ma mort. J'ai rencontré, en 1814, à Stuttgart, un ancien maréchal des logis de mon régiment. Ce cher homme, le seul qui ait voulu me reconnaître,
10 et de qui je vous parlerai tout à l'heure, m'expliqua le phénomène de ma conservation, en me disant que mon cheval avait reçu un boulet dans le flanc au moment où je fus blessé moi-même. La bête et le cavalier s'étaient donc abattus comme des capucins de cartes. En me renversant, soit à droite, soit à gauche, j'avais été sans doute couvert par le
15 corps de mon cheval qui m'empêcha d'être écrasé par les chevaux, ou atteint par des boulets. Lorsque je revins à moi, monsieur, j'étais dans une position et dans une atmosphère dont je ne vous donnerais pas une idée en vous entretenant jusqu'à demain. Le peu d'air que je respirais était méphitique. Je voulus me mouvoir, et ne trouvai point d'espace.
20 En ouvrant les yeux, je ne vis rien. La rareté de l'air fut l'accident le plus menaçant, et qui m'éclaira le plus vivement sur ma position. Je compris que là où j'étais, l'air ne se renouvelait point, et que j'allais mourir. Cette pensée m'ôta le sentiment de la douleur inexprimable par laquelle j'avais été réveillé. Mes oreilles tintèrent violemment.
25 J'entendis, ou crus entendre, je ne veux rien affirmer, des gémissements poussés par le monde de cadavres au milieu duquel je gisais. Quoique la mémoire de ces moments soit bien ténébreuse, quoique mes souvenirs soient bien confus, malgré les impressions de souffrances encore plus profondes que je devais éprouver et qui ont
30 brouillé mes idées, il y a des nuits où je crois encore entendre ces soupirs étouffés! Mais il y a eu quelque chose de plus horrible que les cris,

un silence que je n'ai jamais retrouvé nulle part, le vrai silence du tombeau. Enfin, en levant les mains, en tâtant les morts, je reconnus un vide entre ma tête et le fumier humain supérieur. Je pus donc mesurer
35 l'espace qui m'avait été laissé par un hasard dont la cause m'était inconnue. Il paraît, grâce à l'insouciance ou à la précipitation avec laquelle on nous avait jetés pêle-mêle, que deux morts s'étaient croisés au-dessus de moi de manière à décrire un angle semblable à celui de deux cartes mises l'une contre l'autre par un enfant qui pose les fon-
40 dements d'un château. En furetant avec promptitude, car il ne fallait pas flâner, je rencontrai fort heureusement un bras qui ne tenait à rien, le bras d'un Hercule ! un bon os auquel je dus mon salut. Sans ce secours inespéré, je périssais ! Mais, avec une rage que vous devez concevoir, je me mis à travailler les cadavres qui me séparaient de la
45 couche de terre sans doute jetée sur nous, je dis nous, comme s'il y eût eu des vivants ! J'y allais ferme, monsieur, car me voici ! Mais je ne sais pas aujourd'hui comment j'ai pu parvenir à percer la couverture de chair qui mettait une barrière entre la vie et moi. Vous me direz que j'avais trois bras ! Ce levier, dont je me servais avec habileté, me procu-
50 rait toujours un peu de l'air qui se trouvait entre les cadavres que je déplaçais, et je ménageais mes aspirations. Enfin je vis le jour, mais à travers la neige, monsieur ! En ce moment, je m'aperçus que j'avais la tête ouverte. Par bonheur, mon sang, celui de mes camarades ou la peau meurtrie de mon cheval peut-être, que sais-je ! m'avait, en se
55 coagulant, comme enduit d'un emplâtre naturel. Malgré cette croûte, je m'évanouis quand mon crâne fut en contact avec la neige. Cependant, le peu de chaleur qui me restait ayant fait fondre la neige autour de moi, je me trouvai, quand je repris connaissance, au centre d'une petite ouverture par laquelle je criai aussi longtemps que je le pus. Mais
60 alors le soleil se levait, j'avais donc bien peu de chances pour être entendu. Y avait-il déjà du monde aux champs ? Je me haussais en faisant de mes pieds un ressort dont le point d'appui était sur les défunts qui avaient les reins solides. Vous sentez que ce n'était pas le moment de leur dire : *Respect au courage malheureux !* Bref, monsieur, après
65 avoir eu la douleur, si le mot peut rendre ma rage, de voir pendant longtemps ! oh ! oui, longtemps ! ces sacrés Allemands se sauvant en entendant une voix là où ils n'apercevaient point d'homme, je fus

enfin dégagé par une femme assez hardie ou assez curieuse pour s'approcher de ma tête qui semblait avoir poussé hors de terre comme un
70 champignon. Cette femme alla chercher son mari, et tous deux me
transportèrent dans leur pauvre baraque. Il paraît que j'eus une
rechute de catalepsie, passez-moi cette expression pour vous peindre
un état duquel je n'ai nulle idée, mais que j'ai jugé, sur les dires de mes
hôtes, devoir être un effet de cette maladie. Je suis resté pendant six
75 mois entre la vie et la mort, ne parlant pas, ou déraisonnant quand
je parlais.

## GERMINAL
## ÉMILE ZOLA

Et, brusquement, comme les ingénieurs s'avançaient avec prudence, une suprême convulsion du sol les mit en fuite. Des détonations
souterraines éclataient, toute une artillerie monstrueuse canonnant le
gouffre. À la surface, les dernières constructions se culbutaient, s'écra-
5 saient. D'abord, une sorte de tourbillon emporta les débris du criblage
et de la salle de recette. Le bâtiment des chaudières creva ensuite, disparut. Puis, ce fut la tourelle carrée où râlait la pompe d'épuisement,
qui tomba sur la face, ainsi qu'un homme fauché par un boulet. Et l'on
vit alors une effrayante chose, on vit la machine, disloquée sur son
10 massif, les membres écartés, lutter contre la mort : elle marcha, elle
détendit sa bielle, son genou de géante, comme pour se lever ; mais
elle expirait, broyée, engloutie. Seule, la haute cheminée de trente
mètres restait debout, secouée, pareille à un mât dans l'ouragan. On
croyait qu'elle allait s'émietter et voler en poudre, lorsque, tout à coup,
15 elle s'enfonça d'un bloc, bue par la terre, fondue ainsi qu'un cierge
colossal ; et rien ne dépassait, pas même la pointe du paratonnerre.
C'était fini, la bête mauvaise, accroupie dans ce creux, gorgée de chair
humaine, ne soufflait plus son haleine grosse et longue. Tout entier, le
Voreux venait de couler à l'abîme. […] Le désastre n'était pas complet,
20 une berge se rompit, et le canal se versa d'un coup, en une nappe
bouillonnante, dans une des gerçures. Il y disparaissait, il y tombait
comme une cataracte dans une vallée profonde. La mine buvait cette

rivière, l'inondation maintenant submergeait les galeries pour des années. Bientôt, le cratère s'emplit, un lac d'eau boueuse occupa la
25 place où était naguère le Voreux, pareil à ces lacs sous lesquels dorment des villes maudites. Un silence terrifié s'était fait, on n'entendait plus que la chute de cette eau, ronflant dans les entrailles de la terre.

## *La Bête humaine*
### ÉMILE ZOLA

La Lison, renversée sur les reins, le ventre ouvert, perdait sa vapeur, par les robinets arrachés, les tuyaux crevés, en des souffles qui grondaient, pareils à des râles furieux de géante. Une haleine blanche en sortait, inépuisable, roulant d'épais tourbillons au ras du sol; pendant
5 que, du foyer, les braises tombées, rouges comme le sang même de ses entrailles, ajoutaient leurs fumées noires. La cheminée, dans la violence du choc, était entrée en terre; à l'endroit où il avait porté, le châssis s'était rompu, faussant les deux longerons; et, les roues en l'air, semblable à une cavale, monstrueuse décousue par quelque formi-
10 dable coup de corne, la Lison montrait ses bielles tordues, ses cylindres cassés, ses tiroirs et leurs excentriques écrasés, toute une affreuse plaie bâillant au plein air, par où l'âme continuait de sortir en un fracas d'enragé désespoir.

## *Le Ventre de Paris*
### ÉMILE ZOLA

Mais c'était surtout sur la table que les fromages s'empilaient. Là, à côté des pains de beurre à la livre, dans des feuilles de poirée, s'élargissait un cantal géant, comme fendu à coups de hache; puis venaient un chester, couleur d'or, un gruyère, pareil à une roue tombée de quelque
5 char barbare, des hollande, ronds comme des têtes coupées, barbouillées de sang séché, avec cette dureté de crâne vide qui les fait nommer têtes-de-mort. Un parmesan, au milieu de cette lourdeur de pâte cuite, ajoutait sa pointe d'odeur aromatique. Trois brie, sur des planches rondes, avaient des mélancolies de lunes éteintes; deux, très secs, étaient dans

10 leur plein ; le troisième, dans son deuxième quartier, coulait, se vidait d'une crème blanche, étalée en lac, ravageant les minces planchettes, à l'aide desquelles on avait vainement essayé de le contenir. Des port-salut, semblables à des disques antiques, montraient en exergue le nom imprimé des fabricants. Un romantour, vêtu de son papier d'argent,

15 donnait le rêve d'une barre de nougat, d'un fromage sucré, égaré parmi ces fermentations âcres. Les roquefort, eux aussi, sous des cloches de cristal, prenaient des mines princières, des faces marbrées et grasses, veinées de bleu et de jaune, comme attaqués d'une maladie honteuse de gens riches qui ont trop mangé de truffes ; tandis que, dans un plat à

20 côté, des fromages de chèvre, gros comme un poing d'enfant, durs et grisâtres, rappelaient les cailloux que les boucs, menant leur troupeau, font rouler aux coudes des sentiers pierreux. Alors, commençaient les puanteurs : les mont-d'or, jaune clair, puant une odeur douceâtre ; les troyes, très épais, meurtris sur les bords, d'âpreté déjà plus forte, ajoutant une

25 fétidité de cave humide ; les camembert, d'un fumet de gibier trop faisandé ; les neufchâtel, les limbourg, les marolles, les pont-l'évêque, carrés, mettant chacun leur note aiguë et particulière dans cette phrase rude jusqu'à la nausée ; les livarot, teintés de rouge, terribles à la gorge comme une vapeur de soufre ; puis enfin, par-dessus tous les autres, les

30 olivet, enveloppés de feuilles de noyer, ainsi que ces charognes que les paysans couvrent de branches, au bord d'un champ, fumantes au soleil. Le chaud après-midi avait amolli les fromages ; les moisissures des croûtes fondaient, se vernissaient avec des tons riches de cuivre rouge et de vert-de-gris, semblables à des blessures mal fermées ; sous les feuilles

35 de chêne, un souffle soulevait la peau des olivet, qui battait comme une poitrine, d'une haleine lente et grosse d'homme endormi ; un flot de vie avait troué un livarot, accouchant par cette entaille d'un peuple de vers. Et, derrière les balances, dans sa boîte mince, un géromé anisé répandait une infection telle, que des mouches étaient tombées autour de la boîte,

40 sur le marbre rouge veiné de gris. [...]

Tous, à cette heure, donnaient à la fois. C'était une cacophonie de souffles infects, depuis les lourdeurs molles des pâtes cuites, du gruyère et du hollande, jusqu'aux pointes alcalines de l'olivet. Il y avait des ronflements sourds du cantal, du chester, des fromages de chèvre, pareils

45 à un chant large de basse, sur lesquels se détachaient, en notes piquées,

les petites fumées brusques des neufchâtel, des troyes et des mont-d'or. Puis les odeurs s'effaraient, roulaient les unes sur les autres, s'épaississaient des bouffées du port-salut, du limbourg, du géromé, du marolles, du livarot, du pont-l'évêque, peu à peu confondues, épanouies en une
50 seule explosion de puanteurs. Cela s'épandait, se soutenait, au milieu du vibrement général, n'ayant plus de parfums distincts, d'un vertige continu de nausée et d'une force terrible d'asphyxie.

## UNE NOUVELLE MANIÈRE EN PEINTURE :
## ÉDOUARD MANET (1867)
## ÉMILE ZOLA

En 1865, Édouard Manet est encore reçu au Salon ; il expose un *Christ insulté par les soldats* et son chef-d'œuvre, son *Olympia*. J'ai dit chef-d'œuvre, et je ne retire pas le mot. Je prétends que cette toile est véritablement la chair et le sang du peintre. Elle le contient tout entier
5 et ne contient que lui. Elle restera comme l'œuvre caractéristique de son talent, comme la marque la plus haute de sa puissance. J'ai lu en elle la personnalité d'Édouard Manet, et lorsque j'ai analysé le tempérament de l'artiste, j'avais uniquement devant les yeux cette toile qui renferme toutes les autres. Nous avons ici, comme disent les amuseurs
10 publics, une gravure d'Épinal. Olympia, couchée sur des linges blancs, fait une grande tache pâle sur le fond noir ; dans ce fond noir se trouve la tête de la négresse qui apporte un bouquet et ce fameux chat qui a tant égayé le public. Au premier regard, on ne distingue ainsi que deux teintes dans le tableau, deux teintes violentes, s'enlevant l'une sur
15 l'autre. D'ailleurs, les détails ont disparu. Regardez la tête de la jeune fille : les lèvres sont deux minces lignes roses, les yeux se réduisent à quelques traits noirs. Voyez maintenant le bouquet, et de près, je vous prie : des plaques roses, des plaques bleues, des plaques vertes. Tout se simplifie, et si vous voulez reconstruire la réalité, il faut que vous recu-
20 liez de quelques pas. Alors il arrive une étrange histoire : chaque objet se met à son plan, la tête d'Olympia se détache du fond avec un relief saisissant, le bouquet devient une merveille d'éclat et de fraîcheur. La justesse de l'œil et la simplicité de la main ont fait ce miracle ; le peintre a procédé comme la nature procède elle-même, par masses claires, par

25 larges pans de lumière, et son œuvre a l'aspect un peu rude et austère
de la nature. Il y a d'ailleurs des partis pris ; l'art ne vit que de fanatisme. Et ces partis pris sont justement cette sécheresse élégante, cette
violence des transitions que j'ai signalées. C'est l'accent personnel, la
saveur particulière de l'œuvre. Rien n'est d'une finesse plus exquise
30 que les tons pâles des linges blancs différents sur lesquels Olympia est
couchée. Il y a, dans la juxtaposition de ces blancs, une immense difficulté vaincue. Le corps lui-même de l'enfant a des pâleurs charmantes ;
c'est une jeune fille de seize ans, sans doute un modèle qu'Édouard
Manet a tranquillement copié tel qu'il était. Et tout le monde a crié : on
35 a trouvé ce corps nu indécent ; cela devait être, puisque c'est là de la
chair, une fille que l'artiste a jetée sur la toile dans sa nudité jeune et
déjà fanée. Lorsque nos artistes nous donnent des Vénus, ils corrigent
la nature, ils mentent. Édouard Manet s'est demandé pourquoi
mentir, pourquoi ne pas dire la vérité ; il nous a fait connaître
40 Olympia, cette fille de nos jours, que vous rencontrez sur les trottoirs
et qui serre ses maigres épaules dans un mince châle de laine déteinte.
Le public, comme toujours, s'est bien gardé de comprendre ce que
voulait le peintre ; il y a eu des gens qui ont cherché un sens philosophique dans le tableau ; d'autres, plus égrillards, n'auraient pas été
45 fâchés d'y découvrir une intention obscène. Eh ! dites-leur donc tout
haut, cher maître, que vous n'êtes point ce qu'ils pensent, qu'un
tableau pour vous est un simple prétexte à analyse. Il vous fallait une
femme nue, et vous avez choisi Olympia, la première venue ; il vous fallait des taches claires et lumineuses, et vous avez mis un bouquet ; il
50 vous fallait des taches noires, et vous avez placé dans un coin une
négresse et un chat. Qu'est-ce que tout cela veut dire ? vous ne le savez
guère, ni moi non plus. Mais je sais, moi, que vous avez admirablement
réussi à faire une œuvre de peintre, de grand peintre, je veux dire à traduire énergiquement et dans un langage particulier les vérités de la
55 lumière et de l'ombre, les réalités des objets et des créatures.

### Une descente dans le Maelström
### Edgar Allan Poe

Il y avait une circonstance saisissante qui donnait une grande force à ces observations, et me rendait anxieux de les vérifier : c'était qu'à chaque révolution nous passions devant un baril ou devant une vergue ou un mât de navire, et que la plupart de ces objets, nageant à notre
5  niveau quand j'avais ouvert les yeux pour la première fois sur les merveilles du tourbillon, étaient maintenant situés bien au-dessus de nous et semblaient n'avoir guère bougé de leur position première.

Je n'hésitai pas plus longtemps sur ce que j'avais à faire. Je résolus de m'attacher avec confiance à la barrique que je tenais toujours
10 embrassée, de larguer le câble qui la retenait à la cage, et de me jeter avec à la mer. Je m'efforçai d'attirer par signes l'attention de mon frère sur les barils flottants auprès desquels nous passions, et je fis tout ce qui était en mon pouvoir pour lui faire comprendre ce que j'allais tenter. Je crus à la longue qu'il avait deviné mon dessein, — mais, qu'il
15 l'eût ou ne l'eût pas saisi, il secoua la tête avec désespoir, et refusa de quitter sa place près du boulon. Il m'était impossible de m'emparer de lui ; la conjoncture ne permettait pas de délai. Ainsi, avec une amère angoisse, je l'abandonnai à sa destinée, je m'attachai moi-même à la barrique avec le câble qui l'amarrait à l'échauguette, et, sans hésiter un
20 moment de plus, je me précipitai avec dans la mer.

Le résultat fut précisément ce que j'espérais. Comme c'est moi-même qui vous raconte cette histoire, — comme vous voyez que j'ai échappé, — et comme vous connaissez déjà le mode de salut que j'employai et pouvez dès lors prévoir tout ce que j'aurais de plus à vous
25 dire, — j'abrégerai mon récit, et j'irai droit à la conclusion.

Il s'était écoulé une heure environ depuis que j'avais quitté le bord du semaque, quand, étant descendu à une vaste distance au-dessous de moi, il fit coup sur coup trois ou quatre tours précipités, et, emportant mon frère bien-aimé, piqua de l'avant, décidément et pour toujours,
30 dans le chaos d'écume. Le baril auquel j'étais attaché nageait presque à moitié chemin de la distance qui séparait le fond du gouffre de l'endroit où je m'étais précipité par-dessus bord, quand un grand changement eut lieu dans le caractère du tourbillon. La pente des parois du

vaste entonnoir se fit de moins en moins escarpée. Les évolutions du
35 tourbillon devinrent graduellement de moins en moins rapides. Peu à
peu l'écume et l'arc-en-ciel disparurent, et le fond du gouffre sembla
s'élever lentement.

Le ciel était clair, le vent était tombé, et la pleine lune se couchait
radieusement à l'ouest, quand je me retrouvai à la surface de l'Océan,
40 juste en vue de la côte de Lofoden, et au-dessus de l'endroit où *était*
naguère le tourbillon du Moskoe-Strom. C'était l'heure de l'accalmie,
— mais la mer se soulevait toujours en vagues énormes par suite de la
tempête. Je fus porté violemment dans le canal du Strom et jeté en
quelques minutes à la côte, parmi les pêcheries. Un bateau me repêcha,
45 — épuisé de fatigue ; — et maintenant que le danger avait disparu, le
souvenir de ces horreurs m'avait rendu muet. Ceux qui me tirèrent à
bord étaient mes vieux camarades de mer et mes compagnons de
chaque jour, — mais ils ne me reconnaissaient pas plus qu'ils n'auraient reconnu un voyageur revenu du monde des esprits. Mes che-
50 veux, qui la veille étaient d'un noir de corbeau, étaient aussi blancs que
vous les voyez maintenant. Ils dirent aussi que toute l'expression de ma
physionomie était changée. Je leur contai mon histoire, — ils ne vou-
lurent pas y croire. — Je vous la raconte, à vous, maintenant, et j'ose à
peine espérer que vous y ajouterez plus de foi que les plaisants
55 pêcheurs de Lofoden.

## *Demain, dès l'aube*
### Victor Hugo

Demain, dès l'aube, à l'heure où blanchit la campagne,
Je partirai. Vois-tu, je sais que tu m'attends.
J'irai par la forêt, j'irai par la montagne.
Je ne puis demeurer loin de toi plus longtemps.

5   Je marcherai les yeux fixés sur mes pensées,
Sans rien voir au dehors, sans entendre aucun bruit,
Seul, inconnu, le dos courbé, les mains croisées,
Triste, et le jour pour moi sera comme la nuit.

Je ne regarderai ni l'or du soir qui tombe,
10   Ni les voiles au loin descendant vers Harfleur,
Et quand j'arriverai, je mettrai sur ta tombe
Un bouquet de houx vert et de bruyère en fleur.

3 septembre 1847.

## *Le Dormeur du val*
### Arthur Rimbaud

C'est un trou de verdure où chante une rivière
Accrochant follement aux herbes des haillons
D'argent; où le soleil, de la montagne fière,
Luit: c'est un petit val qui mousse de rayons.

5   Un soldat jeune, bouche ouverte, tête nue,
Et la nuque baignant dans le frais cresson bleu,
Dort; il est étendu dans l'herbe, sous la nue,
Pâle dans son lit vert où la lumière pleut.

Les pieds dans les glaïeuls, il dort. Souriant comme
10   Sourirait un enfant malade, il fait un somme:
Nature, berce-le chaudement: il a froid.

Les parfums ne font pas frissonner sa narine;
Il dort dans le soleil, la main sur sa poitrine
Tranquille. Il a deux trous rouges au côté droit.

## *Dom Juan*
## Molière

### Acte iv, scène 4

#### Don Louis

Je vois bien que je vous embarrasse, et que vous vous passeriez fort
aisément de ma venue. À dire vrai, nous nous incommodons étrangement l'un et l'autre ; et si vous êtes las de me voir, je suis bien las aussi
de vos déportements. Hélas ! que nous savons peu ce que nous faisons
5   quand nous ne laissons pas au Ciel le soin des choses qu'il nous
faut, quand nous voulons être plus avisés que lui, et que nous venons
à l'importuner par nos souhaits aveugles et nos demandes inconsidé-
rées ! J'ai souhaité un fils avec des ardeurs non pareilles ; je l'ai
demandé sans relâche avec des transports incroyables ; et ce fils, que
10  j'obtiens en fatiguant le Ciel de vœux, est le chagrin et le supplice de
cette vie même dont je croyais qu'il devait être la joie et la consolation.
De quel œil, à votre avis, pensez-vous que je puisse voir cet amas d'actions indignes, dont on a peine, aux yeux du monde, d'adoucir le mauvais visage, cette suite continuelle de méchantes affaires, qui nous
15  réduisent, à toutes heures, à lasser les bontés du Souverain, et qui ont
épuisé auprès de lui le mérite de mes services et le crédit de mes amis ?
Ah ! quelle bassesse est la vôtre ! Ne rougissez-vous point de mériter si
peu votre naissance ? Êtes-vous en droit, dites-moi, d'en tirer quelque
vanité ? Et qu'avez-vous fait dans le monde pour être gentilhomme ?
20  Croyez-vous qu'il suffise d'en porter le nom et les armes, et que ce
nous soit une gloire d'être sortis d'un sang noble lorsque nous vivons
en infâmes ? Non, non, la naissance n'est rien où la vertu n'est pas.
Aussi nous n'avons part à la gloire de nos ancêtres qu'autant que nous
nous efforçons de leur ressembler ; et cet éclat de leurs actions qu'ils
25  répandent sur nous, nous impose un engagement de leur faire le
même honneur, de suivre les pas qu'ils nous tracent, et de ne point
dégénérer de leurs vertus, si nous voulons être estimés leurs véritables
descendants. Ainsi vous descendez en vain des aïeux dont vous êtes né :
ils vous désavouent pour leur sang, et tout ce qu'ils ont fait d'illustre
30  ne vous donne aucun avantage ; au contraire, l'éclat n'en rejaillit sur

vous qu'à votre déshonneur, et leur gloire est un flambeau qui éclaire aux yeux d'un chacun la honte de vos actions. Apprenez enfin qu'un gentilhomme qui vit mal est un monstre dans la nature, que la vertu est le premier titre de noblesse, que je regarde bien moins au nom

35 qu'on signe qu'aux actions qu'on fait, et que je ferais plus d'état du fils d'un crocheteur qui serait honnête homme, que du fils d'un monarque qui vivrait comme vous.

**Don Juan**
Monsieur, si vous étiez assis, vous en seriez mieux pour parler.

**Don Louis**
Non, insolent, je ne veux point m'asseoir ni parler davantage, et je vois

40 bien que toutes mes paroles ne font rien sur ton âme. Mais sache, fils indigne, que la tendresse paternelle est poussée à bout par tes actions, que je saurai, plus tôt que tu ne penses, mettre une borne à tes dérèglements, prévenir sur toi le courroux du Ciel, et laver par ta punition la honte de t'avoir fait naître.

(*Il sort.*)

| | TABLEAU CHRONOLOGIQUE | |
|---|---|---|
| | VIE ET ŒUVRE D'ÉMILE ZOLA | ÉVÈNEMENTS HISTORIQUES EN FRANCE |
| 1835 | | |
| 1840 | Naissance à Paris, le 2 avril. | |
| 1843 | La famille quitte Paris pour Aix-en-Provence. | Inauguration de la ligne de chemin de fer Paris-Orléans. |
| 1847 | Mort de son père, François Zola, le 27 mars. | |
| 1848 | Le canal Zola est déclaré d'utilité publique. | Proclamation de la Deuxième République. |
| 1850 | | |
| 1852 | Entrée au collège Bourbon d'Aix-en-Provence. | Début du Second Empire, après le coup d'État de Louis Napoléon Bonaparte en 1851. Ouverture du bagne de l'île du Diable en Guyane française. |
| 1853 | Se lie d'amitié avec Paul Cézanne. | Début des travaux d'urbanisme du baron Haussmann à Paris. |
| 1855 | Inauguration officielle du canal Zola. | |
| 1857 | | Éclairage au gaz des grands boulevards de Paris. |
| 1858 | Rejoint sa mère à Paris et entre au lycée Louis-le-Grand. Atteint d'une fièvre typhoïde au retour de vacances d'été à Aix. | Premières photographies de Nadar (Gaspard-Félix Tournachon) prises à bord d'un aérostat. |
| 1859 | Échec au baccalauréat et abandon des études. | |

| TABLEAU CHRONOLOGIQUE | | |
| --- | --- | --- |
| **ÉVÈNEMENTS CULTURELS ET LITTÉRAIRES EN FRANCE** | **ÉVÈNEMENTS HISTORIQUES, CULTURELS ET LITTÉRAIRES HORS DE FRANCE** | |
| Honoré de Balzac, *Le Père Goriot*. | | 1835 |
| | Acte d'Union au Canada. | 1840 |
| Balzac, *Illusions perdues*. | | 1843 |
| | Emily Brontë, *Les Hauts de Hurlevent* (Angleterre). | 1847 |
| Mort de François René de Chateaubriand. | Karl Marx, *Manifeste du parti communiste* (Angleterre). | 1848 |
| Mort de Balzac. Gustave Courbet, *Un enterrement à Ornans*. Prosper Lucas, *Traité philosophique et physiologique de l'hérédité naturelle dans les états de santé et de maladie du système nerveux*. | | 1850 |
| Alexandre Dumas, *La Dame aux camélias*. | Fondation de l'Université Laval, première université du Canada. | 1852 |
| Jules Michelet termine son *Histoire de la Révolution française*. | | 1853 |
| Exposition universelle à Paris. Gérard de Nerval, *Aurélia*. Le Salon refuse *Un enterrement à Ornans* de Courbet. | | 1855 |
| Charles Baudelaire, *Les Fleurs du mal*. Gustave Flaubert, *Madame Bovary*. Jules-Antoine Castagnary emploie le mot « naturalisme » pour décrire l'œuvre du peintre Gustave Courbet. Jean-François Millet, *Les Glaneuses*. | | 1857 |
| Hippolyte Taine, *Essais de critique et d'histoire*. | Octave Crémazie, *Le Drapeau de Carillon*. | 1858 |
| | Charles Darwin, *De l'origine des espèces* (Angleterre). Construction du canal de Suez, en Égypte. | 1859 |

| | TABLEAU CHRONOLOGIQUE | |
|---|---|---|
| | VIE ET ŒUVRE D'ÉMILE ZOLA | ÉVÈNEMENTS HISTORIQUES EN FRANCE |
| 1860 | Période de bohème à Paris. | |
| 1861 | Fréquente les ateliers d'artistes et se lie avec plusieurs peintres. | |
| 1862 | Débuts à la librairie Hachette. Obtient la nationalité française (Code civil : enfants d'étrangers nés en France). | |
| 1863 | Premières publications (contes, articles, critiques). | |
| 1864 | *Contes à Ninon.* Début de sa liaison avec Gabrielle-Alexandrine Meley, sa future épouse. | Reconnaissance du droit de grève. |
| 1865 | *La Confession de Claude.* | |
| 1866 | Départ de la librairie Hachette. Se lie d'amitié avec Manet. *Mes haines* et *Mon Salon* (recueils d'articles). *Le Vœu d'une morte.* *Esquisses parisiennes.* | |
| 1867 | Première édition de *Thérèse Raquin.* *Les Mystères de Marseille.* | |
| 1868 | *Madeleine Férat.* Deuxième édition de *Thérèse Raquin.* | |
| 1869 | Début d'une amitié avec Gustave Flaubert et Paul Alexis. | Inauguration des Folies-Bergère. |
| 1870 | Mariage avec Gabrielle-Alexandrine Meley. | Début de la guerre franco-allemande. Effondrement de l'Empire et formation de la Troisième République. |
| 1871 | *La Fortune des Rougon* (premier volume des *Rougon-Macquart*). *La Curée.* | Commune de Paris. |

| TABLEAU CHRONOLOGIQUE | | |
|---|---|---|
| **ÉVÈNEMENTS CULTURELS ET LITTÉRAIRES EN FRANCE** | **ÉVÈNEMENTS HISTORIQUES, CULTURELS ET LITTÉRAIRES HORS DE FRANCE** | |
| | | 1860 |
| | Aux États-Unis, début de la guerre de Sécession (1861-1865). | 1861 |
| Victor Hugo, *Les Misérables*. Édouard Manet, *La Musique aux Tuileries*. Honoré Daumier, *Le Wagon de troisième classe*. | | 1862 |
| *Le Déjeuner sur l'herbe* de Manet fait scandale au Salon des refusés. Début de la publication du *Dictionnaire de la langue française* (1863-1872) d'Émile Littré. | Philippe Aubert de Gaspé, *Les Anciens Canadiens*. | 1863 |
| | Début des *Chroniques canadiennes* d'Arthur Buies (1864-1873). | 1864 |
| Manet expose son tableau *Olympia* au Salon. Claude Bernard, *Introduction à l'étude de la médecine expérimentale*. | Lewis Carroll, *Alice au pays des merveilles* (Angleterre). | 1865 |
| Alphonse Daudet, *Lettres de mon moulin*. | Fedor Dostoïevski, *Crime et Châtiment* (Russie). | 1866 |
| Exposition universelle à Paris. | Confédération canadienne. | 1867 |
| Manet expose au Salon son *Portrait d'Émile Zola*. | Dostoïevski, *L'Idiot*. | 1868 |
| Paul Cézanne, *La Lecture de Paul Alexis chez Zola*. Lautréamont, *Les Chants de Maldoror*. | Léon Tolstoï, *Guerre et Paix* (Russie). Classification des éléments chimiques par Dimitri Mendeleïev (Russie). | 1869 |
| | Entrée du Manitoba dans la Confédération canadienne. | 1870 |
| | Friedrich Nietzsche, *La Naissance de la tragédie* (Allemagne). | 1871 |

| | TABLEAU CHRONOLOGIQUE | |
|---|---|---|
| | **VIE ET ŒUVRE D'ÉMILE ZOLA** | **ÉVÈNEMENTS HISTORIQUES EN FRANCE** |
| 1873 | *Le Ventre de Paris.* Représentation de l'adaptation théâtrale de *Thérèse Raquin.* Solari expose son buste d'Émile Zola au Salon. | Les troupes allemandes quittent le territoire français. |
| 1874 | *La Conquête de Plassans.* Représentation de la pièce *Les Héritiers Rabourdin.* *Nouveaux Contes à Ninon.* | |
| 1875 | *La Faute de l'abbé Mouret.* Début de la collaboration au *Messager de l'Europe.* *L'Inondation.* | |
| 1876 | *Son Excellence Eugène Rougon.* *Les Coquillages de M. Chabre.* | |
| 1877 | *L'Assommoir.* | |
| 1878 | Représentation de la comédie *Le Bouton rose.* *Une page d'amour* (précédé de l'arbre généalogique des *Rougon-Macquart*). *Nantas.* | |
| 1879 | *La Mort d'Olivier Bécaille.* | |
| 1880 | *Nana.* Mort de sa mère, Émilie Zola, le 17 octobre. *Le Roman expérimental.* *Les Soirées de Médan* (manifeste de l'école naturaliste). | |
| 1881 | *Le Naturalisme au théâtre.* *Les Romanciers naturalistes.* *Nos auteurs dramatiques.* *Documents littéraires.* | |
| 1882 | *Une campagne.* *Pot-Bouille.* *Le Capitaine Burle.* | École publique laïque (loi de Jules Ferry). |

| TABLEAU CHRONOLOGIQUE | | |
|---|---|---|
| ÉVÈNEMENTS CULTURELS ET LITTÉRAIRES EN FRANCE | ÉVÈNEMENTS HISTORIQUES, CULTURELS ET LITTÉRAIRES HORS DE FRANCE | |
| Jules Verne, *Le Tour du monde en quatre-vingts jours*. Arthur Rimbaud, *Une saison en enfer*. | | 1873 |
| Première exposition impressionniste chez le photographe Nadar. | | 1874 |
| Première de *Carmen*, opéra de Georges Bizet d'après la nouvelle de Prosper Mérimée. Gustave Caillebotte, *Les Raboteurs de parquet*. | | 1875 |
| Auguste Renoir, *Le Moulin de la Galette*. | Invention du téléphone par Alexander Graham Bell (États-Unis). | 1876 |
| Dîner important rassemblant les acteurs principaux du naturalisme dont Maupassant, Goncourt, Huysmans et Zola. Claude Monet, *La Gare de Saint-Lazare*. | | 1877 |
| Exposition universelle à Paris. | Invention de la lampe électrique à incandescence par Thomas Edison (États-Unis). | 1878 |
| | Naissance d'Albert Einstein (Allemagne). Naissance d'Émile Nelligan. | 1879 |
| Mort de Flaubert (Zola assiste à ses obsèques, à Rouen). Mort d'Edmond Duranty. Le 14 juillet déclaré fête nationale. *La Marseillaise*, hymne national. | | 1880 |
| | | 1881 |
| Paul Alexis, *Émile Zola, notes d'un ami*. | Crémazie, *Œuvres complètes*. | 1882 |

| TABLEAU CHRONOLOGIQUE | |
|---|---|
| **VIE ET ŒUVRE D'ÉMILE ZOLA** | **ÉVÈNEMENTS HISTORIQUES EN FRANCE** |
| **1883** *Au bonheur des dames.* <br> *Naïs Micoulin.* | |
| **1884** *La Joie de vivre.* | |
| **1885** *Germinal.* | |
| **1886** *L'Œuvre.* | |
| **1887** *La Terre.* <br> *Renée*, pièce adaptée de *La Curée.* <br> *Thérèse Raquin* est jouée à Berlin. | |
| **1888** *Le Rêve.* <br> Obtention de la Légion d'honneur. <br> Début de sa liaison avec Jeanne Rozerot. <br> Début de sa passion pour la photographie. | |
| **1889** Naissance de sa fille Denise, dont la mère est Jeanne Rozerot. | |
| **1890** *La Bête humaine.* <br> Candidature refusée à l'Académie française. <br> *Thérèse Raquin* est jouée à Stockholm et à Londres. | Naissance de Charles de Gaulle. |
| **1891** *L'Argent.* <br> Naissance de son fils Jacques, dont la mère est Jeanne Rozerot. <br> Élection à la présidence de la Société des gens de lettres. <br> Confie à Auguste Rodin l'exécution de la statue de Balzac. | |
| **1892** *La Débâcle.* <br> *Thérèse Raquin* est jouée à New York et en France. | |
| **1893** *Le Docteur Pascal.* | |
| **1894** *Lourdes* (premier tome des *Trois Villes*). | Condamnation d'Alfred Dreyfus. <br> Jean Casimir-Perier, président de la République (1894-1895). |

| TABLEAU CHRONOLOGIQUE | | |
| --- | --- | --- |
| **ÉVÈNEMENTS CULTURELS ET LITTÉRAIRES EN FRANCE** | **ÉVÈNEMENTS HISTORIQUES, CULTURELS ET LITTÉRAIRES HORS DE FRANCE** | |
| Villiers de l'Isle-Adam, *Contes cruels*. | | 1883 |
| | Laure Conan, *Angéline de Montbrun*. Fondation du journal *La Presse*. | 1884 |
| Mort de Hugo (Zola assiste aux funérailles nationales). | | 1885 |
| | Érection de la statue de la Liberté à New York. | 1886 |
| *Manifeste des Cinq* (recueil de textes critiquant le naturalisme). | | 1887 |
| | | 1888 |
| Exposition universelle à Paris qui marque le centenaire de la Révolution française. Inauguration de la tour Eiffel. | Naissance d'Adolf Hitler (Autriche). | 1889 |
| Suicide de Vincent Van Gogh. | | 1890 |
| Mort de Rimbaud. | Arthur Conan Doyle, *Sherlock Holmes* (Angleterre). | 1891 |
| Création du journal antisémite *La Libre Parole*, par Édouard Drumont. | | 1892 |
| Mort de Guy de Maupassant. | Oscar Wilde, *Salomé* (Angleterre). | 1893 |
| | | 1894 |

| | TABLEAU CHRONOLOGIQUE | |
|---|---|---|
| | **VIE ET ŒUVRE D'ÉMILE ZOLA** | **ÉVÈNEMENTS HISTORIQUES EN FRANCE** |
| 1895 | Zola loue une maison à Verneuil pour loger sa maîtresse et ses enfants. | Félix Faure, président de la République (1895-1899). |
| 1896 | *Rome.* | Ouverture du premier cinéma à Paris. |
| 1897 | *Messidor,* drame lyrique (livret de Zola et musique d'Alfred Bruneau). *Nouvelles Campagnes.* | |
| 1898 | « J'accuse ! » publié dans *L'Aurore* du 13 janvier. Exil en Angleterre. *Paris.* | Découverte du radium par Marie et Pierre Curie. |
| 1899 | *Fécondité* (premier des *Quatre Évangiles*). Retour d'exil. | |
| 1900 | | Métro parisien. |
| 1901 | *Travail.* *La Vérité en marche* (recueil d'articles à propos de l'affaire Dreyfus). *L'Ouragan,* drame lyrique (livret de Zola et musique d'Alfred Bruneau). | |
| 1902 | Mort de Zola à Paris par asphyxie. Obsèques nationales. Inhumation au cimetière de Montmartre. | |
| 1903 | *Vérité.* Premier pèlerinage de Médan. | |
| 1905 | *L'Enfant roi,* comédie lyrique (livret de Zola et musique d'Alfred Bruneau). | |
| 1906 | | Réhabilitation de Dreyfus. |
| 1907 | Un décret autorise les enfants de Zola à porter le nom de leur père. | |
| 1908 | Transfert des cendres de Zola au Panthéon. Dreyfus est blessé au cours de la cérémonie. | |

| TABLEAU CHRONOLOGIQUE | | |
|---|---|---|
| ÉVÈNEMENTS CULTURELS ET LITTÉRAIRES EN FRANCE | ÉVÈNEMENTS HISTORIQUES, CULTURELS ET LITTÉRAIRES HORS DE FRANCE | |
| Invention du cinéma par Auguste et Louis Lumière. | | 1895 |
| Alfred Jarry, *Ubu Roi*. | Anton Tchekhov, *La Mouette* (Russie). | 1896 |
| Mort de Daudet. Stéphane Mallarmé, *Un coup de dés jamais n'abolira le hasard*. Edmond Rostand, *Cyrano de Bergerac*. | | 1897 |
| Mort de Mallarmé. | | 1898 |
| | | 1899 |
| Exposition universelle à Paris. | Sigmund Freud, *L'Interprétation des rêves* (Autriche). Honoré Beaugrand, *La Chasse-galerie, légendes canadiennes*. | 1900 |
| Mort de Paul Alexis, ami et biographe de Zola. | | 1901 |
| | | 1902 |
| | | 1903 |
| | | 1905 |
| | Naissance de Samuel Beckett (Irlande). | 1906 |
| *Olympia* de Manet entre au Louvre. | Pablo Picasso, *Les Demoiselles d'Avignon* (Espagne). | 1907 |
| | | 1908 |

# GLOSSAIRE DE L'ŒUVRE

**Arapède :** petit coquillage en forme de cône pointu qui s'accroche fortement aux rochers pour résister aux vagues et aux prédateurs.

**Ardoise :** pierre plate et mince dont on couvre les maisons.

**Bière :** synonyme de cercueil.

**Boiteux :** dont les pieds sont inégaux.

**Borgne :** mal famé ou de mauvaise réputation.

**Chambre :** la Chambre des députés, qu'on appelle aussi le Corps législatif.

**Clovisse :** coquillage comestible très apprécié pour la finesse et la saveur de sa chair.

**Convoi :** cortège funèbre.

**Corps législatif :** qu'on appelle aussi la Chambre des députés.

**Dévot :** attaché aux pratiques religieuses.

**Fauve :** d'un jaune tirant sur le roux.

**Filet :** la pêche à la crevette se fait à marée basse avec des filets appelés aussi « haveneaux à crevettes ». En forme de poche, ces filets sont fixés au bout d'un manche qui sert à sortir les crevettes de l'eau.

**Garonne :** grand fleuve de France et d'Espagne qui se jette dans l'Atlantique.

**Glas :** cloche d'église qu'on sonne pour annoncer la mort de quelqu'un.

**Granit :** roche composée de grains de feldspath et de mica agrégés.

**Guérande :** ville célèbre pour son enceinte du xve siècle, ses maisons anciennes et ses marais salants.

**Hôtel (Danvilliers, du baron Danvilliers) :** il s'agit d'un hôtel particulier, c'est-à-dire une grande demeure appartenant à un notable ou à un riche.

**Huissier :** officier dont la principale responsabilité est d'ouvrir et de fermer une porte.

**Louvre :** ancienne résidence royale, à Paris, devenue en 1793 l'un des plus riches musées du monde.

**Mâchicoulis :** terme de fortification. Nom donné à certaines galeries saillantes avec ouvertures, dans les vieux châteaux et aux anciennes portes des villes, d'où l'on apercevait le pied des ouvrages, et d'où l'on jetait des pierres ou autres projectiles pour empêcher qu'on s'en approchât.

**Marais salant :** terre où l'on fait venir l'eau de la mer pour en extraire le sel.

**Marseille :** sur la côte méditerranéenne, au fond d'une baie. C'est le premier port de commerce français et la deuxième ville de France, après Paris.

**Montmartre :** ancienne commune de la Seine, devenue quartier de Paris en 1860. Au sommet de la butte Montmartre, point culminant de Paris, s'élève la basilique du Sacré-Cœur (commencée en 1876), qui n'est pas sans rappeler l'oratoire Saint-Joseph de Montréal. Montmartre a longtemps conservé ses allures de village, abritant des vignes et des moulins. Avec ses boîtes de nuit et ses cabarets, le quartier est aujourd'hui un des grands pôles touristiques de Paris.

**Nantes :** lieu de résidence des ducs de Bretagne, cette ville atteignit son apogée au XVIIIe siècle avec le trafic triangulaire (France – Afrique – Antilles). L'édit de Nantes signé par Henri IV (1598) définissait les droits des protestants en France et mit fin aux guerres de religion. Il fut révoqué en 1685 par Louis XIV, ce qui obligea plusieurs protestants à émigrer pour éviter d'être massacrés.

**Oursin :** invertébré marin hérissé de pointes, aussi appelé « hérisson de mer ».

**Paludier :** travailleur de la mer qui cultive les marais salants.

**Père-Lachaise :** cimetière situé sur l'ancienne propriété de campagne des Jésuites, à l'est de Paris, où Louis XIV avait fait installer un séjour au père François d'Aix de La Chaise, qui fut son conseiller spirituel et son confesseur.

**Saint-Jory :** commune située au nord-ouest de Toulouse.

**Saline :** entreprise de production de sel par évaporation, dans les marais salants.

**Seine :** fleuve de France qui traverse Paris et se jette dans la Manche.

**Sémaphore :** sorte de télégraphe établi sur le littoral pour faire connaître l'arrivée et les manœuvres des bateaux venant du large, naviguant ou croisant à la vue des côtes et devant les ports.

**Syncope :** arrêt des battements cardiaques, avec suspension de la respiration et perte de conscience.

**Toulouse :** quatrième ville de France après Paris, Marseille et Lyon. Elle est traversée par la Garonne et le canal du Midi. On la surnomme la « Ville rose » en raison de la couleur du principal matériau de construction local : la brique en terre cuite. C'est à Toulouse que se déroula l'affaire Calas, en 1762 : la condamnation injuste d'un protestant provoqua une intervention de Voltaire (1694-1778).

**Tuileries :** résidence jadis édifiée à Paris sur la rive droite de la Seine, entre le Louvre et les Champs-Élysées. Habitée par les souverains sous l'Empire (1804-1814), résidence officielle de Napoléon III, elle fut partiellement incendiée pendant la Commune (1871) avant d'être démolie en 1882. Les jardins des Tuileries contiennent l'Orangerie et le Jeu de paume, établis sous le Second Empire (1852-1870) et devenus musées.

## MÉDIAGRAPHIE

### Ouvrages de Zola

*La Bête humaine,* étude de l'œuvre par Agnès Grimaud et Frédérique Izaute, Laval, Beauchemin, 2004, 494 p.

*Le Bon Combat, de Courbet aux impressionnistes,* Paris, Hermann, 1974, 343 p.

*Contes et Nouvelles,* sous la direction de Roger Ripoll, Paris, NRF Gallimard, coll. « Pléiade », 1976, 1624 p.

*La Faute de l'abbé Mouret,* Paris, Fasquelle, [sans date], 437 p.

*J'accuse!,* lecture par Élise Dabouis et Nathalie Giniès, Paris, Gallimard, coll. « Bibliothèque Gallimard », 2003, 313 p.

*Naïs Micoulin et autres nouvelles,* présentation de Nadine Satiat, Paris, GF Flammarion, 1997, 317 p.

*Le Roman expérimental,* Paris, Garnier-Flammarion, 1971, 369 p.

*Les Rougon-Macquart,* sous la direction de A. Lanoux et H. Mitterand, Paris, NRF Gallimard, coll. « Pléiade », 1960 à 1967, 5 vol.

*Thérèse Raquin,* étude de l'œuvre par Karine Villeneuve, Laval, Beauchemin, 2001, 383 p.

*La Vérité en marche, l'affaire Dreyfus,* chronologie et préface par Colette Becker, Paris, GF Flammarion, 1969, 250 p.

ZOLA, Émile, Guy de MAUPASSANT et Joris-Karl HUYSMANS. *Nouvelles naturalistes des soirées de Médan,* notes, questionnaires et synthèses par Gertrude Bing, Paris, Hachette, 2006, 206 p.

### Ouvrages sur Zola

BAFARO, Georges. *Le Roman réaliste et naturaliste,* Paris, Ellipses, 1995, 120 p.

BECKER, Colette, et autres. *Dictionnaire d'Émile Zola,* Paris, Robert Laffont, 1993, 700 p.

BERNARD, Marc. *Zola,* Paris, Seuil, 1988, 188 p.

BROWN, Frederick. *Zola: une vie,* Paris, Belfond, 1996, 921 p.

DE LANGENHAGEN, Marie-Aude. *Zola: biographie, analyse littéraire, étude détaillée des principales œuvres,* Paris, Studyrama, 2005, 315 p.

DELEUZE, Gilles. « Zola et la fêlure », dans *Logique du sens,* Paris, Minuit, 1969, p. 424-436.

DEZALAY, Auguste. *Lectures de Zola,* Paris, Armand Colin, 1973, 295 p.

ÉMILE-ZOLA, François et MASSIN. *Zola photographe,* Paris, Denoël, 1979 [réédition Paris, Hoëbeke, 1990, 191 p.].

GRAND-CARTERET, John. *Zola en images,* Paris, Juven, 1908, 64 p.

LEBLOND-ZOLA, Denise. *Émile Zola raconté par sa fille,* Paris, Fasquelle, 1931, 189 p.

MITTERAND, Henri. *Zola et le naturalisme,* Paris, PUF, 1986, 127 p.

MITTERAND, Henri. *Zola, la vérité en marche,* Paris, Gallimard, coll. « Découvertes Gallimard », 1995, 176 p.

ORIOL, Philippe. *J'accuse! Émile Zola et l'affaire Dreyfus,* Paris, Librio, 1998, 154 p.

PAGÈS, Alain et Owen MORGAN. *Guide Émile Zola,* Paris, Ellipses, 2002, 550 p.

TROYAT, Henri. *Zola,* Paris, Flammarion, 1992, 341 p.

## Autres

BALZAC, Honoré de. *Béatrix,* Paris, Gallimard, 1979, 535 p.

BALZAC, Honoré de. *Le Colonel Chabert,* étude de l'œuvre par Sylvie Demers, Montréal, Beauchemin, 2008, 174 p.

BEAUMARCHAIS, Jean-Pierre de, Daniel COUTY et Alain REY. *Dictionnaire des littératures de langue française,* Paris, Bordas, 1987, 2874 p.

CHASTEL, André. *Connaissance de la peinture,* Paris, Larousse, 2001, 629 p.

*Dictionnaire universel de la peinture,* sous la direction de Robert Maillard, Paris, Dictionnaire Le Robert, 1975, 518 p.

DUBOIS, Philippe. *L'Acte photographique,* Paris, Nathan, 1990, 309 p.

FAUCONNIER, Bernard. *Cézanne,* Paris, Gallimard, 2006, 271 p.

FREUD, Sigmund. *Essais de psychanalyse appliquée,* Paris, Gallimard, 1933, 251 p.

FREUD, Sigmund. *L'Interprétation des rêves,* Paris, PUF, 1967, 573 p.

GAUTIER, Théophile. « Onuphrius », dans *Contes fantastiques,* Paris, Hachette, coll. « Classiques Hachette », 1992, 255 p.

HAZIOT, David. *Van Gogh,* Paris, Gallimard, 2007, 489 p.

HORCAJO, Carlos. *Le Naturalisme,* Paris, Magnard, 2002, 159 p.

HUGO, Victor. *Les Contemplations,* Paris, Gallimard, 1943, 511 p.

HUGO, Victor. *Les Misérables,* œuvre complète en quatre volumes, Paris, Nelson, [sans date, vers 1930], 572, 551, 480 et 463 p.

KRAUSSE, Anna-Carola. *Histoire de la peinture de la Renaissance à nos jours,* Paris, Gründ, 1995, 128 p.

LAUTERWEIN, Andrea. *Anselm Kiefer et la poésie de Paul Celan,* Paris, Regard, 2006, 253 p.

MAUPASSANT, Guy de. « Le Roman », préface à *Pierre et Jean,* Paris, Albin Michel, 1970, 255 p.

MOLIÈRE. *Dom Juan,* étude de l'œuvre par Michel Forest, Montréal, Beauchemin, 2008, 158 p.

MOURRE, Michel. *Dictionnaire encyclopédique d'histoire,* Paris, Bordas, 1978, 1926 p.

PHILIPPART, Georges et Charles TERRASSE. *Lettres de Vincent Van Gogh à son frère Théo,* Paris, Grasset, 1937, 303 p.

POE, Edgar Allan. *Histoires extraordinaires,* Paris, Gallimard, 1973, 370 p.

RIMBAUD, Arthur. *Œuvres poétiques,* Paris, Garnier-Flammarion, 1964, 184 p.

ROUDINESCO, Élisabeth. *La Bataille de cent ans, vol. 1: 1885-1939,* Paris, Ramsay, 1982, 498 p.

ROY-REVERZY, Éléonore. *Réalisme et Naturalisme,* Paris, GF Flammarion, 2002, 126 p.

TOURGUENIEV, Ivan. *Mémoires d'un chasseur,* Paris, Gallimard, 1953, 635 p.

WINOCK, Michel. *Le Siècle des intellectuels,* Paris, Seuil, 1997, 695 p.

## Périodiques

«Colloque Zola», *Europe,* vol. 46, nos 468-469, avril-mai 1968, p. 1-470.

LÉONARD, Martine. «Photographie et littérature: Zola, Breton, Simon», *Études françaises,* vol. 18, no 3, 1983, p. 93-108.

«Zola l'autre visage», *Magazine littéraire,* no 413, octobre 2002, dossier Émile Zola, p. 20-67.

## Sites Web

Les Cahiers naturalistes [www.cahiers-naturalistes.com]

Maison Zola Musée Dreyfus [www.maisonzola-museedreyfus.com]

## SOURCES ICONOGRAPHIQUES

Page couverture, Photo : © Held Collection/The Bridgeman Art Library • Page 4, Photo : akg-images • Page 6, Photo : Musée d'Orsay, Paris, France/ The Bridgeman Art Library • Page 34, Photo : Collection privée/The Bridgeman Art Library • Page 70, Photo : Musée Marmottan, Paris, France, Giraudon/The Bridgeman Art Library • Page 100, Photo : Bibliothèque nationale de France, Paris • Page 132, Photo : Collection privée, Archives Charmet/The Bridgeman Art Library • Page 134, Photo : Collection privée, Archives Charmet/The Bridgeman Art Library • Page 138, Photo : Collection privée, © Lefevre Fine Art Ltd., Londres/The Bridgeman Art Library • Page 140, Photo : Collection privée/The Bridgeman Art Library • Page 142, Photo : Bibliothèque nationale de France, Paris, Archives Charmet/The Bridgeman Art Library • Page 144, Photo : Collection privée, Lauros/Giraudon/The Bridgeman Art Library • Page 146, Photo : Musée d'Orsay, Paris, France, Giraudon/The Bridgeman Art Library • Page 148, Photo : Collection Oskar Reinhart, Winterthur, Suisse/The Bridgeman Art Library • Page 150, Photo : Musée d'Orsay, Paris, France, Giraudon/The Bridgeman Art Library • Page 152, Photo : Musée d'Orsay, Paris, France, Giraudon/The Bridgeman Art Library • Page 154, Photo : Musée d'Orsay, Paris, France, Lauros/Giraudon/The Bridgeman Art Library • Page 162, Photo : Bibliothèque nationale de France, Paris, Archives Charmet/The Bridgeman Art Library • Page 164, Photo : Musée de la ville de Paris, Musée du Petit-Palais, France, Giraudon/The Bridgeman Art Library • Page 170, Photo : Bibliothèque nationale de France, Paris • Page 210, Photo : Musée de la ville de Paris, Musée Carnavalet, Paris, France, Archives Charmet/The Bridgeman Art Library.

# ŒUVRES PARUES

*300 ans d'essais au Québec*
*400 ans de théâtre au Québec*
Apollinaire, *Alcools*
Balzac, *Le Colonel Chabert*
Balzac, *La Peau de chagrin*
Balzac, *Le Père Goriot*
Baudelaire, *Les Fleurs du mal* et *Le Spleen de Paris*
Beaumarchais, *Le Mariage de Figaro*
Chateaubriand, *Atala* et *René*
Chrétien de Troyes, *Yvain* ou *Le Chevalier au lion*
Colette, *Le Blé en herbe*
*Contes et légendes du Québec*
*Contes et nouvelles romantiques : de Balzac à Vigny*
Corneille, *Le Cid*
Daudet, *Lettres de mon moulin*
Diderot, *La Religieuse*
*Écrivains des Lumières*
Flaubert, *Trois Contes*
Girard, *Marie Calumet*
Hugo, *Le Dernier Jour d'un condamné*
Jarry, *Ubu Roi*
Laclos, *Les Liaisons dangereuses*
Marivaux, *Le Jeu de l'amour et du hasard*
Maupassant, *Contes réalistes* et *Contes fantastiques*
Maupassant, *La Maison Tellier et autres contes*
Maupassant, *Pierre et Jean*
Mérimée, *La Vénus d'Ille* et *Carmen*
Molière, *L'Avare*
Molière, *Le Bourgeois gentilhomme*
Molière, *Dom Juan*
Molière, *L'École des femmes*
Molière, *Les Fourberies de Scapin*
Molière, *Le Malade imaginaire*
Molière, *Le Médecin malgré lui*
Molière, *Le Misanthrope*
Molière, *Tartuffe*
Musset, *Lorenzaccio*
Poe, *Le Chat noir et autres contes*
*Poètes et prosateurs de la Renaissance*
*Poètes romantiques*
*Poètes surréalistes*
*Poètes symbolistes*
Racine, *Phèdre*
Rostand, *Cyrano de Bergerac*
*Tristan et Iseut*
Voltaire, *Candide*
Voltaire, *Zadig* et *Micromégas*
Zola, *La Bête humaine*
Zola, *L'Inondation et autres nouvelles*
Zola, *Thérèse Raquin*